Die Kraft positiven Denkens

Die Kraft positiven Denkens

Norman Vincent Peale

Orbis Verlag

Titel der amerikanischen Originalausgabe: *The Power of Positive Thinking*

Aus dem Amerikanischen übersetzt von Ernst Steiger

ISBN 3-572-01401-8

www.orbis-verlag.de

Umschlaggestaltung: init. Büro für Gestaltung, Bielefeld
Druck: GGP Media, Pößneck
Printed in Germany

Inhalt

Vorwort

Vom Sinn dieses Buches

Diese Seiten wurden geschrieben, um Gedanken und Beispiele festzuhalten, die deutlich dartun, daß es nicht nötig ist, sich durch irgend etwas in der Welt niederdrücken zu lassen, daß es möglich ist, *den Frieden des Herzens, Gesundheit* und einen nie versiegenden Strom von *Zuversicht, Vertrauen und Energie zu* gewinnen. Ja, unser Leben kann reich und erfüllt von Freude sein.

Allzu viele sind deprimiert und niedergeschlagen, weil sie mit ihren Alltagsproblemen nicht fertig werden. Sie gehen kämpfend, verkrampft und verbissen oder jammernd und klagend durch ihre Tage, und viele sind beladen mit Ressentiments gegen das »Pech«, welches ihnen das »Schicksal« immer und immer wieder beschert. Dabei vergessen sie, daß wir auch über Kräfte verfügen, durch welche wir diese negativen Einflüsse kontrollieren und überwinden können. Probleme, Sorgen und Schwierigkeiten sind da, um überwunden zu werden. Wir dürfen es nie zulassen, daß sie unser Leben beherrschen. Wir müssen uns kategorisch weigern, ihre Herrschaft anzuerkennen, und sollen geistige positive Kräfte an ihrer Stelle auf uns wirken lassen.

Die Ziele dieses Buches sind direkt und einfach. Ich erhebe keinen Anspruch auf literarische Vollkommenheit.

Diese Seiten stellen lediglich ein praktisches und möglichst einfach geschriebenes Handbuch dar, das der Entfaltung und der Bewährung der Persönlichkeit dienen soll. Es ist geschrieben mit dem einzigen Wunsch und Ziel: dem Leser zu einem *gehaltvollen und glücklichen Dasein zu* verhelfen. Ich weiß um die Bedeutung und die Macht angewandter Erkenntnisse, die uns das Tor zu einem erfolgreichen und erfüllten Leben öffnen.

Wenn Sie dieses Buch nachdenklich lesen und seine Lehren sorgfältig überlegen und in sich aufnehmen und wenn Sie dieselben getreulich und unablässig *praktisch* anwenden, werden Sie erstaunliche persönliche Fortschritte erzielen. Dieses Buch zeigt Ihnen, wie Sie die gegenwärtigen Lebensumstände ändern und verbessern und wie Sie die Kontrolle über die Verhältnisse gewinnen können, anstatt sich von ihnen beherrschen zu lassen. *Ihre Beziehungen zu anderen Menschen* werden sich verbessern und vertiefen; Sie werden als *Persönlichkeit gewinnen,* mehr geachtet und geliebt werden. Indem Sie die Grundsätze des Buches anwenden, werden Sie von einem neuen Lebensgefühl ergriffen werden. Ihre Einflußsphäre wird sich erweitern, und Ihre Fähigkeiten werden sich steigern.

Ich brauche wohl kaum zu betonen, daß die machtvollen und segensreichen Lehren dieses Buches nicht meine eigene Erfindung sind; sie wurden uns gegeben durch den größten Lehrer aller Zeiten. Dieses Buch vertritt ein praktisch angewandtes Christentum, einfache, aber erprobte Grundsätze, die zu einem erfüllten und reichen Dasein führen.

Norman Vincent Peale

Kapitel 1

Glaube an dich selbst!

Glaube an dich selbst! Habe Vertrauen in deine Fähigkeiten! Ohne ein bescheidenes, aber vernünftiges Maß an Vertrauen in unsere eigene Kraft können wir weder erfolgreich noch glücklich werden. Selbstvertrauen bringt Erfolg. Jedes Gefühl der Minderwertigkeit vermindert die Kraft unserer Hoffnung und lähmt unsere Tatkraft; *Selbstvertrauen aber führt zur Selbstverwirklichung und zur erfolgreichen Vollendung unserer Aufgaben.* Angesichts der ungeheuren Bedeutung dieser Geisteshaltung wird sich dieses Buch eingehend damit befassen, dem Leser den Weg zum Selbstvertrauen zu zeigen, damit er lerne, seine inneren Kräfte voll zu entfalten.

Es ist erschreckend, feststellen zu müssen, wie viele Menschen an Minderwertigkeitsgefühlen leiden. Wenn die richtigen Schritte unternommen werden, können wir uns aber mit Sicherheit davon befreien und jenes schöpferische Vertrauen in uns entwickeln, das durchaus berechtigt und natürlich ist.

Als ich an einem Kongreß von Geschäftsleuten einen Vortrag hielt, wandte sich am Schluß des Abends ein Zuhörer mit der Bitte an mich: »Könnte ich Sie in einer Angelegenheit sprechen, die für mich von größter Bedeutung ist?«

Wir begaben uns in ein Zimmer hinter der Vortragsbühne und setzten uns.

»Ich wurde in diese Stadt gesandt, um das wichtigste Geschäft meines Lebens zum Abschluß zu bringen«, erklärte er. »Wenn ich Erfolg habe, bedeutet es für mich alles in der Welt, wenn nicht, bin ich erledigt.«

Ich warf ein, er möge sich doch ein wenig entspannen. Nichts sei dermaßen endgültig, wie er es darstelle. Würde er Erfolg haben, wäre dies sicher zu begrüßen. Wenn nicht, wäre morgen wieder ein Tag.

»Ich habe kein Selbstvertrauen mehr«, sagte er entmutigt, »ich glaube einfach nicht, daß es mir gelingen wird. Ich bin mutlos und fühle mich niedergedrückt – in Tat und Wahrheit bin ich bereits erledigt. Ich bin 40 Jahre alt, und während meines ganzen Lebens wurde ich von Minderwertigkeitsgefühlen gejagt und geplagt. Heute habe ich nun Ihren Vortrag über die Macht des positiven Denkens gehört, und ich frage: *Was* kann ich tun, um etwas mehr Vertrauen in mich selbst zu gewinnen?«

»Zwei Dinge müssen getan werden«, sagte ich, »zuerst muß abgeklärt werden, *woher* diese Minderwertigkeitsgefühle kommen. Das ruft nach einer Charakteranalyse und erfordert Zeit. Wir müssen die Krankheiten unseres Gemütes genauso sorgfältig behandeln wie diejenigen des Körpers. Das aber kann nicht blitzartig getan werden und jedenfalls nicht heute abend in einer kurzen Aussprache. Vielleicht ist sogar eine längere Behandlung nötig. Um Ihnen aber Ihr gegenwärtiges Problem meistern zu helfen, will ich Ihnen ein Mittel geben, das nicht versagen wird, wenn Sie gewillt sind, es wirklich anzuwenden. – Wenn Sie jetzt heimgehen, wiederholen Sie still für sich ein Wort, das ich Ihnen mitgeben werde. Wiederholen Sie es *mehrmals,* wenn Sie sich zu Bett gelegt haben und nach dem Erwachen, bevor Sie aufstehen. Tun Sie dies mit einem Gefühl der ruhigen Sicherheit und des Vertrauens, und Sie werden genügend Kraft erhalten, um Ihr Selbstvertrauen zurückzugewinnen. Später können wir uns eingehend mit einer Analyse Ihrer Probleme befassen. Was immer wir auch unternehmen werden, dieses Wort bildet einen wesentlichen Bestandteil unserer Behandlung: ›*Ich vermag alles durch den, der mich stark macht, Christus.*‹« (Philipper 4,13)

Das Wort war ihm fremd; ich schrieb es auf eine Karte und ließ es ihn dreimal laut vorlesen.

»Und jetzt folgen Sie meinem Rat, und ich weiß, daß sich die Dinge gut entwickeln werden.«

Er stand auf, verharrte einen Augenblick ruhig und sagte dann mit einer bemerkenswert sicheren Stimme: »Gut, Doktor, sehr gut.«

Ich blickte ihm nach, wie er seine Schultern straffte und in die Nacht hinausging. Seine äußere Haltung hatte sich verändert und zeigte mir, daß die Kräfte des Vertrauens bereits begonnen hatten, in ihm zu arbeiten.

Später erzählte er mir, dieses einzige Wort hätte in ihm wahre Wunder gewirkt. »Es schien mir unglaublich, daß ein einziges Bibelwort so viel für einen Menschen tun kann.«

Der gleiche Mann ließ nachher eine Analyse seiner Minderwertigkeitsgefühle machen. Sie wurden psychologisch behandelt und durch die Entfaltung des religiösen

Vertrauens zum Verschwinden gebracht. Ihm wurde gelehrt, Vertrauen in sich selbst zu haben und ganz bestimmte Anweisungen, die im Verlaufe des Kapitels noch geschildert werden, zu befolgen. Schritt für Schritt errang er ein starkes und dauerhaftes Vertrauen in sich selbst, und er ist begeistert von der wunderbaren Tatsache, daß seither die Dinge sich nicht mehr *gegen ihn* entwickeln, sondern ihm vielfach direkt *entgegenkommen.* Seine Persönlichkeit hat ihren negativen Charakter verloren und wurde positiv; seine Unternehmungen gelingen ihm. Er verfügt heute über ein berechtigtes und überzeugtes Vertrauen in seine eigene Kraft.

Minderwertigkeitsgefühle haben die verschiedensten Ursachen. Oft sind Erlebnisse aus unserer Kindheit mitschuldig.

Einst fragte mich der Leiter eines großen Betriebes um Rat; er habe einen jungen Angestellten, den er gerne mit einer größeren Aufgabe betraut hätte. »Aber«, erklärte er mir, »man kann ihm keine wichtigen Informationen anvertrauen, sonst hätte ich ihn schon längst zum Direktionssekretär ernannt. Er verfügt über alle notwendigen Fähigkeiten, aber er spricht zuviel, und so plaudert er – ohne böse Absicht – wichtige private und geschäftliche Dinge aus.«

Durch die Analyse fand ich heraus, daß der junge Mann »zuviel sprach«, weil er an einem Minderwertigkeitskomplex litt. Um ihn auszugleichen, versuchte er, sich wichtig zu machen, indem er mit seinem Wissen glänzen wollte. Er mußte mit Männern zusammenarbeiten, die alle über eine sehr gute Schulbildung verfügten, zum Teil Akademiker waren und irgendeiner Studentenverbindung angehörten, während er selber als armer Junge aufgewachsen war, keine höhere Schule besuchen und daher keiner Verbindung angehören konnte. Dieser Umstand erzeugte in ihm ein Gefühl der Minderwertigkeit gegenüber seinen Mitarbeitern, sowohl in bezug auf seine Bildung als auch auf seine soziale Stellung. Um diesen Unterschied auszugleichen, trieb ihn sein Unterbewußtsein, das immer versucht, den Ausgleichsmechanismus in Bewegung zu setzen, dazu, irgend etwas zu unternehmen, um seinem Ich auf jene Höhe zu verhelfen, die es sich ersehnte.

Seine berufliche Aufgabe bestand hauptsächlich in der Begleitung seines Vorgesetzten zu wichtigen Industriekonferenzen, wo er mit erfahrenen und bekannten Persönlichkeiten zusammentraf und oft Gelegenheit hatte, auch ihre privaten Gespräche mit anzuhören. Dies verführte ihn dazu, oft sein »Privatwissen« bekanntzumachen, um damit die Beachtung und das Interesse seiner Zuhörer zu wecken. Dadurch gelang es ihm, sein Geltungsbedürfnis einigermaßen zu befriedigen. Als ich seinen Arbeitgeber über die *Hintergründe* dieser Schwatzhaftigkeit informierte, zeigte er viel Verständnis für den jungen Mann und bemühte sich, ihn auf die schönen Entwicklungsmöglichkeiten hinzuweisen, die ihm seine Arbeit bot. Er erklärte ihm auch, wie ihn seine unberechtigten Minderwertigkeitsgefühle dazu trieben, Geschäftsgeheimnisse auszuplaudern. Die daraus resultierende *Selbsterkenntnis,* zusammen mit der konsequenten Anwendung von Übungen zur Gewinnung des Selbstvertrauens, verwandelte den jungen Mann in einen wertvollen Mitarbeiter, der volles Vertrauen verdiente. Seine wahren Fähigkeiten waren befreit und konnten sich entfalten.

Ich will nun versuchen zu erklären, wie viele Kinder durch Beziehungspersonen einen Minderwertigkeitskomplex erhalten. Als kleiner Knabe war ich schrecklich mager. Ich verfügte zwar über sehr viel Energie, spielte in einem Sportklub und war trotz meiner Magerkeit zäh wie Leder. Trotzdem beschäftigte mich meine Magerkeit, denn es ging mir auf die Nerven, daß mich meine Kameraden mit entsprechenden Spitznamen bedachten. Ich wollte unbedingt kräftiger werden, und wenn man mich »Dicker« gerufen hätte, wäre dies das schönste Kompliment für mich gewesen. Ich tat alles, um fetter zu werden, nahm Lebertran, trank unzählige Flaschen Milch, aß Süßigkeiten und Schlagsahne, doch alles nützte nichts; ich war mager und blieb mager. Meine Magerkeit verursachte mir schlaflose Nächte, und ich versuchte weiterhin alles, um dicker zu werden, bis ich plötzlich – ich war 30 Jahre alt – so dick wurde, daß mir die Kleider zu platzen drohten. Bald war es soweit, daß ich mich meiner Beleibtheit schämte, und ich hatte alle Mühe, 20 Pfund abzunehmen, um wieder ein normales Gewicht zu erreichen.

Ich erzähle diese persönliche Erfahrung nur, weil sie vielleicht anderen helfen kann zu erkennen, *wie* solche Fehlentwicklungen zustande kommen. Ich bin der Sohn eines Pfarrers und wurde damals durch meine Kameraden ständig an diese Tatsache erinnert. Alle meine Mitschüler konnten tun und lassen, was sie wollten, wenn *mir* aber auch nur das Geringste passierte, hieß es sofort: »Aha, des Pfarrers Früchtchen!« Ich aber wollte gar nicht des Pfarrers

Söhnchen sein, denn diese sollten sich ja bekanntlich immer wie Musterkinder aufführen. Viel eher wollte ich als ein hartgesottener Kerl gelten, und das ist auch der Grund, warum Pfarrerssöhne oft als »ein bißchen schwierig« gelten. Sie wehren sich gegen die Rolle, die man ihnen aufzwingt.

Obwohl ich aus einer Familie stamme, in der praktisch jedes Mitglied im öffentlichen Leben stand, war dies gerade das letzte, was ich mir wünschte. Man zwang mich, in der Öffentlichkeit das Wort zu ergreifen, etwas, das mich mit Angst und Schrecken erfüllte. Das war vor vielen Jahren, aber ein Schatten davon fällt heute noch jedesmal auf mich, wenn ich eine Rednertribüne betrete. Ich mußte alle bekannten guten Ratschläge anwenden, um mein natürliches, gottgegebenes Selbstvertrauen zu erhalten.

Die Lösung des Problems fand ich in den einfachen Wahrheiten und Grundsätzen der Bibel. Diese Lehren sind frei von Irrtümern; durch sie kann *jedermann* von der Qual der Minderwertigkeitsgefühle befreit und geheilt werden. Ihre Anwendung erlaubt uns, verborgene Kräfte zu finden und zur Entfaltung zu bringen.

Unsere Minderwertigkeitsgefühle können aus verschiedenen Quellen stammen: es kann sich um irgendeine Vergewaltigung unseres Gemütes handeln, die uns in der Kindheit angetan wurde; vielfach sind es auch die logischen Konsequenzen gewisser Lebensumstände oder eines Schuldbewußtseins. Die Krankheit der Minderwertigkeitsgefühle liegt meist verborgen im Nebel der Vergangenheit und in den geheimsten Falten unserer Persönlichkeit.

Vielleicht hatten wir einen älteren Bruder, der ein glänzender Schüler war. Er hatte überall Note 1, während wir uns mit einer 2 oder 3 begnügen mußten. Langsam begannen wir zu glauben, wir könnten nie Ebenbürtiges leisten. Er brachte seine Einsen nach Hause und wir unsere Zweien und Dreien, und mit der Zeit glaubten wir, so werde es das ganze Leben lang bleiben. Wir vergaßen, daß sehr oft gerade schlechte Schüler im späteren praktischen Leben großen Erfolg haben. Die Tatsache eines guten Zeugnisses ist noch lange keine Gewähr für spätere große Leistungen. Vielleicht hören die Einsen mit der Erreichung des Abiturs plötzlich auf, und ein Kamerad, der stets an zweiter, dritter oder vierter Stelle lag, rückt auf und erringt *die Einsen des Lebens!*

Viele ähnliche Erlebnisse haben mir die Einsicht und die Erkenntnis gebracht, daß wir alle Minderwertigkeitgefühle überwinden, wenn wir uns gläubig Gott anvertrauen. Er wird unser Selbst mit Vertrauen erfüllen, mit einem echten, demütigen und realistischen Selbstvertrauen.

Dieses Vertrauen erreichen wir durch gläubiges Gebet und die praktische Anwendung der biblischen Grundwahrheiten. In einem der nächsten Kapitel werde ich mich mit der Art des Gebets auseinandersetzen, möchte aber bereits an dieser Stelle ausdrücklich darauf hinweisen, daß es *eine ganz besondere Form von Gebet* ist, die unsere Minderwertigkeitsgefühle vertreibt und unser Selbstvertrauen stärkt. Oberflächliches und gedankenloses Beten genügt nicht.

Eine prachtvolle Schwarze, die bei einer mir bekannten Familie als Köchin amtet, wurde gefragt, woher sie ihre stets gute Laune nehme und wie sie ihre Sorgen meistere. Sie sagte, gewöhnliche Probleme könnten mit den üblichen Gebeten überwunden werden, doch »wenn ganz große Sorgen kommen, muß man auch ganz groß und tief beten«.

Einer meiner Freunde, der zu den besten Seelsorgern zählt, die ich kenne, sagt: »Den meisten Gebeten fehlen die wirkliche Tiefe und Überzeugung. Wir müssen lernen, tief und gläubig zu beten. Gott wiegt unsere Gebete nach ihrer Tiefe.« Ohne Zweifel hat mein Freund recht, sagt doch auch die Schrift: *»Euch geschehe nach eurem Glauben.«* (Matthäus 9,29). Je größer unsere Sorgen, um so tiefer müssen unsere Gebete, um so stärker muß unser Glaube sein.

Der bekannte Sänger Roland Hayes machte mich mit seinem Großvater bekannt, dessen Ausbildung bei weitem nicht diejenige seines Enkels erreichte, dessen natürliches Wissen aber unverdorben und gesund ist. Er sagte: »Was den meisten Gebeten fehlt, ist ihre Durchschlagskraft.«

Unsere Gebete müssen unsere Zweifel, Ängste und Schwächen tief durchdringen und sie auflösen wie die strahlende Sonne den feuchten Nebel.

Die Fähigkeit, Selbstvertrauen zu gewinnen und es im Leben machtvoll einzusetzen, ist ein besonderes Wissen und muß, wie jedes Wissen, mit Kopf und Herz erfaßt und praktisch angewandt werden, wenn unser Bemühen von Erfolg gekrönt sein soll.

Am Ende dieses Kapitels werde ich zehn Grundsätze aufstellen, die unsere Minderwertigkeitsgefühle und

Schwächen überwinden helfen und uns Selbstvertrauen schenken. Wenn Sie diese Grundregeln beharrlich und mit gläubiger Entschlossenheit anwenden, werden Sie damit jedes Gefühl der Minderwertigkeit überwinden können, wie tief es auch immer verankert ist.

An dieser Stelle möchte ich betonen, daß es von größter Wichtigkeit ist, unserem Geist immer und immer wieder Gedanken des Vertrauens und der Zuversicht zukommen zu lassen. Wenn wir von Minderwertigkeitsgefühlen und Unsicherheit geplagt werden, so darum, weil diese Ideen unseren Geist seit langer Zeit beherrschen. Andere und positive Ideen müssen unser Denken durchdringen, das aber erreichen wir nur durch die beharrliche Wiederholung positiver Gedanken. In unserer schnellebigen Zeit und im täglichen Existenzkampf kann unser Geist nur durch eine aktive Gedankenkontrolle gesund erhalten und zu jener unerschöpflichen Kraftquelle werden, die er sein muß und sein kann. Es ist durchaus möglich, mitten in unserer Tagesarbeit positive Gedanken in unser Bewußtsein zu senden. Das bewies mir einer meiner Bekannten, der mich an einem eisigkalten Wintermorgen mit seinem Wagen abholte, um mich in eine andere Stadt zu fahren, wo ich einen Vortrag halten sollte. Auf der Landstraße, die ziemlich glitschig war, schlug er ein Tempo an, das mir nicht sehr vernünftig erschien, und ich bemerkte, wir hätten genügend Zeit und er möge ruhig etwas langsamer fahren. »Machen Sie sich über meine Fahrweise keine Sorgen«, sagte er, »ich hatte eine Zeit, da ich mit allerlei Unsicherheitsgefühlen erfüllt war, doch das habe ich überwunden. Ich hatte Angst vor allem und jedem: vor jeder Autofahrt und vor jeder Flugreise, und wenn jemand von meiner Familie auf eine Reise ging, hatte ich Angst, er würde nicht mehr zurückkehren. Stets wurde ich vom Gefühl geplagt, irgend etwas könnte passieren, und mein Dasein war eine wahre Qual. Dieser Geisteszustand widerspiegelte sich auch in meinem Beruf, und es ging mir nicht gerade gut. Glücklicherweise kam ich auf eine Idee, die sich wunderbar bewährte, die mir half, alle diese Gefühle der Schwäche und Unsicherheit aus meinem Denken zu verbannen, und die mich mit Vertrauen erfüllte, nicht bloß mich persönlich, sondern *mein ganzes Dasein.*«

Und hier seine »Idee«: Er zeigte mir an seinem Instrumentenbrett zwei Clips, nahm aus einem Fach eine Anzahl Karten, wählte eine davon aus und steckte sie in die Clips. Ich las: *»So ihr Glauben habt ... wird euch nichts unmöglich sein.«* (Matthäus 17,20). Mein Bekannter entfernte diese Karte wieder, und indem er mit einer Hand weitersteuerte, befestigte er mit der andern eine neue Karte. Sie lautete: *»Ist Gott für uns, wer mag wider uns sein?«* (Römer 8,31)

»Ich bin ein reisender Kaufmann«, erklärte er, »und ich bin den ganzen Tag bei meinen Kunden unterwegs. Ich fand heraus, daß man beim Autofahren allerlei Gedanken nachgeht. Wenn die Gedanken negativ sind, wird man im Laufe eines Tages viel Schaden nehmen. Und so erging es mir: Während ich von Kunde zu Kunde fuhr, hing ich meist negativen und mutlosen Gedanken nach, und das war der Hauptgrund, warum meine Tätigkeit immer weniger Erfolg hatte. Seit ich aber mit Hilfe dieser Karten Gedanken des Vertrauens in mich aufnehme, habe ich gelernt, anders und positiv zu denken. Anstelle der alten, negativen Gedankenwelt ist eine neue, bejahende und vertrauende getreten. Mein Geist ist erfüllt von Ideen des Mutes und des Selbstvertrauens.

Dieses kleine Hilfsmittel hat tatsächlich mein Leben verändert, und es hat mir auch in meiner beruflichen Tätigkeit Erfolg gebracht. Wie soll ein Vertreter Erfolg haben, wenn er das Haus eines Kunden schon mit Gedanken des Mißerfolgs und der Mutlosigkeit betritt?«

Diese Methode meines Bekannten ist außerordentlich wirkungsvoll. Indem er seine Gedankenwelt mit der Gegenwart und Hilfe Gottes erfüllte, gelang es ihm, sein ganzes Denken *positiv* zu beeinflussen. Er überwand die lange Periode der Unfruchtbarkeit und der Schwäche, und seine wahren Lebenskräfte wurden frei.

Gefühle der Sicherheit oder Unsicherheit hängen von unserer Denkweise ab. Wenn wir unsere Gedanken ständig auf die Erwartung düsterer und gefährlicher Dinge konzentrieren, werden wir uns auch fortwährend unsicher fühlen. Und was noch viel gefährlicher ist: Durch die Macht unserer Gedanken erzeugen wir einen dauernden Zustand der Angst und direkt die Voraussetzung für ungünstige Entwicklungen. Mein Bekannter aber erzeugte schöpferische, bejahende Gedanken, indem er die Karten an seinem Instrumentenbrett befestigte und jene Gedanken machtvoll auf sich wirken ließ.

Mangelndes Selbstvertrauen ist eines der großen Probleme unserer Zeit. An einer Universität wurden an 600 Studenten psychologische Studien angestellt. Sie wurden aufgefordert, ihr schwierigstes persönliches Problem zu bezeichnen. 75 *Prozent nannten mangelndes Selbstvertrauen als ihr Hauptproblem.* Man darf ruhig annehmen, daß der gleiche hohe Prozentsatz ganz allgemein Gültigkeit hat. Überall trifft man ängstliche Menschen, die an einer wahren Lebensscheu leiden und die voller Zweifel in ihre eigenen Fähigkeiten sind. Sie haben Angst, der Wirklichkeit mutig ins Auge zu schauen und Verantwortung zu übernehmen. Ständig werden sie geplagt von einer unbestimmten Angst, irgend etwas könnte schiefgehen. Sie wollen nicht glauben, daß sie alles in sich haben, was nötig ist, um *das zu* werden, was sie sich wünschen, und so versuchen sie, sich mit Dingen zu begnügen, die ihrer nicht würdig sind. Tausende und Abertausende kriechen so auf Händen und Knien durch ihr Leben, entmutigt und verängstigt, und in den allermeisten Fällen ist eine solche Kraftverschwendung vollkommen unnötig.

Schicksalsschläge, die Anhäufung von Schwierigkeiten und Sorgen haben die Tendenz, unsere Lebenskraft anzugreifen und uns zu entmutigen. In einer solchen Situation erscheint unsere wahre Widerstandskraft in einem ganz falschen Lichte; sie scheint uns viel geringer, als sie in Wirklichkeit ist. Es ist dann lebenswichtig, das Vertrauen in unsere wahre, tatsächliche Stärke wiederzugewinnen. Gelingt es uns, einige vernünftige Überlegungen anzustellen, so werden wir bald erkennen, daß wir viel weniger Grund haben, uns geschlagen zu geben, als wir glauben.

Ein 52jähriger Mann, der in großer Sorge war, besuchte mich, um mir seinen Zustand vollkommener Hoffnungslosigkeit zu schildern. Er sagte, er sei »vollkommen erledigt«, und erklärte mir, alles, was er in seinem Leben aufgebaut habe, sei verloren.

»Alles?« fragte ich.

»Alles!« wiederholte er. »Nichts ist mir geblieben. Es ist hoffnungslos, und ich bin zu alt, um noch einmal von vorne anzufangen. Ich habe nicht mehr das geringste Selbstvertrauen.«

Er erweckte meine aufrichtige Teilnahme, aber es war ganz offenkundig, daß tiefe Schatten der Hoffnungslosigkeit seinen Geist und seinen klaren Blick verdüsterten. Seine wahren Kräfte hatten sich vor dem Ansturm pessimistischer Gedanken zurückgezogen und ihn ohne Abwehrkräfte gelassen. *Das* war sein wichtigstes Problem.

»Gut«, sagte ich, »wir wollen ein Stück Papier nehmen und alle Werte, die Ihnen noch verblieben sind, aufschreiben.«

»Das ist sinnlos«, sagte er, »ich glaube, Ihnen bereits deutlich gesagt zu haben, daß ich überhaupt nichts mehr habe.«

Ich sagte: »Wir wollen es trotzdem versuchen. Hält Ihre Frau immer noch zu Ihnen?«

»Wieso? Ja, natürlich – und sie hält sich prachtvoll. Wir sind nun dreißig Jahre verheiratet, und sie würde mich nie im Stich lassen, was immer auch geschieht.«

»Gut«, sagte ich, »dann wollen wir dies festhalten: Ihre Frau hält zu Ihnen, was immer auch geschehen könnte. Und wie steht es mit Ihren Kindern? Haben Sie welche?«

»Ja«, antwortete er, »drei, und ich habe keinen Grund, mich über sie zu beklagen. Es war rührend, wie sie zu mir kamen und erklärten: Wir haben dich gern, und wir werden zu dir halten.«

»Das wäre Nummer zwei«, sagte ich, »drei Kinder, die Sie lieben und zu Ihnen stehen. Haben Sie Freunde?«

»Ja«, sagte er, »ich habe einige wirklich gute Freunde. Sie suchten mich sogar auf und boten mir ihre Hilfe an. Aber was können sie schon tun? Nichts!«

»Das wäre Nummer drei: Sie haben gute Freunde, die Sie achten und die Ihnen gerne helfen würden. Und wie steht es mit Ihrem Ruf? Haben Sie irgend etwas Schlechtes getan?«

»Mein Ruf ist in Ordnung. Ich habe immer versucht, anständig zu leben, und mein Gewissen ist sauber.«

»Wir wollen das als Nummer vier festhalten: Ihr Ruf ist in Ordnung. Und Ihre Gesundheit?«

»Ebenfalls. Ich war glücklicherweise sehr wenig krank und glaube, noch über gute physische Reserven zu verfügen.«

»So wollen wir ›gute Gesundheit‹ als Nummer fünf notieren. Und was halten Sie von unserem Land? Sind Sie nicht auch der Ansicht, daß unser Geschäftsleben floriert und noch immer eine Fülle von Möglichkeiten bietet?«

»Gewiß«, sagte er.

»Das wäre Nummer sechs: Sie leben in einem Land, das viele Möglichkeiten bietet.« Dann fragte ich: »Wie steht es mit Ihrer religiösen Überzeugung? Glauben Sie, daß Gott Ihnen helfen kann?«

»Ja«, sagte er, »das alles hätte ich ohne Gottes Hilfe nie überstanden.«

»Nun«, sagte ich, »unsere Liste lautet wie folgt:

1. Eine prachtvolle Frau, mit der Sie seit 30 Jahren verheiratet sind.
2. Drei liebende Kinder, die zu Ihnen stehen.
3. Freunde, die Sie achten und die Ihnen helfen wollen.
4. Guter Ruf. Gutes Gewissen.
5. Gute Gesundheit.
6. Sie leben in einem Land, das Sie schätzen.
7. Sie haben religiöses Vertrauen.«

Ich schob das Blatt über den Tisch hin. »Sehen Sie sich das an. Ich glaube, Sie haben immer noch einige Trümpfe – und Sie behaupten, Sie hätten *alles* verloren!?«

Er lächelte beschämt und sagte: »Daran habe ich allerdings nicht gedacht«, und nachdenklich fügte er bei: »Vielleicht steht alles gar nicht so schlimm, wie ich dachte. Wenn ich nur etwas Selbstvertrauen gewinnen könnte, dann könnte ich es vielleicht noch einmal versuchen.«

Er gewann es, und er fing noch einmal von vorne an – doch erst, nachdem er seine Denkweise geändert hatte. Vertrauen ersetzte seine Zweifel, und er gewann genügend Kraft, um mit allen seinen Schwierigkeiten fertig zu werden.

Dieses Erlebnis bestätigt eine fundamentale Wahrheit, die auch in einer Feststellung des berühmten Psychiaters Dr. Karl Menninger zum Ausdruck kommt. Er sagte: *»Einstellungen sind wichtiger als Tatsachen.«* Dieser Grundsatz ist so wichtig, daß es sich lohnt, ihn so lange zu wiederholen, bis er uns in Fleisch und Blut übergegangen ist. Keine Tatsache, die sich uns entgegenstellt, ist je so wichtig wie die Einstellung, die wir zu ihr haben. Eine Tatsache kann uns einschüchtern, ja sogar niederwerfen, bevor wir überhaupt etwas gegen sie unternommen haben – allein aufgrund unserer geistigen Einstellung. Andererseits können vertrauende, optimistische Gedanken jede Schwierigkeit vermindern und überwinden.

Ich kenne einen Mann, der für sein Unternehmen von allergrößter Bedeutung ist, keineswegs aber seiner besonderen Fähigkeiten halber, sondern allein seiner unerschütterlichen Geisteshaltung wegen. Wenn seine Teilhaber irgendeinem Problem pessimistisch gegenüberstehen, wendet er seine (wie er sagt) »Staubsaugermethode« an. Durch eine Reihe von präzisen Fragen »saugt er den Staub« aus der Gedankenwelt seiner Mitarbeiter, das heißt, er »liquidiert« Schritt für Schritt ihre negativen Ideen. Sodann bringt er systematisch alle positiven Gesichtspunkte des Problems zur Sprache, bis seine Teilhaber die ganze Frage in einem andern Lichte sehen und eine neue, bejahende Einstellung zu den Tatsachen gewonnen haben. Ein solches Vorgehen tut auch der Objektivität der Betrachtungsweise keinen Abbruch, denn aufgrund unseres Mangels an Vertrauen und unserer Schwächen sind wir stets geneigt, die Tatsachen in einem schiefen Licht zu sehen. *Das Geheimnis liegt einfach darin, eine normale, gesunde Einstellung zu gewinnen – und diese ist stets auf der positiven Seite einer Angelegenheit zu finden.*

Wenn Sie also wieder einmal glauben, Grund zur Niedergeschlagenheit zu haben, und wenn Sie Ihr Selbstvertrauen verloren haben, dann nehmen Sie ein Stück Papier und notieren Sie nicht die Dinge, die gegen Sie sprechen, sondern jene, die auf Ihrer Seite stehen.

Wenn wir ständig an die Tatsachen denken, die *gegen* uns sind, gestatten wir ihnen, in unserem Leben einen Platz einzunehmen, der ihnen gar nicht zukommt. Die negativen Gesichtspunkte werden dann eine Macht über uns gewinnen, die sie in Tat und Wahrheit gar nicht besitzen.

Wenn wir aber im Gegenteil unsere Fähigkeiten, unser Selbstvertrauen, unseren Mut und alles, was *für* uns spricht, in uns wachhalten, es immer und immer wiederholen und unsere Geisteswelt damit anfüllen, dann werden wir aus allen Schwierigkeiten siegreich hervorgehen, unsere inneren Kräfte werden sich sammeln und verstärken, und mit der Hilfe Gottes wird es uns sogar gelingen, eine Niederlage in einen Sieg umzuwandeln.

Eine der machtvollsten geistigen Konzeptionen, die uns helfen können, verlorenes Selbstvertrauen zurückzugewinnen, ist der Gedanke, daß Gott stets mit uns ist und uns beisteht. Dies ist eine der einfachsten und fundamentalsten religiösen Wahrheiten:

Der allmächtige Gott ist stets an unserer Seite und verläßt uns nicht. Kein anderer Gedanke kann so große positive Wirkungen hervorbringen, wenn er im täglichen Leben getreulich angewandt wird. Wir sollten jeden Tag mehrmals daran denken, daß Gott mit uns ist und uns führt.

Die Gegenwart Gottes in unserem Dasein muß zur gläubigen Tatsache, zur wissenden Überzeugung werden. Wir müssen uns immer wieder dieser Tatsache *bewußt sein,* sie uns *vorstellen* und sie *erleben,* dann wird sie zu einer *lebendigen Wahrheit* bei allem unserem Tun und wird Kräfte entwickeln, die ans Wunderbare grenzen.

Emerson hat eine Wahrheit von größter Bedeutung ausgesprochen, als er sagte: »Derjenige gewinnt, der an den Sieg glaubt.« Und er fügte bei: »Tue das, wovor du dich fürchtest, und das Ende deiner Angst ist gewiß.« Wenn wir unsere Gedanken unablässig in den Bahnen des Vertrauens und des Glaubens halten, werden unsere Sorgen, Ängste und Schwächen bald keine Macht mehr über uns haben.

Als Stonewall Jackson einst vor einer großen Schlacht stand, machte einer seiner Generäle ängstliche Einwendungen, wie: »Ich befürchte, daß ...« oder: »Ich habe Angst, daß ...« Indem Jackson seine Hand auf die Schulter seines Untergebenen legte, sagte er: »General, lassen Sie sich nie durch Ihre Befürchtungen Ratschläge erteilen.«

Das Geheimnis liegt darin, daß wir unseren Geist mit Gedanken des Vertrauens und des Glaubens und der Sicherheit erfüllen. Dadurch werden alle Zweifel aus unserem Denken vertrieben.

Einem Mann, der lange Zeit von seinen Minderwertigkeitsgefühlen und Schwächen geplagt worden war, riet ich, jeden Tag in der Bibel zu lesen und alle Stellen rot zu unterstreichen, die Mut und Zuversicht aussprechen. Er bemühte sich auch, diese Stellen seinem Gedächtnis einzuprägen, wodurch er seinen Geist mit den gesündesten, beglückendsten und wirkungsvollsten Gedanken der Welt erfüllte. Diese Gedanken von dynamischer Kraft veränderten ihn von einem hoffnungslos deprimierten Menschen zu einer Persönlichkeit von bezwingender Kraft. Schon nach einigen Wochen zeigte sich in seinem Wesen eine bemerkenswerte Veränderung. Heute strahlt er Mut und Vertrauen aus. Er hat sein Selbstvertrauen durch eine grundlegende Änderung seiner Denkgewohnheiten wiedergewonnen.

Deshalb: *Was können wir tun, um sofort mit dem Wiederaufbau unseres Selbstvertrauens zu beginnen?*

Die folgenden zehn Grundsätze sind einfache, aber höchst wirkungsvolle Regeln, um unsere Minderwertigkeitsgefühle zu überwinden und Vertrauen zu gewinnen. Wenn Sie diese Regeln befolgen, werden Sie bald wieder Vertrauen in die eigenen Fähigkeiten erringen und von neuer Kraft und frischem Lebensmut erfüllt werden.

1. Präge ein geistiges Bild deiner voll entwickelten Persönlichkeit! Halte dieses Bild in deiner Vorstellung beharrlich wach. Verliere es nie wieder! Dein Geist wird danach trachten, dieses Bild zu verwirklichen. Gestatte deinen Gedanken nicht, sich Mißerfolg auszumalen, sondern glaube an die Realität deiner Gedankenkräfte. Denke daran, daß unser Geist stets zu verwirklichen sucht, was wir uns vorstellen. Es ist gefährlich, Gedanken der Hoffnungslosigkeit und des Mißerfolges nachzuhängen.

2. Wenn ein negativer, hoffnungsloser Gedanke in bezug auf dich und deine Möglichkeiten auftaucht, ersetze ihn durch einen positiven, vertrauenden Gedanken.

3. Baue keine Hindernisse auf in deiner Vorstellungswelt. Schwierigkeiten müssen geprüft werden, und wir müssen uns mit ihnen auseinandersetzen, aber sie sollen nicht mehr Gewicht erhalten, als sie tatsächlich haben. Sie dürfen durch unsere Vorstellung nicht aufgeblasen werden.

4. Erstarre nicht in Ehrfurcht vor anderen Menschen, und versuche nie, andere zu kopieren. Niemand kann dir deine Persönlichkeit so vollkommen schenken wie du selbst. Denke immer daran, daß die meisten Menschen, auch wenn sie noch so sicher auftreten, oft genauso unter Zweifel und Niedergeschlagenheit leiden wie du selbst.

5. Wiederhole zehnmal am Tag die kraftvollen Worte: »Ist Gott für uns, wer mag wider uns sein?« (Römer 8,31) – Unterbrich gleich hier die Lektüre, und wiederhole diese Worte langsam und vertrauensvoll.

6. Trachte danach, einen kompetenten Ratgeber zu finden, der dir helfen kann, deine Probleme zu verstehen und dir zu sagen, warum du so oder anders handelst. Versuche die Herkunft deiner negativen Gedanken und Selbstzweifel zu ergründen; sie ist meist in der Kindheit zu finden. Selbsterkenntnis führt zur Heilung.

7. Wiederhole jeden Tag zehnmal und wenn möglich laut die folgende Versicherung: »Ich vermag alles durch den, der mich stark macht, Christus.« (Philipper 4,13). Wiederhole dieses Wort gleich *jetzt.* Es enthält die machtvollste Kraft, die wir auf Erden allen Gefühlen der Schwäche entgegensetzen können.

8. Mache dir eine objektive und wahre Vorstellung deiner wirklichen Fähigkeiten. Versuche sie zu steigern. Sei kein eitler Egoist, aber entwickle ein gesundes Maß von Selbstachtung. Glaube an deine eigenen, gottgegebenen Kräfte.

9. Vertraue auf Gott! Sage dir einfach: »Ich bin in Gottes Hand und *glaube,* daß ich *jetzt* alle Kräfte erhalten werde, die mir not tun.« Stelle dir vor, wie diese göttlichen Kräfte in dich hineinströmen. Versichere dir, daß »das Reich Gottes inwendig ist in dir« (Lukas 17,21) in Form von Kräften, die den Anforderungen des Lebens gerecht werden.

10. Erinnere dich stets daran, daß Gott an deiner Seite ist und daß nichts in der Welt dich niederdrücken kann. Glaube, daß du *jetzt* und zu jeder Stunde Kraft von ihm empfangen wirst.

Kapitel 2

Vom Segen eines ruhigen Gemütes

Als ich einst mit zwei Freunden in einem Hotel das Frühstück einnahm, sprachen wir über unseren Schlaf während der vergangenen Nacht. Einer beklagte sich über eine schlaflose Nacht. Er hatte sich gewälzt und gedreht, und nachdem er aufgestanden war, fühlte er sich müder als am Abend zuvor. »Wahrscheinlich hätte ich besser vor dem Schlafengehen keine Radionachrichten mehr gehört. Ich drehte den Apparat noch an und erhielt nichts anderes als ein Ohr voll Sorge.«

Der Ausspruch »ein Ohr voll Sorge« traf den Nagel auf den Kopf. Kein Wunder, daß er keinen Schlaf finden konnte. Unser Freund aber meinte: »Vielleicht habe ich es auch dem Kaffee zu verdanken.«

»Was mich betrifft«, erklärte mein anderer Begleiter, »hatte ich eine sehr gute Nacht. Ich las die Nachrichten in den Nachmittagszeitungen und konnte sie vor dem Zubettgehen noch ›verdauen‹. Allerdings habe ich auch meinen ›Schlafplan‹ angewandt, der mich noch nie im Stich gelassen hat.«

Ich bat ihn, uns seinen »Schlafplan« näher zu erklären, und er erzählte: »In meiner Jugend hatte mein Vater – ein Farmer – die Gewohnheit, seine Familie stets vor dem Zubettgehen in der Stube zu versammeln, um uns einige

Stellen aus der Bibel vorzulesen. Noch heute, wenn ich gewisse Sätze daraus wieder vernehme, vermeine ich die Stimme meines Vaters zu hören. Nach dem Gebet suchte ich jeweils meine Kammer auf und fiel in einen tiefen, ruhigen Schlaf. Nachdem ich aber das Elternhaus verlassen hatte, las ich nicht mehr in der Bibel und gab auch das Beten auf.

Ich muß gestehen, daß ich während vieler Jahre höchstens noch betete, wenn ich in großen Schwierigkeiten war. Doch vor einigen Monaten, als ich einer erdrückenden Zahl ungelöster Probleme gegenüberstand, beschlossen meine Frau und ich, es wieder zu versuchen, und bald konnten wir es nicht mehr missen. Jeden Abend, bevor wir ins Bett gehen, sitzen wir zusammen, lesen einige Stellen aus der Bibel und sprechen ein Gebet. Seither schlafe ich besser, und meine Probleme finden ihre natürliche Lösung. Ja, diese Gewohnheit wurde mir so zur zweiten Natur, daß ich selbst unterwegs auf Reisen eine Bibel mitführe. Gestern abend las ich zum Beispiel den 23. Psalm laut vor mich hin, und ich glaube, er hat mir sehr gut getan.«

Indem er sich zu unserem Begleiter wandte, sagte er: »Sehen Sie, ich ging nicht zu Bett mit einem Ohr voll Sorgen, sondern mit einem friedlichen Gemüt.«

Das sind zwei entscheidende Dinge für jeden von uns: »Ein Ohr voll Sorge« oder »ein friedliches Gemüt«. Es hängt allein von uns ab, was wir wählen wollen.

Jeder Mensch hat die Möglichkeit, seine Vorstellungswelt zu ändern. Die Mühe, die uns das verursacht, ist unendlich viel kleiner, als wenn wir fortfahren, uns mit negativen Gedanken abzugeben. Ein Leben des inneren Friedens, voller Harmonie und frei von Hast und Angst führt zur angenehmsten und gehaltvollsten Form des Daseins.

Innerer Friede ist aber nur zu gewinnen, wenn wir uns ganz entspannen können. Das erinnert mich an ein Erlebnis anläßlich eines Vortrags. Ich saß hinter der Rednertribüne und überflog noch einmal mein Manuskript, als sich mir ein Mann näherte, der mit mir ein persönliches Problem besprechen wollte.

Ich sagte ihm, dies sei mir jetzt vollkommen unmöglich, da ich mich noch vorbereiten müsse und jeden Augenblick aufgerufen werden könne. Ich bat ihn, bis nach dem Vortrag zu warten.

Während ich sprach, bemerkte ich, daß er hinter der Bühne nervös auf und ab ging, und als ich meinen Vortrag beendet hatte, war er verschwunden, hatte mir aber seine Visitenkarte zurückgelassen, aus welcher ich sah, daß es sich um eine bekannte Persönlichkeit der Stadt handelte.

Wieder im Hotel, ließ mir die Sache keine Ruhe, und ich rief ihn an. Er war überrascht und sagte, er hätte nicht warten wollen, weil ich offenkundig sehr überlastet sei, und er fügte bei: »Ich wollte Sie bitten, mit mir zu beten – vielleicht hätte ich dann etwas Ruhe finden können.«

»Nichts kann uns davon abhalten, gleich jetzt am Telefon miteinander zu beten«, sagte ich.

Etwas erstaunt sagte er: »Ich habe noch nie etwas von einem telefonischen Gebet gehört.«

»Warum nicht?« fragte ich. »Ein Telefon ist nichts anderes als eine Möglichkeit der Verbindung zwischen zwei Menschen. Wir sind einige Häuserreihen voneinander entfernt, aber der Draht bringt uns zusammen. Und außerdem ist Gott überall, sowohl bei Ihnen als auch bei mir.«

»Richtig«, sagte er, »ich wäre dankbar, wenn Sie für mich beten könnten.«

Ich schloß die Augen und betete für den Mann am anderen Ende des Drahtes, als ob er bei mir wäre. Er konnte mich hören, und Gott hörte uns auch. Als ich geendet hatte, fragte ich ihn: »Wollen Sie nicht auch beten?« – Zuerst kam keine Antwort, dann vernahm ich, daß der Mann schluchzte, und schließlich sagte er: »Es ist mir unmöglich zu sprechen.«

»Dann weinen Sie sich aus, und versuchen Sie es dann erneut«, schlug ich vor. »Sagen Sie Gott alles, was Sie bedrückt.«

Ich wartete und ermutigte ihn weiter, und schließlich betete er, zuerst zögernd, dann freier, und schließlich schüttete er sein ganzes, bedrücktes, haßerfülltes und von Mißerfolgen zermartertes Herz aus. »Nie habe ich etwas für Gott getan«, sagte er, »und nun muß ich Gott bitten, etwas für mich zu tun. Ach, was bin ich für ein elender Mensch, trotz meiner öffentlichen Ämter und Ehren. Ich habe genug von alledem und kann mich nur noch in Gottes Hand begeben.«

Ich betete erneut und bat Gott, sein Gebet zu erhören und ihm Frieden zu schenken. Nach einer längeren Pause sagte er – und nie werde ich den Ton seiner Stimme vergessen: »Ich werde mich immer an diesen Abend erinnern. Zum erstenmal seit langer Zeit fühle ich mich frei und innerlich sauber.« Er hatte den Schlüssel zum inneren Frieden gefunden, sein Herz geöffnet und die Gnade Gottes empfangen.

Ein bekannter Arzt sagte: »Vielen meiner Patienten fehlt nichts außer gesunden Gedanken. Darum habe ich für manche ein spezielles Rezept, das man allerdings nicht in der Apotheke beziehen kann, sondern aus der Bibel, nämlich Römer 12,2: ›*Und richtet euch nicht nach dieser Welt, sondern wandelt euch um durch die Erneuerung des Sinnes, damit ihr zu prüfen vermögt, was der Wille Gottes ist: das Gute und Wohlgefällige und Vollkommene.*‹ – Ich gebe meinen Patienten dieses Wort nicht schriftlich mit, sondern lasse sie aus der Bibel laut vorlesen. Wenn sie die Bedeutung dieser Gedanken erfassen, können sie dadurch Ruhe und inneren Frieden gewinnen, die ihrer Gesundheit zuträglicher sind als manche Arznei.« Die erste Vorbedingung für ein ruhiges Gemüt besteht darin, daß wir lernen, unseren Geist und unser Herz frei zu machen. Wie wir dies erreichen können, werde ich in einem andern Kapitel behandeln, doch möchte ich schon hier auf die große Bedeutung einer ständigen Geisteshygiene hinweisen. Wir alle haben schon erlebt, wie wohl uns wurde, wenn wir einem vertrauenswürdigen Menschen unser Herz ausschütten konnten. Darum empfehle ich eine mehrmalige tägliche »Reinigung« unseres Geistes. Ängste, Unsicherheiten, Schwächen, Schuldgefühle, Haß und Trauer – sie alle müssen immer und immer wieder aus uns herausgejagt werden.

Als ich auf einem Schiff einen Gottesdienst leitete, schlug ich meinen Zuhörern vor, alle ihre Sorgen und Ängste über Bord zu werfen und zu sehen, wie jeder einzelne negative Gedanke in den Wellen des Meeres untergehe. Meine Anregung wurde wahrscheinlich eher naiv aufgenommen, doch später kam einer der Reisenden zu mir und sagte, mein Ratschlag hätte sich glänzend bewährt. »Während der ganzen Reise ging ich jeden Abend an Deck, um alle meine Sorgen über Bord zu werfen, und schließlich gelang es mir, sie alle wirklich loszuwerden. Täglich sah ich sie im großen Ozean der Zeit davonschwimmen – auf Nimmerwiedersehen.«

Der Mann, der diese Erfahrung machte, ist kein sentimentaler Idealist, sondern eine real denkende, intelligente Persönlichkeit in bedeutender Stellung.

Rät uns nicht auch die Bibel, Dinge zu vergessen, die hinter uns liegen? Indem wir unseren Geist frei machen, ist noch nicht alles erreicht. Unsere Gedankenwelt kann *nicht leer* bleiben, sie muß mit *neuen Ideen erfüllt* werden, sonst besteht die Gefahr, daß die alten, negativen Gedanken in ihr früheres »Heim« zurückkehren. Um dem vorzubeugen, muß unsere Gedankenwelt unmittelbar nach der »Säuberung« mit schöpferischen und gesunden Ideen erfüllt werden. Wenn dann die alten, negativen Gedanken von Angst und Sorge erneut Einlaß begehren, finden sie an der Türe die Aufschrift »Besetzt«. Sie werden sich jedoch nicht so leicht abweisen lassen und auf ihr angestammtes Recht, hier zu wohnen, pochen. Doch die neuen, starken und gesunden Gedanken, denen wir Einlaß gewährt haben, sind jetzt stärker und fähig, mit den alten fertig zu werden. Schließlich werden diese gänzlich Rückzug blasen und uns aufgeben.

Jeden Tag sollten wir mehrmals friedliche Bilder an unserem geistigen Auge vorüberziehen lassen. Denken wir dabei an die ruhigsten und schönsten Landschaften, die wir je erschaut haben: vielleicht an ein stilles Bergtal, über dem die milde Röte eines friedlichen Abends liegt, oder an einen weiten, ruhigen Meeresstrand, wo die plätschernden Wellen mit dem Sand des Ufers spielen. Solche Vorstellungen wirken wie Balsam auf unser Gemüt.

Sodann gilt es, sich eine gewisse Technik in der suggestiven Anwendung beruhigender Worte anzueignen. Worte können von großer, suggestiver Kraft sein, und allein schon in ihrer ruhigen Aussprache liegt viel heilsame Wirkung. Man braucht nur einige beunruhigende Worte vor sich hin zu sagen, und schon gerät man in einen Zustand leichter Nervosität. Vielleicht spüren wir einen Druck auf dem Magen, der unser Wohlbefinden stark herabsetzt. Sagen wir aber beruhigende Worte, wird unser Gemüt sofort entsprechend reagieren. Benützen wir zum Beispiel das Wort »Ruhe«, und wiederholen wir es mehrmals! Schon allein dadurch fördern wir einen friedlichen Gemütszustand.

Ein anderes Wort von heilender Kraft ist »Sicherheit«. Wiederholen wir auch dieses Wort mehrmals! Auch ein guter Sinnspruch oder einige Sätze aus der Bibel, richtig und suggestiv wiederholt, können unser Gemüt sehr günstig beeinflussen.

Einer meiner Bekannten notiert sich alle solche Sätze auf spezielle Karten, von denen er stets eine in der Rocktasche mitführt. Er sagt, daß diese Gedanken in seinem Unterbewußtsein weiterwirken und seinen Geist mit Frieden erfüllen. Eine der Karten, die er mir zeigte, war mit einem uralten Spruch aus dem 16. Jahrhundert beschrieben. Er lautet: »Lasse dich durch nichts beunruhigen. Lasse dich durch nichts ängstigen. Alles vergeht, außer Gott. Gott allein zählt.«

In den Worten der Bibel wohnt eine besonders heilsame Kraft. Wenn wir ihnen Einlaß in unseren Geist gewähren, entfalten sie dort einen äußerst wohltuenden Einfluß auf unser ganzes Gemütsleben. Sie sind eines der einfachsten und wirkungsvollsten Mittel, ein ruhiges Gemüt zu gewinnen.

Ein Kaufmann erzählte mir ein Erlebnis anläßlich einer Geschäftskonferenz. Einer der Anwesenden wies alle Anzeichen großer Unruhe und Nervosität auf.

Jedermann kannte ihn gut und verzieh ihm seine Reizbarkeit, doch im Laufe der Verhandlungen sprang seine Aufmerksamkeit auch auf die andern Anwesenden über. Unvermittelt öffnete der Betreffende seine Reisemappe, zog eine Flasche mit irgendeiner dunkelgefärbten Medizin heraus und nahm eine größere Dosis zu sich. Gefragt, was er da trinke, sagte er: »Ach, irgend etwas für die Nerven. Wenn es so weitergeht, platze ich noch vor Nervosität. Ich bemühe mich zwar, es nicht zu zeigen, doch ich nehme an, Sie alle haben längst bemerkt, wie meine Nerven versagen. Dieses Tonikum wurde mir empfohlen, und ich habe bereits mehrere Flaschen davon eingenommen, doch offensichtlich ohne großen Erfolg.«

Die andern lachten, doch einer sagte ernst: »Bill, ich weiß nichts über deine Medizin. Vielleicht ist sie ganz gut, aber ich kann dir eine andere Medizin geben, die dir bestimmt besser bekommen wird. Sie hat mir geholfen, und ich weiß, was ich sage, denn ich war noch schlimmer dran als du.«

»Was für eine Medizin ist das?« fragte Bill.

Der andere griff in seine Mappe und zog ein Buch heraus. »Dieses Buch wird dir helfen. Wahrscheinlich findest du es komisch, daß ich eine Bibel in meiner Reisemappe herumtrage; aber ich kümmere mich nicht um das, was die Leute sagen. Seit zwei Jahren führe ich stets diese Bibel mit und habe darin alle Stellen unterstrichen, die mir Zuversicht und Ruhe geschenkt haben. Bei mir hat es Wunder gewirkt, und ich glaube, auch bei dir wird es nicht versagen. – Willst du es nicht versuchen?«

Die andern waren verstummt und hörten interessiert dem Gespräch zu. Unser nervöser Kollege war tief in seinen Stuhl zurückgesunken und schien offensichtlich beeindruckt.

»In einem Hotel hatte ich einst ein bestimmtes Erlebnis«, fuhr der andere fort, »wodurch ich auf die Bibel aufmerksam wurde. Nach einem arbeitsreichen Reisetag kam ich am späten Nachmittag ins Hotel zurück und befand mich in einem Zustand äußerster Nervosität. Ich versuchte, einige Briefe zu schreiben, doch es gelang mir nicht, meine Gedanken zu sammeln. So ging ich im Zimmer auf und ab, versuchte Zeitungen zu lesen, doch sie langweilten mich bloß. Da fiel mein Blick auf eine Bibel, wie ich sie schon in vielen Hotelzimmern angetroffen, aber noch nie beachtet hatte. Irgend etwas hieß mich, das Buch aufzuschlagen. Zufällig fand ich die Psalmen, und ich erinnere mich, wie ich einen davon stehend las, mich dann setzte und weiterlas. Die Worte fesselten mich, und doch mußte ich leise über mich lächeln, wie ich da in einem Hotelzimmer saß und die Bibel las!

Dabei stieß ich auf den 23. Psalm, den ich in der Sonntagsschule gelernt hatte, und ich war erstaunt, wie gut ich ihn noch auswendig konnte. Ich versuchte, ihn zu wiederholen, besonders die Stelle, wo es heißt: ›*Auf grünen Auen läßt er mich lagern, zur Ruhestatt am Wasser führt er mich. Er stillt mein Verlangen; er leitet mich auf rechtem Pfade* ...‹ Ich wiederholte diese Stelle mehrmals und schlummerte ein ...

Obschon ich nur eine Viertelstunde geschlafen hatte, fühlte ich mich ausgeruht und erfrischt wie nach einer guten Nacht. Noch jetzt erinnere ich mich deutlich an das wundervolle Gefühl vollkommener Entspannung. Ich spürte, wie meine Nervosität verflogen war, und fragte mich, warum ich so lange auf so etwas Wertvolles verzichtet hatte.

Nach diesem Erlebnis kaufte ich eine kleine Bibel, die ich gut in meiner Mappe unterbringen konnte, und seither habe ich mich nicht mehr davon getrennt. Meine Nervosität hat inzwischen stark abgenommen, und ich finde immer wieder neue Ruhe und Kraft in der Bibel.«

Nach einer kleinen Pause fügte er bei: »Versuche es auch, Bill, du wirst sehen – es hilft.«

Und Bill versuchte es. Er erzählte uns später, wie er anfänglich nur in der Bibel gelesen habe, wenn ihn niemand beobachten konnte. Es war ihm peinlich, als »fromm« angesehen zu werden, doch heute hat er dies längst überwunden: er liest die Bibel im Zug wie im Flugzeug, und sie hat ihm viel geholfen.

»Seither brauche ich keine Nervenmedizin mehr«, erklärte er.

Heute ist es einfach, mit Bill zu verkehren. Er hat seine Nerven in der Hand, und seine Gereiztheit ist verschwunden. Die beiden Männer fanden heraus, daß es nicht schwer ist, ein ruhiges Gemüt zu gewinnen. Um inneren Frieden zu haben, brauchen wir nur unsere Gedankenwelt mit friedvollen Gedanken zu versehen, und nichts ist einfacher als das.

Es gibt noch andere Mittel, die uns helfen können, innere Sicherheit und Ruhe zu gewinnen. Eines davon liegt in der Art unseres Sprechens, und zwar kommt es sowohl auf die *Worte* an, die wir gebrauchen, als auch auf den *Ton,* in dem wir sie aussprechen. Wir haben durchaus die Möglichkeit, uns in eine Nervosität hineinzureden, und wir können uns ebensogut mit unseren eigenen Worten beruhigen. Um ruhig zu *sein,* ist es wichtig, ruhig zu *sprechen.*

Die Probe aufs Exempel läßt sich leicht machen: Wenn wir mit einigen Leuten sprechen und wenn die Konversation einen aufgeregten und nervösen Ton annimmt, brauchen wir nur einige ruhige, sachliche Worte ins Gespräch zu flechten, und wir werden feststellen können, daß ihre Wirkung nicht ausbleibt und die nervöse Spannung nachläßt. Unterhaltungen, die angefüllt sind mit ängstlichen Befürchtungen – zum Beispiel beim Frühstück –, geben oft den ganzen Tag den Ton an. Kein Wunder, wenn sich die Dinge dann ungünstig entwickeln! Negative Gespräche rufen widrige Umstände hervor. Sobald unsere Unterhaltung mit Spannung erfüllt ist, steigert sich unsere innere Unruhe. Wenn wir dagegen jeden Tag mit beruhigenden, friedlichen und positiven Gedanken beginnen, so wird seine Tendenz positiv und glückbringend sein. Solche Gewohnheiten sind von größter Bedeutung. Es lohnt sich daher, die Art und Weise unseres Sprechens unter die Lupe zu nehmen.

Worte, die wir aussprechen, haben einen direkten Einfluß auf unsere Gedanken. Gedanken bringen Worte hervor, denn sie sind die Träger unserer Ideen. Aber Worte beeinflussen umgekehrt auch unsere Gedanken und können Stimmungen schaffen. In Tat und Wahrheit beginnen unsere Gedanken oft mit Worten; je ruhiger und disziplinierter daher unser Gespräch ist, je mehr bejahende Gedanken es enthält, um so ruhiger und friedlicher werden unsere Idee und schließlich unser Gemüt sein.

Andere wirkungsvolle Hilfen, ein ruhiges Gemüt zu erringen, sind Ruhe und Entspannung. Wir sollten täglich mindestens eine Viertelstunde der vollkommenen Ruhe pflegen. Dazu gehen wir am besten an den stillsten Ort, den wir finden können, um dort, liegend oder sitzend, in absoluter Ruhe zu verharren. Nicht sprechen, nicht schreiben, nicht lesen! Denke so wenig wie möglich, versuche deinen Geist ganz unbeteiligt und neutral zu halten, verbleibe passiv und ohne jegliche Aktivität. Das wird zu Beginn gar nicht so einfach sein, doch mit der Zeit werden wir Übung darin gewinnen. Stellen wir uns unseren Körper als eine Wasserfläche vor, und trachten wir danach, daß diese auch nicht von der leisesten Welle gekräuselt werde. Haben wir dann einen Zustand vollkommener Ruhe und Entspannung erreicht, so können wir auf unsere innere Stimme lauschen, auf die Klänge der Harmonie und des

Friedens und auf die göttlichen Eingebungen, die uns im Lärm des Alltags nicht mehr erreichen können.

Die meisten modernen Menschen haben bedauerlicherweise vom Segen der Stille keine Ahnung. Thomas Carlyle sagte: *»In der Stille reifen die großen Dinge.«* Unsere Generation besonders hat etwas vergessen, das unseren Vorfahren wohlbekannt war und mithalf, ihren Charakter zu formen und zu stärken: die Stille großer Wälder und weiter, einsamer Landschaften.

Wahrscheinlich steht der Mangel an innerem Frieden, der den modernen Menschen auszeichnet, in direktem Zusammenhang mit dem lärmigen Leben unserer Zeit. Wissenschaftliche Experimente beweisen, daß jeder Lärm an unserem Arbeitsort oder Wohnort unsere Leistungsfähigkeit stark herabsetzt. Im Gegensatz zur allgemeinen Meinung ist es sehr fraglich, ob wir uns je körperlich und seelisch an diesen Lärm »gewöhnen« können, ohne Schaden zu nehmen. Auch wenn sich unsere Nerven scheinbar an bestimmte Geräusche gewöhnt haben, wenn wir vermeinen, sie nicht mehr zu hören, so *»hört« sie doch unzweifelhaft unser Unterbewußtsein.* Autosignale, Flugzeuge, Baumaschinen und andere starke Geräusche verwandeln sich in eine gewisse körperliche Aktivität, die selbst – und gerade – während unseres Schlafes wirkt. Die Impulse, die der Lärm in unserem Nervensystem auslöst, werden in unsere Muskeln weitergeleitet und hindern uns an vollkommener Ruhe und Entspannung. Wenn die Reaktion stark genug ist, kann sie bereits den Charakter eines leichten Schockes annehmen.

Ruhe und Stille dagegen bringen Entspannung, Frieden

und Heilung. Starr Daily sagt: »Keiner meiner Bekannten, die sich wirklich darauf verstehen, der Ruhe zu pflegen, ist je ernstlich krank geworden. Ich habe festgestellt, daß sich meine Beschwerden erst dann einstellen, wenn ich vergesse, zwischen Spannung und Entspannung den richtigen Ausgleich zu finden.« Geistige Gesundung ist eng mit Ruhe und Stille verknüpft. *Regelmäßige Übungen der Entspannung in der Stille bedeuten größte Heilkraft für unser Gemüt.*

Unter den heutigen Umständen ist es nicht mehr so leicht, Ruhe und Stille zu finden, wie zur Zeit unserer Vorfahren. Es gibt unzählige Lärmquellen, die ihnen überhaupt nicht bekannt waren; außerdem ist unser Arbeitstempo von großer Hast erfüllt. Wir sind stets ängstlich bestrebt, unsere Zeit möglichst gut auszunützen, und nur wenige von uns haben die Möglichkeit, durch einsame Wälder zu streifen, an stillen Wassern zu träumen oder an Deck eines Schiffes die Weite des Ozeans zu überblicken. Wenn wir aber auch nur hin und wieder solche Erlebnisse in uns aufnehmen, können wir sie stets aufs neue in unseren Geist zurückrufen und sie so eindrucksvoll wiederempfinden, als ob wir sie tatsächlich von neuem erlebten. Wenn wir lernen, uns solche Bilder intensiv ins Gedächtnis zurückzurufen, werden die Gefühle der Unruhe und Nervosität leichter überwunden, denn unsere Erinnerung hat immer die Tendenz, vor allem die schönen Erlebnisse der Vergangenheit zu behalten.

Während ich diese Zeilen schreibe, sitze ich auf dem Balkon eines der schönsten Hotels, die ich kenne, in der Waikikibucht in Honolulu auf Hawaii. Zu meinen Füßen liegt ein Garten von seltener Schönheit: schattige Palmen und unzählige exotische Blumen in herrlichen Farben und mit betörenden Düften; vor meinem Fenster zeigt mir der Papayabaum seine wunderbaren, reifen Früchte, und das tiefblaue Meer dehnt sich in unendliche Weiten; auf den weißen Wellen tummeln sich Feriengäste in kleinen Kanus, und alles zusammen ergibt einen Wohlklang von bezaubernder Schönheit und Lebensfreude. Mein Alltagsleben ist außer Sicht, und der Friede dieser herrlichen Gegend erfüllt mich ganz und hilft mir, meine Gedanken über die Macht eines ruhigen Gemütes zum Ausdruck zu bringen. Wenn ich demnächst wieder nach New York zurückkehre, wird mir die Pracht dieser Umgebung und die beruhigende Wirkung, die ihr innewohnt, erst recht zum Bewußtsein kommen. Doch ich werde dieses Erlebnis weiter in mir tragen als ein kostbares Gut, zu dem meine Gedanken in Zeiten der angestrengten Arbeit und des Großstadtlebens mit all seinen Problemen und Bedrängnissen jederzeit zurückkehren und sich daran erlaben können.

Wenn wir unseren Geist mit Schönheit und Frieden erfüllen, können wir jederzeit in die Welt der Unruhe und der Spannungen zurückkehren. Wenn wir unseren Geist mit friedvollen Erlebnissen, Worten und Gedanken versorgen, schaffen wir uns eine unerschöpfliche Kraftreserve an geistiger Erfrischung und Erneuerung. *Wir dürfen aber nie vergessen, daß wir nur erhalten können, was wir selber zu geben bereit sind.*

Einer meiner Freunde besitzt ein prachtvolles Heim. Das Eßzimmer ist mit ausgezeichneten Wandmalereien versehen, die eine ausgedehnte Landschaft darstellen: sanfte Hügel, friedliche Täler und silberne Flüsse, blühende Wiesen, in die kleine Landhäuser und eine weiße Kirche eingestreut sind. Es ist ein Abbild der Landschaft, in der mein Freund seine Jugend verbrachte.

Beim Frühstück machte er mich auf einige besonders interessante Stellen aufmerksam und sagte: »Wenn ich mich in diesem Raum aufhalte, erinnere ich mich gern an meine glückliche Jugendzeit. Ich sehe mich zum Beispiel auf jenem Wiesenweg barfuß gehen und glaube, den feinen, sauberen Sand zwischen meinen Zehen zu spüren. Ich erinnere mich an die Stellen, wo ich manchen Nachmittag im Sommer gefischt habe, und meine Augen verfolgen die Hügel, wo ich im Winter mit dem Schlitten hinunterfuhr. Dort ist die Kirche, die ich als Junge besuchte. Darin mußte ich manche lange Predigt anhören. Doch erinnere ich mich deutlich der einfachen, anständigen Menschen jener Gegend und ihres freundlichen, aufrichtigen Wesens. Wenn ich diese Kirche anschaue, vermeine ich die Orgel zu hören und die Lieder, die ich mit meinen Eltern gesungen habe. Sie sind längst gestorben und ruhen in jenem Friedhof neben dem Gotteshaus, doch wenn ich dieses Wandbild betrachte, werden sie in meinem Gedächtnis wieder lebendig, und ich vermeine ihre Stimmen zu hören. Immer wenn ich von meiner Arbeit übermüdet bin, tut es mir wohl, hier zu sitzen und im Gedächtnis zurückzuwandern in die Zeit der unbeschwerten Jugendjahre. In diesem Zimmer finde ich Ruhe und Frieden.«

Nicht alle von uns können ihre Wände mit prachtvollen Malereien versehen, doch jeder hat die Möglichkeit, solche Bilder in seinem Gedächtnis lebendig werden zu lassen. Wir alle haben schöne, eindrucksvolle Erlebnisse gehabt und können jederzeit zu ihnen zurückkehren, unbekümmert, wie viele Sorgen und Verantwortlichkeiten wir auch immer haben mögen. Diese einfache Methode der Entspannung hat schon vielen geholfen und kann auch uns helfen. Sie kann jederzeit angewandt werden und hilft mit, ein ruhiges Gemüt zu schaffen.

Es gibt einen weiteren Umstand, der von großer Wichtigkeit ist: Ich habe immer wieder bemerkt, daß Menschen, die keine innere Ruhe finden können, sehr oft an irgendeinem *Schuldgefühl* leiden. Irgendwann in ihrem Leben haben sie einen Fehler begangen, und nun verfolgt sie das Gefühl der Schuld unaufhörlich. Während Gott immer Verzeihung schenkt, wenn wir aufrichtig darum bitten, fällt es oft viel schwerer, sich selber zu verzeihen. Man fühlt irgendwie, eine Strafe verdient zu haben, und befindet sich in ihrer ständigen Erwartung. Das Resultat ist eine unaufhörliche Spannung und die Befürchtung, irgend etwas könnte geschehen. Um seine Angst zu übertönen, sucht der Mensch den Ausgleich in einer übertriebenen Aktivität. Er merkt, daß harte Arbeit sein Schuldgefühl überdeckt. So erzählte mir ein Arzt, daß Zusammenbrüche oft erfolgen, weil ein Patient sich überarbeitet hat, nur um seine Schuldgefühle und seine innere Unruhe zu vergessen. Natürlich wird dann die Schuld für den Zusammenbruch nicht einem verborgenen Schuldgefühl, sondern der allzu vielen Arbeit zugeschrieben. »Diese Patienten«, so sagte der Arzt, »hätten niemals einen Zusammenbruch durch Überarbeitung erleiden müssen, wenn es ihnen gelungen wäre, ihr Schuldgefühl loszuwerden. Solche Menschen finden den Frieden ihrer Seele nur, wenn sie sowohl ihr Schuldgefühl als auch die daraus resultierende Spannung vertrauensvoll in die Hände Gottes legen.«

Als ich einmal einen abgelegenen Ort aufsuchte, um einige Tage ruhig schreiben zu können, traf ich dort einen mir bekannten Geschäftsmann aus New York, einen vielbeschäftigten, nervösen und außerordentlich angespannt arbeitenden Mann. Ich gab meiner Freude Ausdruck, ihn an diesem ruhigen Fleck zu treffen, doch bald stellte ich fest, daß er noch nichts von seiner Nervosität verloren hatte. »Ich habe hier überhaupt nichts zu tun«, sagte er, »und zu Hause wäre so viel Arbeit. Ich bin nervös und kann nicht schlafen, nirgends finde ich Ruhe. Meine Frau hat aber darauf bestanden, daß ich hier eine Woche ausruhe. Die Ärzte sagen zwar, es fehle mir nichts, wenn ich mich nur beruhigen und entspannen könnte. Aber wie in aller Welt soll ich das fertigbringen?«

Mit einem verzweifelten Blick sagte er: »Doktor, ich würde alles in der Welt darum geben, endlich etwas Ruhe und Frieden zu finden!«

Wir unterhielten uns über dies und das, und schließlich fand ich heraus, daß er ständig in Angst vor einem unbestimmten, düsteren Geschehen lebte. Seit Jahren wartete er auf irgendein unglückliches Ereignis, das ihn oder seine Familie treffen könnte.

Es war nicht schwer, seinen Fall zu analysieren. Seine Unruhe entsprang zwei Quellen: erstens aus gewissen Unsicherheiten aus der Zeit seiner Kindheit und zweitens aus später dazugekommenen Schuldgefühlen. Seine Mutter hatte in ständiger Angst gelebt, »irgend etwas könnte passieren«, und die Spannung der Frau hatte sich auch auf den Jungen übertragen. Später beging er einige Verfehlungen, die sein Unterbewußtsein mit der Erwartung einer Strafe belasteten. Er wurde ein Opfer seiner Schuldgefühle, und das Resultat war sein jetziger Zustand überspannter Nervosität.

Als wir unser Gespräch beendet hatten, stand ich neben seinem Stuhl, und da niemand in der Nähe war, sagte ich: »Darf ich mit Ihnen beten?« Er nickte, und ich legte meine Hand auf seine Schulter und betete: »Jesus, so wie Du Menschen geheilt und ihnen Frieden gegeben hast, heile Du auch diesen Mann, und schenke ihm den Frieden der Seele. Gib ihm die Gnade Deiner ganzen Verzeihung, und hilf ihm, sich selber zu verzeihen.«

Er blickte mich mit einem seltsamen Ausdruck an, wandte sich aber schnell ab, um die Tränen, die ihm in die Augen traten, zu verbergen. Wir waren beide ein wenig verlegen, und ich verließ ihn. Viele Monate später traf ich ihn wieder, und er sagte: »Etwas Entscheidendes geschah an jenem Tage, da Sie für mich beteten. Ich fühlte eine ganz bestimmte Kraft in mich strömen, die mir Ruhe und Frieden schenkte.«

Mein Bekannter hat eine neue Einstellung zu sich selber und zu seinem Leben gefunden. Er wurde gesund, glücklich und frei.

Kapitel 3

Ein Quell nie versiegender Lebenskraft

Was wir uns vorstellen, hat eine augenblickliche, *reale Wirkung* auf unseren Körper. Wenn jemand denkt »Ich bin müde«, akzeptieren die Nerven und Muskeln sofort diese Tatsache. Ist aber unser Geist wach und intensiv bei der Sache, können wir unsere Aktivität erhalten. Religiöse Gedanken des Vertrauens und des Mutes können unsere Energie steigern, wenn wir an die Gewißheit glauben, daß wir über *höhere Quellen* der Energie und der Kraft verfügen.

Einer meiner Freunde, ein Mann voller Vitalität und Lebenskraft, sagt, er gehe regelmäßig zur Kirche, um seine »Batterien wieder aufzuladen«. Seine Idee ist gesund, auch wenn er sie in die technische Sprache unseres Zeitalters kleidet, denn Gott ist die Quelle *jeder* Kraft, der Kraft des Atoms, der Kraft der Elektrizität und der Kraft des Geistes. Jede Form von Kraft stammt vom Schöpfer. »Er gibt dem Müden Kraft und dem Ohnmächtigen mehrt er die Stärke.« (Jesaja 40,29)

Der Kontakt mit Gott läßt uns einen Strom ständiger Kraft gewinnen – jener Kraft, die jeden Frühling die Welt neu erstehen läßt. Wenn wir mit dem Göttlichen in geistiger Verbindung leben, bleibt uns die schöpferische Kraft erhalten; unterbrechen wir aber den Kontakt, verliert unsere Persönlichkeit geistig und körperlich. Eine elektrische Uhr läuft genau, solange sie an den Strom angeschlossen ist. Wird dieser unterbrochen, steht sie still. Etwas Ähnliches – geistig gesehen – spielt sich im Menschen ab.

Vor einigen Jahren hörte ich einen Redner, der vor einem großen Auditorium behauptete, er sei seit 30 Jahren noch nie müde gewesen. Er erklärte, wie er damals durch ein religiöses Erlebnis dazu gekommen sei, seine Persönlichkeit ganz in die Hände Gottes zu geben, und seither verfüge er für alle seine vielseitigen Verpflichtungen über genügend Energie und Tatkraft. Er verstand es, seine Erklärung so glaubhaft und überzeugend darzulegen, so daß jedermann stark beeindruckt war.

Für mich bedeuteten seine Worte eine Bestätigung meines Glaubens, daß es möglich ist, in unserem Geist ein *unerschöpfliches Reservoir von Lebenskraft* anzulegen. Niemand ist gezwungen, unter einem Nachlassen seiner Kräfte zu leiden. Meine Überzeugung wurde gefestigt durch ein Gespräch mit einem prominenten Arzt, mit dem ich mich über einen uns bekannten Mann unterhielt. Der Betreffende ist mit einer großen Verantwortung belastet; er arbeitet ohne Unterbruch von morgens früh bis spät in die Nacht, und seine Arbeitskraft scheint nie zu erlahmen. Immer wieder geht er noch weitere Verpflichtungen ein, und es gelingt ihm trotzdem, seine Arbeit anscheinend leicht und ohne große Anstrengung zu bewältigen.

Ich äußerte trotzdem gewisse Bedenken und gab der Befürchtung Ausdruck, unser Bekannter könnte es doch übertreiben und schließlich einen Zusammenbruch erleiden. Der Arzt aber schüttelte den Kopf. »Nein«, sagte er, »das halte ich in diesem Fall für gänzlich ausgeschlossen. Unser Freund gleicht einer glänzend organisierten Maschine. Die Dinge gehen ihm leicht von der Hand, und er versteht es, seine Lasten mit Leichtigkeit zu tragen. Nie vergeudet er Kraft, obschon er jede Aufgabe mit einem Maximum von Energie anpackt.«

»Und wie erklären Sie sich diese scheinbar unerschöpfliche Tatkraft?«

Der Arzt besann sich einen Augenblick, dann sagte er: »Das Geheimnis liegt in seinem ausgeglichenen Gemüt und in seiner religiösen Lebensauffassung. Daraus schöpft er immer wieder neue Kraft. Sein Glaube hilft ihm über jedes Nachlassen der Kräfte hinweg. Es ist viel weniger unsere Arbeit selbst, die uns ermüdet, als eine gewisse innere Unruhe und Hast. Davon aber ist unser Freund völlig frei.«

Unser Körper wurde geschaffen, um während einer bewundernswert langen Periode immer neue Kräfte zu entfalten. Wenn wir ihm in bezug auf gesunde Ernährung, Bewegung, Schlaf und ein gesundes Gemüts- und Geistesleben die nötige Aufmerksamkeit angedeihen lassen, wird er sich erstaunlich gut erhalten und immer neue Kräfte hervorbringen.

Der natürliche Zustand eines Individuums ist erst dann erreicht, wenn Körper, Seele und Geist harmonisch zusammenarbeiten. Daraus ergibt sich die fortlaufende Erneuerung der uns notwendigen Energie.

Frau Thomas A. Edison, die Gattin des vielseitigsten Erfinders aller Zeiten, mit der ich oft über ihren berühmten Mann sprach, erzählte mir, daß Edison nach angestrengtester Arbeit im Laboratorium jeweils heimkam, sich auf sein Sofa legte und sofort – in völliger Entspannung wie ein Kind – in den tiefsten Schlaf fiel. Nach drei oder vier Stunden fühlte sich Edison vollkommen ausgeruht und erfrischt und wieder bereit, seine Arbeit von neuem aufzunehmen. Frau Edison schrieb diese wunderbare Fähigkeit der vollkommenen Entspannung und des unbeschwerten, tiefen Schlafes ganz der *harmonischen Seelenhaltung* ihres Mannes zu. Sie wußte, daß Edison in ungeteilter Harmonie mit der Natur und mit Gott lebte. Er kannte keine Komplexe und fixen Ideen, keine innere Unruhe und Zerfahrenheit, keine unbeherrschten Gefühlsaufwallungen. Er arbeitete einfach, bis er Schlaf nötig hatte, legte sich dann nieder und stand neu gestärkt wieder auf. Dieser geniale schöpferische Geist gewann seine Energie aus der Selbstdisziplin seines Gemütslebens und aus seiner Fähigkeit, sich vollkommen zu entspannen. Seiner tiefen Verbundenheit mit der Natur verdankte er weitgehend die Entdeckung ihrer Geheimnisse.

Alle wirklich großen Persönlichkeiten, die ich kenne – und ich kenne viele –, leben in Harmonie mit dem Unendlichen. Sie sind nicht unbedingt Menschen, die einem bestimmten religiösen Bekenntnis huldigen, aber sie halten in jedem Fall ihr Geistes- und Gemütsleben in sicheren Händen. Ängste, Ressentiments, die Fehler der Eltern, innere Konflikte und Schuldgefühle sind es, die das natürliche Gleichgewicht unseres Wesens stören und uns von den Quellen neuer Kraft trennen. Je länger ich lebe, um so stärker wird meine Überzeugung, daß weder unser Alter noch die Umstände unsere Energie und unsere Vitalität wesentlich schwächen können. Endlich wird der Menschheit der

Zusammenhang zwischen Religion und Gesundheit in seiner ganzen Bedeutung bewußt, und eine längst vergessene Grundwahrheit wird uns langsam wieder klar: *daß unsere physische Gesundheit stark von unserem Gemütsleben und unser Gemütsleben direkt von unserer Gedankenwelt abhängig ist.*

Die Bibel spricht immer wieder von den Begriffen »Leben«, »Kraft« und »Vitalität«. Das wichtigste Wort der Schrift heißt *»Leben«,* und »Leben« bedeutet Lebenskraft und Energie. Jesus selbst hat das Schlüsselwort gegeben. *»Ich bin gekommen, damit sie Leben und reiche Fülle haben.«* (Johannes 10,10)

Das will nicht heißen, unser Leben müsse absolut frei von Leid und Schmerz sein, aber es bedeutet *die reale Möglichkeit einer fortwährenden Erneuerung unserer Kräfte durch die Gedanken des christlichen Glaubens.* Ihre Anwendung wird jedem Menschen seinen wahren Lebensrhythmus näherbringen. Unsere Energie wird durch das übersetzte Lebenstempo und die unnatürliche Hast unserer Tätigkeit zerstört. Wenn wir unsere Kräfte erhalten wollen, dann müssen wir sie in Einklang mit dem göttlichen Rhythmus bringen. Bewegen wir uns aber in einer andern Richtung als Gott, dann verlieren wir den Kontakt mit der Harmonie des Unendlichen. Wenn wir uns aber auf den göttlichen Rhythmus einstellen, normalisiert sich unser Lebenstempo auf natürliche Weise, und der Strom unserer Lebenskraft fließt frei und ungehemmt.

Die hektische Hast unserer Zeit hat viele üble Folgen. Einer meiner Freunde erzählte, er erinnere sich gerne an das große Wohnzimmer im Hause seiner Eltern, wo eine alte Standuhr aus Großvaters Zeiten mit einem sehr langen Pendel die Stunden schlug. Der Ton des Pendels schien zu sagen: »Noch – genug – Zeit. – Noch – genug – Zeit ...« Die modernen Uhren hingegen mit ihren kurzen Pendeln rufen uns unaufhörlich zu: »Höchste Zeit! Höchste Zeit!«

Alles muß heute *schnell* gehen, und das ist der Grund für die Müdigkeit vieler Menschen. Um uns darauf zurückzubesinnen, daß die Gesundung in der Übereinstimmung unseres Lebenstempos mit dem Rhythmus des Allmächtigen liegt, sollten wir an einem schönen, warmen Tag in die freie Natur gehen und uns an einer einsamen Stelle ins Gras legen. Wenn wir dort das Ohr der Erde nähern und lauschen, werden wir viele unbekannte Geräusche vernehmen: das Lispeln des Windes in den Bäumen und das Summen von vielerlei Insekten. Und wenn wir aufmerksam hinhören, werden wir erkennen, daß in all diesen Geräuschen ein *wohlabgestimmtes Zeitmaß* liegt, ein Rhythmus, den wir im Lärm des Verkehrs niemals finden werden.

Viele Leute sind müde, weil sie ganz einfach keine wirklichen Interessen mehr haben. Nichts berührt sie tiefer, und sie kümmern sich wenig um den Gang der Welt. Ihre persönlichen Belange stehen weit über allen Sorgen der Menschheit. Nichts kann sie beeindrucken außer ihren kleinen Sorgen, Wünschen und Lüsten. Sie beschäftigen sich ihren Lebtag lang mit nichtigen Dingen – und darum wurden sie müde und des Daseins überdrüssig. Der sicherste Weg, nicht müde zu werden, besteht in der intensiven Hingabe an eine wahre Aufgabe. Ein berühmter Staatsmann, der am selben Tag bereits sieben Reden gehalten hatte, war immer noch voller Energie und Tatkraft.

»Wieso fühlen Sie sich nicht müde nach sieben Reden?« fragte ich ihn.

»Weil ich felsenfest an jedes Wort glaube, das ich ausgesprochen habe«, sagte er, »meine tiefe Überzeugung begeistert mich immer von neuem.«

Darin liegt das Geheimnis! Er stand im Feuer für seine Ideen, und er gab sich ihnen ganz hin. Wir verlieren unsere Energie erst dann, wenn uns das Leben langweilt. Wenn wir uns aber für eine Aufgabe begeistern, wenn wir uns für etwas einsetzen, aus uns herausgehen, etwas *werden* und etwas tun, dann wächst auch unsere Energie und Lebenskraft. Wer aber gähnend herumsitzt, Zeitungen liest und gelangweilt fragt: »Warum tut man denn nichts dagegen?«, meistert das Leben nie. Je mehr wir uns an eine Aufgabe verlieren, *die größer* ist *als wir selber,* um so mehr werden wir daran wachsen.

Wir haben keine Zeit mehr, an uns selber zu denken und uns über unsere Stimmungen und Gemütsbewegungen große Sorgen zu machen. Wer des göttlichen Stromes unerschöpflicher Energie teilhaftig werden will, muß sein Gemütsleben in Ordnung bringen.

Knut Rockne, einer der besten Football-Spieler Amerikas, versicherte mir, daß es unmöglich sei, im Sport gute Leistungen zu vollbringen ohne eine Kontrolle des Geisteslebens. Er ging sogar so weit, daß er keinen einzigen Spieler in seinem Team duldete, der nicht ein gutes und freundschaftliches Verhältnis zu allen andern Mitspielern hatte. »Ich muß aus jedem Spieler ein Maximum an Energie herausholen«, sagte er, »und ich habe herausgefunden, daß dies unmöglich ist, solange zwischen irgendwelchen Leuten Spannungen bestehen; Haß blockiert jede Energie und Tatkraft.«

Menschen, denen es an Tatkraft mangelt, sind irgendwie desorganisiert in ihrem Gemütsleben, sei es durch Hemmungen, Ressentiments oder seelische Konflikte. Manchmal kann dies sehr schwere Folgen haben, doch eine Heilung ist immer möglich.

Eines Tages wurde ich gebeten, mich eines früher äußerst aktiven Mannes anzunehmen, der einen Zusammenbruch erlitten hatte. Seine Teilhaber glaubten, es handle sich um einen Schlaganfall, und dieser Eindruck wurde verstärkt durch seinen schleppenden, unsicheren Gang, durch seine Lethargie und durch die vollkommene Aufgabe aller Beschäftigungen, denen er zuvor all seine Hingabe und Tatkraft gewidmet hatte. Er saß apathisch in seinem Lehnstuhl, und manchmal weinte er still vor sich hin. Alles in allem zeigte er viele Symptome eines Nervenzusammenbruchs. Ich verabredete mich mit ihm in meinem Hotel. Die Türe meines Zimmers stand offen, so daß ich den Lift sehen konnte. Als der Kranke schleppenden Schrittes durch den Gang kam, schien es, als würde er jeden Augenblick zusammenbrechen. Ich bot ihm einen Stuhl an und versuchte ein Gespräch aufzubauen, das sich aber bald als fruchtlos erwies, da er sich praktisch darauf beschränkte, seinen Zustand in bitteren Worten zu beklagen. Er schien unfähig, auf meine Fragen vernünftige Antworten zu geben – ein Ausdruck seiner übersteigerten Selbstbemitleidung.

Als ich ihn schließlich fragte, ob er wirklich eine Heilung wünsche, blickte er mich mit einem Ausdruck voller Verzweiflung und Hoffnungslosigkeit an, beteuerte aber, er würde alles in der Welt dafür geben, wenn er je wieder seine frühere Gesundheit, seine Spannkraft und Energie zurückgewinnen könnte.

Ich versuchte, von ihm gewisse Tatsachen und Vorkommnisse seines Lebens zu erfahren. Nur mühsam kam ich vorwärts, denn es handelte sich meist um persönliche und intime Dinge, die tief in seinem Unterbewußtsein vergraben waren und die er nur widerwillig Stück für Stück preisgab. Weit zurückliegende *Gewohnheiten aus der Kindheit, Ängste,* die ihren Anfang im Säuglingsalter haben mochten und aus der *Beziehung Mutter–Kind* hervorgegangen waren. Dazu kamen nicht wenige *Schuldgefühle.* Sie hatten sich im Laufe der Jahre angehäuft und versperrten, ähnlich einem Damm, die natürliche Erneuerung der Lebenskraft. Der Gemütszustand des Mannes hatte sich dadurch so verschlechtert, daß es fast unmöglich schien, ihn allein durch Erkenntnis und Vernunft zu einer neuen Geisteshaltung zu bringen.

Ich bat Gott im stillen, mir den Weg zu weisen, dem Mann zu helfen, und zu meinem eigenen Erstaunen trat ich, wie von einer höheren Macht geführt, neben ihn und hielt meine Hand über seinen Kopf. Ich betete zu Gott, Er möge ihn erleuchten und ihm Heilung schenken. Und im selben Augenblick war mir, als spüre ich einen Strom heilender Kraft durch meine Hand fließen. Ich betone ausdrücklich, daß ich mir nicht einbilde, durch meine Hand heilen zu können, doch manchmal benützt Gott einen

Menschen als Bindeglied, und in diesem Falle war dies offenkundig: Mein Patient blickte mich mit einem Ausdruck des größten Erstaunens und mit innerer Erleuchtung an und sagte: »Ich habe Seine Kraft gespürt. Wirklich, ich fühlte, wie Er mich berührte.«

Von diesem Tag an machte er erstaunliche Fortschritte, und heute ist er wieder im Besitze seiner alten Kraft und Vitalität. Er besitzt aber noch etwas ganz anderes: eine ruhige und vertrauende Sicherheit, die er früher nicht kannte. Der verschüttete Kanal, der seine Persönlichkeit vom Zustrom neuer Kräfte abschloß, wurde durch einen Akt des *Vertrauens* durchbrochen und die natürliche Erneuerung seiner Lebenskraft in die Wege geleitet.

Es ist eine unumstößliche Tatsache, daß solche Heilungen vorkommen, und es ist ebenso Tatsache, daß eine Anhäufung psychologisch negativer Faktoren die natürliche Erneuerung unserer Kräfte verunmöglichen kann. Ebenso klar ist es aber, daß diese Faktoren der Kraft wahren Gottvertrauens nicht widerstehen können.

Alle Autoritäten auf dem Gebiet der Psychoanalyse sind der Überzeugung, daß die *Folgen der Angst* und gewisser *Schuldgefühle* in engem Zusammenhang mit dem Triebleben stehen. Dadurch werden so viele Energien unnütz verbraucht, daß zuwenig Kraft für die täglichen Aufgaben übrigbleibt. Die Folgen zeitigen eine rasche Übermüdung. Der Mensch ist nicht mehr fähig, Verantwortung zu tragen, sondern zieht sich in seine dumpf brütende und apathische Welt zurück, von der aus es nur noch ein Schritt ist bis zur völligen Selbstaufgabe.

Ein Psychiater sandte mir eines Tages einen Geschäftsmann, der bei ihm in Behandlung stand. Der Patient, dessen Ruf bisher untadelig war und der im öffentlichen Leben eine bedeutende Rolle spielte, hatte ein Verhältnis mit einer verheirateten Frau. Wohl versuchte er diese Bindung wieder zu lösen, stieß dabei aber auf den erbitterten Widerstand seiner Partnerin. Obschon er sie bat, ihn freizugeben, weil das Gewissen ihn plage, zeigte seine Freundin kein Verständnis. Sie drohte sogar, ihrem Gatten von diesem Verhältnis zu erzählen, sofern es abgebrochen würde. Der Patient lebte in großer Angst, der betrogene Ehemann könnte etwas davon erfahren, die Sache publik machen und seinen guten öffentlichen Ruf zerstören.

Die Folgen dieser Befürchtungen und seines Schuldgefühls waren *zermürbende Schlaflosigkeit,* und da dieser Zustand seit Monaten andauerte, war der Patient derart übermüdet, daß er unfähig war, seine beruflichen Aufgaben zu erfüllen.

Der Psychiater meinte, ich hätte als Seelsorger wohl keine direkte Möglichkeit, die Schlaflosigkeit zu beheben, er glaube aber, ein gewisser geistlicher Beistand könne seine Behandlung erfolgreich unterstützen.

So fragte ich denn den Patienten, wie er glaube, auf einen gesunden Schlaf hoffen zu können, solange er sich mit zwei so unangenehmen Bettgenossen zur Ruhe begebe.

»Bettgenossen?« fragte er erstaunt. »Ich habe keine.«

»Doch, Sie haben!« sagte ich. »Und kein Mensch in dieser Welt kann schlafen, wenn er an jeder Seite einen davon liegen hat.«

»Was meinen Sie damit?« fragte er.

»Sie versuchen Nacht für Nacht, Schlaf zu finden. An Ihrer einen Seite aber liegt die *Angst* – und an der andern die *Schuld.* Sie können Schlafmittel nehmen, soviel Sie wollen – und ich nehme an, Sie haben davon schon eine ganze Menge geschluckt –, doch damit werden jene seelischen Bezirke nicht erreicht, die Ihre Schlaflosigkeit hervorrufen und deren Erkrankung Ihnen jede Tatkraft und Energie lähmt. Wenn Sie wieder gesund werden wollen, müssen Sie Angst und Schuldgefühle loswerden.«

Mit der *Angst* wurden wir fertig, indem wir der Möglichkeit offen ins Auge blickten, die Beziehung, die ihn belastete, könnte der Öffentlichkeit bekannt werden. Daraus folgte der Schluß, daß seine Verbindung mit jener Frau abgebrochen werden mußte, *was auch immer die Folgen sein würden.* Ich versicherte ihm, ein richtiger Entschluß könne niemals falsch sein. *Nie geht man fehl, wenn man das Rechte tut.* Er möge die Sache in Gottes Hände geben, so handeln, wie ihn sein Gewissen heiße, und vertrauend abwarten.

Er handelte danach – nicht ganz ohne Angst, aber doch mit Überzeugung. Aus irgendwelchen Gründen, mag es Klugheit oder Anstand gewesen sein, unterließ es die Frau, ihre Drohung wahrzumachen, und die Verbindung wurde so ohne Aufheben gelöst.

Das *Schuldgefühl* konnte durch Suchen nach göttlicher Verzeihung überwunden werden. Wer wirklich Verzeihung sucht, findet sie immer. Es war erstaunlich zu sehen, wie der Patient wieder auflebte, nachdem diese doppelte Belastung von ihm gewichen war, und wie rasch er den Vollbesitz seiner Kräfte zurückerlangte. Gesunder Schlaf stellte sich ein, und ein dankbarer Mensch konnte wieder an seine Aufgabe gehen.

Ein anderer Grund für den Verlust unserer Energie liegt oft in einem gewissen Überdruß, verursacht durch Hast, Monotonie oder die unaufhörliche Kette von Verantwortlichkeiten, die uns belasten. Die Dinge scheinen mit der Zeit schal, weil die Frische des Geistes, die wir haben sollten, um unsere Aufgaben gut zu lösen, nachläßt.

Eine gute Lösung für solche Fälle fand der Vorsteher einer Universität, als ein Professor, ein früher ausgezeichneter, lebendiger und beliebter Lehrer, immer mehr in der Fähigkeit nachließ, seine Schüler zu fesseln. Studenten und die Schulaufsicht waren sich darin einig, daß es so nicht weitergehen könne. Entweder der Professor reiße sich zusammen, um seinen Unterricht so begeistert wie früher zu gestalten, oder er müsse ersetzt werden. Diese Maßnahme wurde sogar ernsthaft in Betracht gezogen, doch da der Professor noch mehrere Jahre bis zu seiner Altersgrenze hätte im Amt wirken können, wollte man ihm noch eine Chance geben.

Der Vorsteher ließ den Mann in sein Büro kommen, erklärte ihm, die Schulleitung habe beschlossen, ihn sechs Monate vom Schuldienst zu dispensieren. Alle Spesen und der volle Lohn würden ihm während dieser Zeit bezahlt. Ferner wurde ihm vorgeschlagen, sich in einer andern Umgebung auszuruhen, um seine alte Spannkraft wieder zurückzugewinnen. Man einigte sich auf eine einsame Landgegend, wo der Vorsteher selbst ein einfaches Ferienhaus besaß. Der Professor sollte dort seine Erholungszeit mit Spazieren, Fischen und etwas Gartenarbeit verbringen, und es wurde die Bedingung gestellt, daß er keinerlei Bücher, mit Ausnahme der Bibel, mitnehmen dürfe.

Diesem außergewöhnlichen Vorschlag stimmte der Professor zu, und bald fand er Gefallen an der vollständig veränderten Lebensweise. Sobald er sich an das Leben im Freien gewöhnt hatte, begann es ihn immer mehr zu begeistern. Am Anfang vermißte er zwar seine Kollegen und seine Bücher, doch das Studium der Bibel nahm ihn immer mehr gefangen, und er fand – wie er selber sagte – eine »ganze Bibliothek« darin. Er fand aber noch etwas anderes: nämlich *Frieden, Vertrauen und Kraft*. Nach sechs Monaten kehrte ein neuer Mensch an seine Arbeit zurück. Der Überdruß war verschwunden, seine alte Spannung und Vitalität waren zurückgekehrt und damit auch die natürliche Lebensfreude.

Kapitel 4

Die Macht des Gebets

In einem Büro hoch über der City saßen zwei Männer, die in ein ernstes Gespräch vertieft waren. Der eine, schwer bedrückt durch persönliche und geschäftliche Sorgen, stand immer wieder auf, durchmaß den Raum mit nervösen Schritten, ließ sich wieder in seinen Stuhl fallen, vergrub das Gesicht in den Händen und bot ein Bild vollkommener Hoffnungslosigkeit. Er hatte seinen Gesprächspartner aufgesucht, um bei ihm Rat zu holen, da dieser den Ruf eines verständigen und klugen Mannes genoß. Gemeinsam hatten sie das Problem angepackt und von den verschiedensten Seiten besprochen, doch ohne praktischen Erfolg. »Ich glaube, mir kann keine Macht der Welt mehr helfen«, sagte der Besucher völlig entmutigt.

Der andere überlegte einen Augenblick und erwiderte dann sehr bestimmt: »So würde ich die Sache nicht betrachten. Ich glaube, daß *jedes Problem* gelöst werden kann, denn *es gibt eine Macht,* die dir helfen kann! – Warum versuchst du nicht zu *beten?*«

Der andere blickte etwas erstaunt auf, meinte dann aber: »Natürlich glaube ich an Gott und an Gebete, aber vielleicht weiß ich nicht, *wie* ich beten soll. Schließlich handelt es sich um rein praktische Fragen, und ich habe noch nie daran gedacht, sie in meine Gebete einzubeziehen. Ich will es aber gerne tun, wenn du mir den Weg zeigen kannst.«

Der Mann lernte darauf, richtig zu beten, und die Dinge änderten sich augenblicklich. Er erhielt brauchbare Antworten für seine Probleme – was jedoch nicht heißen will, daß alle seine Schwierigkeiten mit einem Schlag aufgehört hätten! In Tat und Wahrheit hatte er eine sehr schwierige Zeit durchzumachen, aber er hatte die Zuversicht, sich aus seinen Sorgen herausarbeiten zu können. Heute ist er ein so begeisterter Anhänger der Macht des Gebets, daß er kürzlich sagte: *»Jedes Problem kann gelöst und gut gelöst werden, wenn man richtig betet.«*

Bekannte Seelenärzte kennen die Macht des Gebets. Spannungen und Schwierigkeiten im Umgang mit den Nächsten deuten meistens auf einen *Mangel an innerer Harmonie,* und es ist immer wieder erstaunlich festzustellen, wie Gebete die harmonischen Funktionen von Körper und Seele fördern.

Einer meiner Freunde, ein Masseur, sagte einem hypernervösen Patienten, den er behandelte: »Ich versuche, Ihrem Körper Ruhe und Entspannung zu geben, da ich aber *nur äußerlich* wirken kann, sollten Sie Gott darum bitten, Ihnen auch die Gnade innerer Entspannung zu schenken.«

Der Gedanke schien dem Patienten neu, doch er versuchte es und war höchst erstaunt über den wohltuenden Einfluß auf seinen Gemütszustand.

Jack Smith, der einen bekannten »Gesundheitsklub« leitet und mit vielen prominenten Leuten zusammenkommt, glaubt ebenfalls an die Heilkraft des Gebets und weiß sie auch anzuwenden. Er sagte mir, er versuche bei körperlichen Entspannungsübungen stets auch *eine geistige Entspannung* herbeizuführen, *denn es gäbe keine körperliche Gesundheit ohne geistige Gesundung.*

Eines Tages meldete sich ein bekannter Schauspieler bei Jack Smith und bemerkte über seinem Pult eine Reihe ihm unverständlicher Buchstaben. Die Aufschrift lautete:

G B E K D D P E E W

»Was soll das heißen?« fragte der Schauspieler. Smith lachte und sagte: »Die Buchstaben stehen da für: *Gläubiges Beten erzeugt Kräfte, durch die positive Ergebnisse erzielt werden!«*

Der andere machte ein verdutztes Gesicht und sagte: »So etwas habe ich noch nie in einem Gymnastikklub gesehen.«

»Ich habe diese Buchstaben hingeschrieben, um meine Klienten neugierig zu machen. Wenn sie mich fragen, was die Aufschrift bedeutet, finde ich Gelegenheit, ihnen zu sagen, daß ich an die Kraft des Gebets glaube.«

Jack Smith, der es versteht, Menschen *körperlich* auf der Höhe zu halten, ist davon überzeugt, daß Gebete ebenso wichtig sind wie irgendein körperliches Training, Dampfbäder, Massage usw. Er betrachtete das Gebet als äußerst bedeutungsvoll bei der Erneuerung unserer Kräfte.

Ein berühmter Psychologe sagt: »Gebete sind die größte Macht, die bei der Lösung persönlicher Probleme eingesetzt werden kann. Ihre Wirkung hat mich immer wieder in Erstaunen versetzt.«

Die Kraft des Gebets legt Energien frei. *Genauso wie es eine wissenschaftliche Methode gibt, Atomkräfte freizulegen, gibt es wissenschaftliche Methoden zur Entfaltung geistiger Kräfte.* Dafür gibt es erstaunliche Erfahrungstatsachen.

Die Kraft des Gebets kann sogar den Prozeß des Alterns normalisieren und seinen Folgen vorbeugen oder sie zum mindesten stark einschränken. Die zunehmenden Jahre brauchen uns keineswegs Energie und Tatkraft zu rauben, und es besteht kein Grund für ein Nachlassen unserer geistigen Fähigkeiten. Richtige Gebete können uns jeden Abend neue Stärkung bringen und uns für den kommenden Tag neue Vitalität geben. Wir können durch rechtes Beten auch *wahre höhere Führung* in allen entscheidenden Lebensfragen erlangen, und wenn wir lernen, unsere Gebete *tief in unser Unterbewußtsein eindringen zu* lassen, können sie unser Leben von Grund auf neu gestalten.

Wer die Macht des Gebets nie an sich selber erfahren hat, muß erst *lernen, richtig zu beten.* Es ist durchaus in Ordnung, wenn wir ein Gebet nach seiner Wirkung beurteilen. Jedes Gebet hat zweifellos gute Wirkungen, doch wie jede geistige Tätigkeit kann auch das Gebet erneuert und von stereotypen Formen befreit werden. Neue Gebete bringen neue Gesichtspunkte, zeigen uns neue Wege auf und zeitigen größere Wirkungen.

Einer meiner Bekannten eröffnete vor mehreren Jahren in New York City ein kleines Geschäft. Mit einem einzigen Angestellten arbeitete er sich empor, und nach einigen Jahren bezog er ein größeres Lokal in einem besseren Geschäftsviertel. Sein Geschäft entwickelte sich außerordentlich zufriedenstellend.

Dieser Geschäftsmann hat einen einfachen Grundsatz aufgestellt, um Schwierigkeiten durch die Kraft des Gebets zu überwinden. Es mag eigenartig klingen, doch ich habe ihn selbst mehrfach angewandt und weiß, daß er richtig ist. Ich habe ihn auch vielen Menschen angeraten, die damit ebenfalls die besten Ergebnisse erzielten. Der Grundsatz lautet:

Bitten – erschauen – verwirklichen

Mit »bitten« meint mein Freund tägliche, gläubige und schöpferische Gebete. Wenn ein Problem auftauchte, besprach er es einfach und direkt mit Gott in seinen Gebeten. Er sprach aber nicht mit Gott als irgendeiner fernen, unerkennbaren Macht, sondern er war fest davon überzeugt, Gott sei allgegenwärtig, sowohl in seinem Büro wie in seinem Heim, auf der Straße und im Auto. Er nahm den biblischen Hinweis auf das »unaufhörliche Gebet« ernst und interpretierte ihn dahin, täglich auf natürliche Art und Weise alle Probleme des Lebens mit Gott zu besprechen. Die ständige Gegenwart Gottes durchdrang sein *Bewußtsein und auch sein Unterbewußtsein.* Er »lebte im Gebet«. Nicht etwa durch irgendwelche äußerlich sichtbare Betonung des Gebets, sondern indem er immer wieder Gott fragte: »Wie soll ich hier entscheiden? Was soll ich tun?« Und die fortwährende Bitte um höhere Führung, um neue Einsichten und Erkenntnisse gab ihm Klarheit.

Die zweite Stufe oder Phase des schöpferischen Gebets ist das *Erschauen.* Wer Erfolg ständig erwartet, wird auch Erfolg haben. Wer ständig in der Erwartung von Mißerfolgen verharrt, wird sie auch erleiden müssen. Sowohl Erfolg als auch Mißerfolg haben die Tendenz, sich je nach der Stärke des geistigen Bildes, das wir uns von ihnen machen, zu verwirklichen.

Um etwas zu verwirklichen, ist es notwendig, *Wunsch und Ziel Gott zu unterbreiten,* dafür zu beten und zu prüfen, ob wir Gottes Segen dafür erbitten dürfen. Unser Vorhaben muß also *gut* sein! Wenn wir davon überzeugt sind, gilt es, *ein geistiges Bild von unserem Ziel zu gewinnen;* wir müssen es *erschauen* und eine lebhafte Vorstellung in uns aufnehmen. Dieses geistige Bild müssen wir in unserem Gedächtnis festhalten und es immer wieder von neuem erschauen. Wir müssen unser Ziel in Gottes Hände geben und den Weg Gottes Führung überlassen. Wir selbst aber müssen hart und mit dem ganzen Einsatz unserer Fähigkeiten für unser Ziel arbeiten und mit unseren Gaben redlich das Unsere zu seiner Verwirklichung beitragen.

Glaube und Vorstellung müssen unentwegt lebendig erhalten werden. Wer sich daran hält, wird erstaunt sein, auf welch seltsamen Wegen sich manchmal unsere Ziele verwirklichen und wie sich langsam das erschaute Bild in die Realität umwandelt. *Mit Gottes Hilfe und mit unserem eigenen Beitrag gelingt es, die gläubig erschauten Ziele unseres Strebens zu verwirklichen.*

Ich habe diese Tatsachen selbst erfahren, ebenso viele andere Menschen, und die schöpferische Wirkung des Gebets wurde hundertfach erprobt. Zum Beispiel bemerkte eine Ehefrau, wie sich ihr Mann langsam von ihr entfremdete. Nach einer glücklichen Heirat hatte sie sich stark von sozialen Institutionen einspannen lassen, während ihr Mann von seiner beruflichen Arbeit immer mehr beansprucht wurde. Bevor sie es selber merkten, war die ehemals so glückliche Gemeinschaft verlorengegangen. Eines Tages entdeckte die Gattin das Interesse ihres Mannes für eine andere Frau. Sie verlor den Kopf und geriet in einen Zustand der Aufregung und Hysterie. Im Gespräch mit ihrem Seelsorger, der ihr riet, zuerst den Fehler bei sich selbst zu suchen, entdeckte sie, welch unsorgfältige Hausfrau sie geworden war und wie sie in vielen Dingen ihrem Egoismus freien Lauf gelassen hatte. Sie mußte sich auch vorwerfen, oft unfreundlich und nörglerisch gewesen zu sein. Im Gespräch zeigte sich, daß die Frau gegenüber ihrem Gatten stets ein Gefühl der Unterlegenheit empfunden hatte. Sie fühlte sich unfähig, geistig und gesellschaftlich seinen Standard einzunehmen – und so hatte sie sich immer mehr in eine eigene Welt zurückgezogen, und ihre Minderwertigkeitsgefühle hatten ihren Ausdruck in einem unzufriedenen, kleinlichen Wesen gefunden.

Der Seelsorger fand bald heraus, daß die Frau über mehr Fähigkeiten, Talente und Charme verfügte, als ihr selber bewußt war. Er machte ihr begreiflich, daß sich Schönheit von innen her und natürliche Anmut von selber einstellen, wenn die richtige innere Haltung und Harmonie errungen sind. Er lehrte sie richtig beten, um ein geistiges Bild von sich selbst zu gewinnen, mit andern Worten, *das zu erschauen,* was sie verloren hatte: die glückliche und harmonische Übereinstimmung mit ihrem Ehegatten. Er lehrte sie, dieses Bild sich vertrauensvoll vorzustellen, und half dadurch der Frau auf eine höchst lehrreiche Weise, eigene Unzulänglichkeiten zu überwinden.

In diesen Tagen sprach ihr Mann den Wunsch nach einer Scheidung aus. Sie hatte sich aber bereits so fest in der Hand, daß es ihr gelang, die niederschmetternde Nachricht mit Ruhe aufzunehmen. Sie antwortete, sie sei mit einer Scheidung einverstanden, doch da es sich um eine schwere und endgültige Entscheidung handle, schlage sie eine Frist von drei Monaten bis zur endgültigen Trennung vor. »Wenn du nach diesen 90 Tagen immer noch entschlossen bist zu scheiden, werde ich mich nicht widersetzen.«

Die Frau sagte diese Worte ruhig und ohne Bitterkeit. Der Mann blickte sie erstaunt an, denn er hatte mit einem Gefühlsausbruch gerechnet.

Abend für Abend ging er aus, und Abend für Abend saß die Frau zu Hause, aber sie ließ nicht nach in den geistigen Bemühungen, sich ihren Mann an seinem Platz im Fauteuil im Wohnzimmer vorzustellen. Wohl war der Stuhl leer, doch mit ihrer ganzen Vorstellungskraft malte sie ein Bild aus früheren Tagen in den Raum: wie sie harmonisch am Abend zusammensaßen, ein Buch lasen oder sich unterhielten. Sie stellte sich ihren Mann vor, wie er früher während seiner Freizeit irgend etwas im Haus repariert oder bemalt hatte, ja sie sah ihn sogar in der Küche beim Geschirrabtrocknen! Sie dachte bildhaft an jene Zeit, da sie beide miteinander Tennis gespielt oder ausgedehnte Spaziergänge gemacht hatten.

Alle diese Bilder hielt sie mit gläubigem Vertrauen in ihrem Geiste fest, und eines Abends saß ihr Mann tatsächlich wieder in seinem Fauteuil und las die Zeitung. Sie schaute zweimal hin, um sicher zu sein, daß es sich um Wirklichkeit und nicht um Vorstellung handle, doch es war Wirklichkeit. Die Vorstellung hatte sich in Realität umgesetzt. Manchmal ging er wieder aus, doch die Abende, da er zu Hause blieb, mehrten sich, und eines Tages las er ihr etwas aus der Zeitung vor, wie in den alten, guten Tagen ihrer Ehe. An einem sonnigen Samstagnachmittag fragte er sie unvermittelt: »Wie wäre es mit einer Partie Tennis?« Die Wochen verstrichen, und ihr kam zum Bewußtsein, daß der 90. Tag angebrochen war. Am Abend sagte sie ruhig: »Bill, wir sind beim neunzigsten Tag angelangt.«

»Was meinst du mit dem neunzigsten Tag?« fragte er erstaunt.

»Erinnerst du dich nicht? Wir hatten abgemacht, die Scheidung um neunzig Tage hinauszuschieben – und nun ist es soweit.«

Er blickte sie einen Augenblick lang groß an, wandte ein Blatt seiner Zeitung um, versteckte sich dahinter und sagte: »Dummes Zeug! Ich wäre doch verloren ohne dich! Wie kommst du überhaupt auf die absurde Idee, ich könnte dich jemals verlassen?«

Die Geisteshaltung der Frau hatte einen erstaunlichen Erfolg davongetragen. Sie *bat, er schaute* – und das Bild ihrer gläubigen und vertrauenden Vorstellung wurde Wirklichkeit. Die Macht des Gebets hatte sowohl ihr Problem wie auch das ihres Gatten gelöst.

Ich kenne viele Menschen, die mit dieser Haltung und mit dieser Erkenntnis nicht nur persönliche Fragen, sondern auch berufliche Probleme erfolgreich gemeistert haben.

Wer diese innere Bereitschaft gläubig, vertrauend und unter dem Einsatz aller seiner Fähigkeiten und seiner Intelligenz in die Lebensprobleme hineinträgt, wird erstaunliche Ergebnisse erzielen.

Am Bankett einer Industriellen-Vereinigung saß ich neben einem mir unbekannten, etwas grobschlächtigen, aber nicht unsympathischen Mann. Die Nachbarschaft eines Pfarrers schien ihm offensichtlich wenig zu behagen, und im Laufe des Gesprächs gab er sich alle erdenkliche Mühe, theologische Probleme anzuschneiden, doch mit wenig Erfolg. Ich gab ihm zu verstehen, mir seien verschiedene Einwände gegen die Kirche seit langem bekannt. Dann erfuhr ich, er habe in seiner Jugend oft die Kirche besucht, und schließlich erzählte er mir die gleiche Geschichte, die ich schon hundertfach hatte anhören müssen. »Als Knabe zwang mich mein Vater, die Sonntagsschule und den Gottesdienst zu besuchen, und man stopfte mir mit ›Religion‹ den Kopf voll. Als ich dann erwachsen war, hatte ich so genug davon, daß ich seither nur höchst selten eine Kirche aufgesucht habe.« Schließlich bemerkte er: »Vielleicht werde ich wieder in die Kirche gehen, wenn ich einmal alt geworden bin.«

Ich machte ihn darauf aufmerksam, er werde vielleicht dann Mühe haben, einen Platz zu finden. Dies erstaunte ihn sehr, denn er war der Meinung, »fast niemand besuche mehr die Kirche«. Ich klärte ihn auf, daß in Amerika jede Woche mehr Menschen die Kirche besuchen als irgendeine andere Institution. Diese Tatsache erstaunte ihn wiederum sehr.

Er mußte auch hören, daß alljährlich unzählige religiöse Bücher verkauft würden, weit mehr als jede andere Art von Büchern. Und in seiner etwas primitiven Ausdrucksweise meinte er: »Mag sein, daß die Kirche wieder langsam Trumpf wird.«

In diesem Moment kam ein anderer Teilnehmer am Bankett an unseren Tisch und erzählte mir in begeisterten Worten, er habe »etwas ganz Wunderbares« erlebt. Seit langem habe er unter schweren Depressionen gelitten und mit großen Schwierigkeiten zu kämpfen gehabt. Da habe er sich entschlossen, seine Arbeit eine Woche ruhen zu lassen, um sich zu entspannen und auf sich selber zu besinnen. Bei dieser Gelegenheit hätte er mein Buch »Das Ja zum Leben« (erschienen im Oesch Verlag, Zürich) gelesen und sich in seine praktischen Grundsätze eingearbeitet. Dadurch habe er seine innere Ruhe wiedergefunden und sich auf seine wahren Fähigkeiten besonnen. Er gewann die feste Überzeugung, alle Schwierigkeiten mit der gläubigen und praktischen Anwendung religiöser Grundsätze meistern zu können. Er erzählte uns, wie er sich langsam innerlich beruhigt und wieder einen gesunden Schlaf gefunden habe. »Mir war, als hätte ich eine heilende Arznei eingenommen«, sagte er, »so sehr hat mich die Umstellung meiner Geisteshaltung verändert.«

Als er uns wieder verlassen hatte, sagte mein Tischgenosse: »Ich habe noch nie so etwas gehört. Der Mann spricht von Religion wie von einer glückbringenden und praktischen Angelegenheit. Das alles ist mir vollkommen neu und ungewohnt. Ich erhielt den Eindruck, er spreche von einer geradezu praktisch anwendbaren Methode, die in allen Lebensfragen angewandt werden könne. Ich habe noch nie daran gedacht, Religion in eine solche Beziehung zum praktischen Leben zu bringen.« Und nach einer kleinen Pause sagte er: »Wissen Sie, was mich am meisten erstaunte? – Der gläubige und begeisterte Ausdruck seines Gesichtes!«

In diesem Augenblick bemerkte ich, wie ein ähnlicher Ausdruck auch das Gesicht meines Tischnachbarn veränderte. Es war ganz offenkundig, ihm war ein Licht aufgegangen. Er sah plötzlich den Glauben nicht mehr als etwas Weltfremdes und »gut genug für Kinder und alte Leute« an, sondern als etwas Lebendiges, Kraftvolles und dem täglichen Leben Verbundenes. Zum erstenmal im Leben wurde ihm klar, daß die innere Bereitschaft und Geisteshaltung eines Menschen keine Illusionen, sondern Realität sind.

Persönlich glaube ich, daß jedes Gebet gewisse Strahlen und Kräfte aussendet, von einem Menschen zum andern und zu Gott. Das ganze Universum ist durchwoben von Strahlungen und Schwingungen. Jedes Stock Holz hat seine Ausstrahlung, und die Luft ist erfüllt davon. Wenn wir für einen andern Menschen beten, rufen wir geistige Kräfte herbei. Wir übermitteln ihm eine Botschaft der Liebe, der Hilfsbereitschaft, der Unterstützung – und dadurch werden universelle Kräfte und Strömungen frei, durch die Gott die Entfaltung des Guten erwirkt.

Wer diese Grundsätze ins praktische Leben überträgt, wird sich ihrer lebendigen Wahrheit nicht verschließen können. Ich habe zum Beispiel die Gewohnheit, für irgendwelche Menschen zu beten, denen ich begegne.

Ich erinnere mich an eine Reise durch West-Virginia. Im selben Augenblick, da ich auf dem Bahnsteig einen Fremden erblickte, fuhr der Zug an, und so entschwand er meinen Blicken. Es war mir bewußt, diesen Menschen zum erstenmal im Leben gesehen zu haben und ihn wahrscheinlich nie mehr zu sehen. Sein und mein Leben berührten sich für die Spanne eines kurzen Augenblicks. Er ging seiner Wege, und ich ging meiner. Und ich fragte mich, was wohl aus ihm werde.

Dann sprach ich für ihn ein kurzes Gebet. Ich bat Gott, er möge ihm seinen Segen erteilen und ihn auf seinen Wegen führen und begleiten. Und später begann ich für andere Menschen, die mir vom Zug aus zu Gesicht kamen, zu beten. Ich betete für einen Bauern auf dem Feld und bat Gott, ihm eine gute Ernte zu schenken. Ich sah eine Mutter beim Wäscheaufhängen, und die lange Leine mit Kinderwäsche zeigte mir, daß sie eine große Familie zu betreuen habe. Ihr Gesichtsausdruck und die Art und Weise, wie sie ihre Arbeit anpackte, sprachen für eine gesunde und glückliche Frau. Ich bat Gott, ihr ein glückliches Leben, einen guten Ehemann, eine harmonische Ehe und gesunde Kinder zu schenken. An einer Station sah ich einen Mann, der halb schlafend an einer Mauer lehnte. Ich bat Gott, ihn aufwachen zu lassen und ihm den Segen einer sinnvollen Arbeit zu vermitteln.

Bei einer andern Station begegnete mir ein äußerst liebenswerter Junge. Ein Hosenbein war länger als das andere, sein Pullover viel zu groß, die Haare waren zerzaust, und das Gesicht war schmutzig. Er beschäftigte sich auffällig mit einem Kaugummi …

Ich betete auch für ihn – und als der Zug wieder anfuhr, blickte er auf und schenkte mir ein freundliches Lächeln. Ich wußte, daß mein Gebet ihn erreicht hatte, winkte ihm zu, und er winkte zurück. Ich werde diesen Jungen vermutlich nie wieder sehen, doch unsere Existenzen haben sich berührt. Irgendwie wurde im Herzen des Jungen ein Licht angezündet, ein Licht, das sich nur allzudeutlich auf seinem Gesicht widerspiegelt hatte. Auch ich fühlte mich zufrieden und glücklich. Der Strom guter Gedanken, den mein Gebet ausgelöst hatte, war von Gott zu dem Jungen und zu mir geflossen, und wir beide standen unter dem wohltätigen Einfluß der Macht des Gebets.

Eine große Bedeutung des Gebets liegt in seiner Fähigkeit, *schöpferische Ideen* hervorzubringen. In unserem Geist schlummern alle Quellen und Kräfte, die nötig sind, unser Leben erfolgreich zu gestalten. Es gilt nur, sie freizumachen und zur positiven Entfaltung zu bringen. Wenn das Neue Testament sagt: »Denn sehet, das Reich Gottes ist inwendig in euch«, so will dies heißen, daß der Schöpfer uns mit allem versehen hat, was zu einem konstruktiven und schöpferischen Leben nötig ist. Es erinnert uns daran, diese Gaben zu entdecken und ihnen zum Durchbruch zu verhelfen.

Einer meiner Bekannten hat in einem großen Betrieb eine wichtige Stellung. Er ist mit der Führung von vier Betriebschefs betraut. Diese Männer treffen sich bei regelmäßigen Zusammenkünften, die sie als »Ideen-Konferenz« bezeichnen. Ihr Zweck ist, möglichst viele schlummernde Ideen aufzuwecken und zur Diskussion zu stellen. Für diese Konferenz wird ein Raum benützt, der weder Telefon noch Sprechanlage oder irgendwelche Büroeinrichtungen hat und durch wirksame Isolierungen vom Außenlärm gut abgeschlossen ist.

Bevor die Konferenz beginnt, verharren die Männer zehn Minuten in stiller Meditation. Der Geist arbeitet schöpferisch in ihnen, und jeder bittet darum, Gott möge ihm diejenigen Gedanken geben, die für die erfolgreiche Weiterführung seiner Arbeit notwendig sind.

Später beginnt die Aussprache. Jeder berichtet über seine Gedanken und Anregungen. Diese werden in kurzen Stichworten auf Notizblätter geschrieben und in die Mitte des Tisches gelegt. Keiner darf die Ideen des andern in irgendeiner Form kritisieren, denn jedes Argumentieren würde nur den frei gewordenen Strom schöpferischer Ideen unterbrechen.

Die Notizblätter werden eingesammelt, und erst bei einer späteren Zusammenkunft werden die brauchbaren Ideen besprochen. Diese Konferenz dient ausschließlich der Freiwerdung schöpferischer Ideen, angeregt durch die Kraft der Meditation.

Als die Männer mit diesen »Ideen-Konferenzen« begannen, erzielten sie zuerst einen hohen Prozentsatz unbrauchbarer Ideen, doch je mehr sie sich darin übten und ihre Meditation vertieften, um so größer wurde die Anzahl guter und brauchbarer Gedanken. Heute stammen die meisten der Anregungen, die sich später praktisch bewährten, aus diesen »Ideen-Konferenzen«.

Einer der Männer sagte darüber: »Wir haben dadurch Einsichten und Erkenntnisse gewonnen, die sich nicht bloß auf unserer Leistungskurve abzeichnen, sondern ihren Ausdruck auch in einer neu gewonnenen inneren Sicherheit finden. Noch mehr: wir wurden erfüllt von einem tiefen Gefühl der Zusammengehörigkeit und der Kameradschaft, und dies erzeugte einen Teamgeist, der sich auf die Belegschaft des Betriebes übertragen hat.«

Nur altmodische Kaufleute sind der Ansicht, Religion sei reine Theorie und es sei dafür kein Platz im Geschäftsleben. Heute wird jeder erfolgreiche und tüchtige Geschäftsmann die besten, neuesten und erfolgreichsten Methoden in der Produktion, im Vertrieb und in der Verwaltung anwenden, und viele haben entdeckt, daß das beste Mittel für eine erfolgreiche berufliche Arbeit in der Macht des Gebets liegt.

Aufgeschlossene Menschen aus allen Kreisen haben herausgefunden, daß die praktische Anwendung des Gebets im täglichen Leben unerhörte Kraftquellen freimacht: *sie arbeiten* besser, sie *fühlen* sich besser, sie *entscheiden* besser, sie *schlafen* besser, und sie *handeln* besser.

Mein Freund Grove Patterson, der Herausgeber einer bedeutenden Zeitung, ist ein Mann von bemerkenswerter Vitalität. Er behauptet, seine unerschöpfliche Energie stamme zum größten Teil aus der Art und Weise, wie er zu beten gelernt habe. »Meistens«, so erzählte er mir, »schlafe ich beim Beten ein. Ich glaube, daß mein Unterbewußtsein in diesem Zustand der größtmöglichen Entspannung besonders aufnahmebereit ist, und ich glaube auch, daß unser ganzes Dasein äußerst stark vom Unterbewußtsein beeinflußt wird. Wenn wir in diesem Augenblick der Entspannung ein Gebet in unser Unterbewußtsein ›fallen lassen‹, wird es von größter Wirkung sein.« Mein Freund lächelte, als er sagte: »Zuerst schämte ich mich ein wenig, beim Beten eingeschlafen zu sein, doch heute wünsche ich mir nichts Besseres!«

Ich bin in meinem Leben mit vielen Möglichkeiten des Gebets bekannt geworden. Eine der wirkungsvollsten fand ich in einem Buch Frank Laubachs. Dr. Laubach ist überzeugt, jedes Gebet habe eine unmittelbare Kraft und Wirkung. Er erzählt zum Beispiel, wie er oft durch die Straßen gehe und Gebete auf Menschen »werfe«, die ihm begegnen. Irgendeinem Menschen sendet er seine guten Gedanken, Gedanken guten Willens und der Sympathie. Und sehr oft komme es vor, daß sich solche Menschen nach ihm umdrehen und ihn anlächeln. Sie haben die unwiderstehliche Macht des Gebets gespürt wie einen elektrischen Strom.

Fährt Dr. Laubach in der Straßenbahn, so betet er für seine Mitreisenden. Einmal saß er hinter einem Mann, der einen sehr bedrückten Eindruck machte. Laubach hatte sein Gesicht gesehen, als er den Wagen betrat, und er sandte ihm Gedanken der Zuversicht und des Vertrauens zu. Er umgab ihn mit der ganzen Kraft eines gläubigen Vertrauens und bat Gott, ihn von seiner Schwermut zu befreien. Plötzlich griff der Mann mit der Hand an seinen Hinterkopf, und als er etwas später ausstieg, war der düstere Ausdruck seines Gesichts verschwunden, und ein Lächeln stand auf seinem Antlitz.

Dr. Laubach weiß, wie oft es ihm gelungen ist, die Atmosphäre eines Eisenbahnwagens zu verändern, indem er sie mit Gedanken des Wohlwollens und der Zuversicht erfüllte.

In einem Autobus befand sich ein angetrunkener Mann, der sich unanständig und grobschlächtig benahm und sich über die andern Passagiere lustig machte. Ich spürte, wie ihm jedermann mit Abneigung begegnete, und ich beschloß, Frank Laubachs Methode anzuwenden. In meinem Gebet appellierte ich an sein besseres Ich und versuchte, ihm mit freundlichen Gedanken nahezukommen. Plötzlich, ohne sichtbaren Grund, drehte sich der Betrunkene nach mir um, lächelte mich entwaffnend an und winkte mir mit der Hand zu. Seine Aufdringlichkeit hörte auf, und er beruhigte sich. Ich habe allen Grund, zu glauben, daß mein Gebet ihn erreichte und günstig beeinflußte.

Wenn ich irgendwo eine Rede halten muß, pflege ich kurz vorher für meine Zuhörer zu beten und ihnen gute und freundliche Gedanken zu senden. Manchmal greife ich einen Zuhörer, der ein besonders deprimiertes oder mißmutiges Gesicht macht, heraus und denke mit besonderem Nachdruck an ihn. Als ich einmal am Kongreß einer Handelskammer sprechen mußte, bemerkte ich unter den Zuhörern einen Mann, der mich mit unverhohlener Abneigung anblickte. Vielleicht war es ein Zufall und ohne direkte Beziehung zu mir, doch bevor ich meine Ansprache begann, sandte ich ihm einige gute Gedanken und ein kurzes Gebet. Selbst als ich sprach, dachte ich mehrmals an ihn.

Nach meinem Vortrag traf ich mehrere Bekannte, die mich begrüßten und mit denen ich einige Worte wechselte. Plötzlich reichte mir jemand die Hand und schüttelte sie mit aller Kraft. Vor mir stand mein mißmutiger Zuhörer. »Offen gesagt, ich hatte nicht die geringsten Sympathien für Sie, als ich an den Kongreß kam«, sagte er. »Ich sah nicht ein, was ein Pfarrer bei einer Handelskammer zu suchen hat, und ich hoffte, Ihre Rede würde mit einem Mißerfolg enden. Doch während Sie sprachen, wurde ich irgendwie von einem Gefühl der Ruhe und des Friedens erfaßt. Sie haben mich überzeugt – und Ihre Rede hat mir gefallen!«

Nicht meine Ansprache, sondern mein Gebet und die Kraft und Sicherheit, die ich dadurch erhielt, haben diese Wirkung hervorgerufen. Stellen wir uns vor, das menschliche Gehirn besitze Millionen von winzigen Batterien und sei fähig, mittels unserer Gedanken Kraftströme auszusenden. Die magnetische Kraft des menschlichen Körpers ist keine Einbildung, sondern eine heute meßbare, wissenschaftliche Tatsache. Wenn wir diese »Sendestationen« in Funktion setzen, kann sehr wohl ein Gedankenstrom zwischen zwei Menschen entstehen.

Unter meinen Mitarbeitern war ein Alkoholiker, der während sechs Monaten keinen Tropfen mehr angerührt hatte. Er befand sich auf einer beruflichen Reise, als ich plötzlich an einem Dienstagnachmittag um 4 Uhr den bestimmten Eindruck hatte, er befände sich in Schwierigkeiten. Seine Persönlichkeit erfüllte meine Gedanken dominierend, so daß ich meine Arbeit niederlegte, um für ihn zu beten. Ungefähr eine halbe Stunde verweilte ich in Gedanken bei ihm, dann spürte ich, wie der starke Eindruck nachließ.

Einige Tage später rief er mich an. »Ich war die ganze Woche in Boston – und ich habe weiter durchgehalten, doch Anfang der Woche hatte ich eine böse Zeit.«

»War das Dienstag um 4 Uhr?« fragte ich ihn. Erstaunt sagte er: »Wieso? Ja, gewiß, wer hat Ihnen das erzählt?«

»Niemand – wenigstens kein Mensch …«, gab ich zur Antwort, und ich beschrieb ihm mein eigenartiges Gefühl um jene Zeit und erzählte, daß ich eine halbe Stunde für ihn gebetet habe. Er berichtete mir, er sei im Hotel in die Bar geraten und habe dort einen erbitterten Kampf mit sich selber und dem Wunsche, Alkohol zu trinken, auszufechten gehabt. »Ich habe an Sie gedacht, denn ich brauchte dringend einen Beistand – und habe Gott um Hilfe angerufen.«

Dieser Ruf hat mich erreicht. Unsere gemeinsamen Gebete aber erreichten Gott, und mein Freund erhielt Kraft und Stärke, um die Krisis zu überwinden.

Eine jungverheiratete Frau gestand mir, ihre Gedanken seien oft mit Abneigung, Eifersucht, Neid und Haß gegen ihre Nachbarn und Bekannten erfüllt. Sie befand sich auch in einem andauernden Zustand der Angst, ihren Kindern könnte irgend etwas zustoßen, sei es ein Unfall, eine Krankheit oder irgendein Mißerfolg. Ihr Leben war eine unerfreuliche Mischung von Unzufriedenheit, Angst, Neid und Unglück.

Ich fragte sie, ob sie auch bete. »Nur wenn ich vor lauter Verzweiflung nicht mehr aus noch ein weiß, doch ich muß zugeben, daß mir Gebete nichts sagen.«

Ich erklärte ihr, wie aufrichtige Gebete ihr ganzes Leben verändern könnten, und gab ihr einige Anleitung in der Konzentration positiver Gedanken und lehrte sie, anstatt negative, häßliche Gedanken solche des Vertrauens und der Zuversicht zu pflegen. Ich schlug ihr vor, jeden Tag zu beten und mit Vertrauen Gottes Hilfe zu erwarten. Das gläubige, schöpferische Gebet hat ihrem Leben einen neuen Inhalt gegeben, was im folgenden Brief zum Ausdruck kommt, den ich kürzlich von ihr erhielt:

»Mein Mann und ich haben in den letzten Wochen gewaltige Fortschritte gemacht. Der entscheidende Wendepunkt kam an jenem Tag, als Sie mir sagten: ›Jeder Tag ist ein guter Tag, wenn wir beten!‹ –

Jeden Morgen begann ich mit positiven Gedanken an den kommenden Tag. Ich vertraute darauf, daß es ein guter Tag sein würde, und ich kann mit Nachdruck sagen, daß ich seither keinen einzigen schlechten oder ärgerlichen Tag hatte.

Das Erstaunliche liegt darin, daß mein Leben seither nicht etwa leichter oder frei von den üblichen Unannehmlichkeiten geworden ist, doch die kleinen Widerwärtigkeiten des Alltags haben ihre Macht verloren; sie vermögen nicht mehr, mich aus der Fassung zu bringen. Jeden Abend denke ich an die vielen kleinen Dinge, für die ich dankbar sein darf, und diese Haltung brachte mich dazu, *mich über die positiven Dinge zu freuen und die negativen zu vergessen.*

Die Tatsache allein, daß ich seit sechs Wochen keinen schlechten Tag hatte und mich mit niemandem gezankt habe, ist für mich schon ein Wunder.«

Diese Frau hat durch ihre positiven Gebete etwas erreicht, was jedem von uns gelingen kann. Die folgenden zehn Grundsätze können viel dazu beitragen:

1. Entspanne dich jeden Tag einige Minuten. Pflege der Ruhe, und richte einfach deine Gedanken auf Gott. Dadurch wird dein Gemüt fähig, neue Kräfte zu empfangen.

2. Bete wenn möglich hörbar. Benütze einfache Worte. Erzähle Gott alles, was dich beschäftigt. Du brauchst keine stereotypen Phrasen zu benützen. Sprich zu Gott in deiner eigenen Sprache. Er versteht dich.

3. Bete überall – bei deiner Arbeit, in der Eisenbahn –, schließe für einen Moment die Augen, um die Welt auszuschalten und dich an Gottes Gegenwart zu erinnern. Je öfter du es tust, um so näher wird dir Gott kommen.

4. Verlange nicht immer etwas in deinen Gebeten; bitte einfach um den Segen des Allmächtigen. Sei dankbar!

5. Bete mit dem festen Glauben, daß aufrichtige Gebete *eine reale Kraft* sind und unsere Lieben mit dem Schutz Gottes umgeben können.

6. Lasse nie einen negativen Gedanken in deine Gebete kommen, nur bejahende Gedanken erzeugen positive Wirkungen.

7. Sei immer bereit, Gottes Willen anzunehmen. Sage ihm, was du erstrebst und was deine Wünsche sind, doch nimm seinen Willen ohne zu murren an.

8. Gewöhne dich daran, alles in Gottes Hände zu legen. Bitte um die Fähigkeit, dein Bestes zu geben; den Rest aber überlasse vertrauend einer höheren Macht.

9. Bete auch für Menschen, die du nicht liebst und die

dir Unangenehmes zugefügt haben. *Ressentiments sind die schwersten Hindernisse bei der Entfaltung geistiger Kräfte.*

10. Je mehr du für andere Menschen betest, speziell auch für solche, die keine Verbindung mit dir haben, um so größer wird der Segen sein, der auf dich zurückstrahlt.

Kapitel 5

Begründe dein Glück!

Wer entscheidet über dein eigenes Glück oder Unglück? Die Antwort heißt: du selbst!

Ein berühmter Radiokommentator hatte anläßlich eines bunten Programms einen alten Mann zu einem Interview eingeladen. Das Gespräch war vollkommen improvisiert, doch die Antworten des Greises waren so witzig, naiv und unkompliziert, daß jedermann seine helle Freude daran hatte. Schließlich fragte der Kommentator den Alten, warum er so glücklich und zufrieden sei. »Sie müssen ein wunderbares Geheimnis dafür besitzen«, fügte er bei.

»Nein«, sagte der alte Mann, »ich habe kein Geheimnis. Die Sache ist so natürlich wie die Nase in Ihrem Gesicht. Wenn ich am Morgen aufstehe«, erklärte er, »habe ich die Wahl zwischen Glücklichsein und Unzufriedenheit. Und was, glauben Sie, wähle ich? *Ich wähle das Glück – das ist alles!*«

Das scheint vielleicht eine oberflächliche und übertriebene Vereinfachung zu sein, doch ich möchte an Abraham Lincoln erinnern, dem sicher niemand Oberflächlichkeit vorwerfen kann. Er sagte, die Menschen seien gerade so glücklich, wie sie es sich wünschten. Wir können unglücklich sein, wenn wir es *wollen,* nichts leichter als das! Wir brauchen das Unglück nur zu wählen und uns einzureden, alles stehe schlecht – und wir werden bestimmt Unglück und Unzufriedenheit ernten. Sagen wir uns aber: »Die Dinge stehen gut; das Leben entwickelt sich glücklich – *ich wähle das Glück«* –, dann können wir sicher sein, daß unser Dasein sich besser und glücklicher gestaltet.

Kinder wissen vom Lebensglück mehr als Erwachsene. Wer es versteht, auch in späteren Jahren kindliche Glückseligkeit in sich zu tragen, ist mit einer großen Gnade beschenkt, denn er wird den wahren, glückhaften Geist in sich tragen, den Gott der Jugend verliehen hat. Jesus gibt uns den Rat, im Leben ein kindliches Herz und Gemüt zu bewahren. Mit andern Worten: Wir dürfen im Geist nie schal, abgehetzt, alt und müde oder superklug und eingebildet werden.

Meine kleine Tochter Elisabeth zählt neun Jahre und weiß, was Glück bedeutet. Als ich sie eines Tages fragte: »Bist du glücklich, Liebling?«, sagte sie: »Natürlich bin ich glücklich!«

»Fühlst du dich immer glücklich?« fragte ich weiter.

»Ja, immer.«

»Was macht dich denn so glücklich?«

»Das weiß ich nicht. Ich bin einfach glücklich.«

»Aber irgend etwas muß dich doch glücklich machen«, forschte ich weiter.

»Hm«, sagte sie, »– meine Freundinnen machen mich glücklich. Ich habe sie gern. Auch meine Schule macht mich glücklich. Ich gehe gern zur Schule. Ich habe auch meine Lehrer gern, und ich gehe gern zur Kirche und in die Sonntagsschule. Ich liebe meine Schwester Margareth und meinen Bruder John. Ich liebe dich und Mama, weil ihr mich gut umsorgt, wenn ich krank bin, und weil ihr lieb zu mir seid.«

Das ist Elisabeths Geheimnis des Glücklichseins, und ich glaube, es enthält alles, was wir Erwachsenen auch besitzen: ihre Kameraden (unsere Mitarbeiter und Freunde), ihre Schule (der Platz, wo wir arbeiten), ihre Schwester, ihr Bruder, Vater und Mutter (der Kreis unserer Lieben). Hier haben wir das Glück in einer Nußschale eingefangen.

Eine Gruppe Kinder wurde befragt, was sie am glücklichsten mache. Ihre Antworten waren ergreifend. Von den Buben wurden genannt: ein fliegender Vogel; wenn ich in tiefes, klares Wasser blicke; wenn sich das Wasser am Bug eines Schiffes teilt; ein rasender Schnellzug; ein Kran, der etwas Schweres hebt; die Augen meines Hundes. Von den Mädchen wurden die folgenden Dinge aufgezählt: das Licht der Straßenlampen, das sich im Fluß spiegelt; rote Dächer im Grün der Bäume; Rauch, der aus einem Kamin aufsteigt; roter Samt; der Mond in den Wolken.

In diesen Antworten liegt etwas von den unvergänglichen Schönheiten des Universums, auch wenn es »nur« gefühlsmäßig empfunden ist.

Um wahres Glück zu empfinden, bedürfen wir eines reinen Herzens und eines Augenpaares, das Romantik und Schönheit auch im Alltag zu erkennen vermag; kurz: des Empfindens eines Kindes.

Viele von uns schmieden ihr eigenes Unglück. Natürlich ist nicht jedes Unglück unsere eigene Schuld. Es gibt nicht wenige soziale Mißstände, die für viele Sorgen der Menschheit verantwortlich sind. Doch es ist eine unumstößliche Tatsache, daß wir durch unsere Gedanken und

Gewohnheiten die Bausteine schaffen, die entweder an unserem Glück oder an unserem Unglück bauen.

Ein bekannter Psychologe erklärt: »Vier von fünf Menschen sind nicht so glücklich, wie sie sein könnten«, und er fügt bei: »Unzufriedenheit ist der meistverbreitete Geisteszustand.«

Ich weiß nicht, ob die menschliche Unzufriedenheit einen so breiten Platz einnimmt, doch ich weiß, daß unzählige Menschen unglücklich sind. Da aber der Mensch von einem fundamentalen und natürlichen Bestreben erfüllt ist, jenen Gemütszustand zu erreichen, den wir als *glücklich* bezeichnen, sollte etwas Ernsthaftes getan werden, diesen Zustand zu erreichen. Glück *ist* erreichbar, und der Weg dazu ist jedem offen.

Im Speisewagen saß ich einmal einem unbekannten Ehepaar gegenüber. Die Frau war sehr gut gekleidet: wertvolle Pelze, kostbarer Schmuck und teure Kleider. Doch sie schien keineswegs zufrieden zu sein. Über alles und jedes beklagte sie sich: über das Rütteln des Wagens, die Zugluft, das Essen, die Bedienung – es gab nichts, was sie nicht zu einer unduldsamen Bemerkung veranlaßt hätte.

Ihr Gatte hingegen machte den Eindruck eines ausgeglichenen, weisen Lebenskünstlers, der das Leben so nahm, wie es kam, und damit fertig wurde. Trotzdem hatte ich den Eindruck, er sei ein wenig enttäuscht über das Gehabe seiner Frau, mit der er sich, wie ich aus dem Gespräch schloß, auf einer Erholungsreise befand.

Wohl um das Gespräch in andere Bahnen zu lenken, fragte er mich nach meiner Tätigkeit. Er selbst stellte sich als Rechtsanwalt vor – und dann beging er einen großen

Fehler, denn er fügte mit einem ironischen Lächeln bei: »Meine Frau ist in der Produktion beschäftigt.«

Dies erstaunte mich, denn sie war nicht der Typ der berufstätigen Frau, und ich fragte: »Was produziert sie?«

»Unglück«, sagte er, *»sie produziert ihr eigenes Unglück.«*

Trotz der eisigen Stille, die sich an unserem Tisch ausbreitete, verstand ich seine taktlose Bemerkung, denn sie beschreibt treffend das, was viele Menschen tun: Sie produzieren ihr eigenes Unglück!

Es ist traurig genug, denn das Leben stellt uns vor so viele Probleme, die unser Glück gefährden, daß wir nicht noch durch unsere Denk- und Handlungsweise neues Unglück produzieren sollten. Wie unsinnig ist es doch, eigenes Unglück zu produzieren, wo wir doch bereits genug mit *den* Dingen zu schaffen haben, die sich unserer Kontrolle entziehen.

Im Gegensatz zu den vielen Menschen, die sich darauf spezialisiert haben, ihr eigenes Unglück zu fabrizieren, wollen wir diesem unseligen Produktionsgeschäft ein Ende setzen! Prägen wir uns immer wieder ein, daß wir durch unglückliche Gedanken das Unglück herbeirufen, so zum Beispiel durch die üble Gewohnheit, unerfreuliche Entwicklungen zu erwarten und zu befürchten, oder auch, indem wir uns einreden, andere Menschen würden stets erhalten, was sie nicht verdienten, während uns vorenthalten bliebe, was wir verdient hätten.

Unglück wird außerdem produziert durch alle Gefühle des Ressentiments, auch wenn wir sie tief in unser Unterbewußtsein vergraben haben. Auch alle Angst und jede Sorge vor unbestimmten, kommenden Dingen produzieren Unglück. Mit diesen Faktoren werden wir uns noch eingehender befassen. Hier sei lediglich mit allem Nachdruck betont, daß ein großer Teil der Unzufriedenheit und des Unglücks Erwachsener *selbst verschuldet ist, weil es dem eigenen Denken entspringt.*

Wie aber gelingt es uns, an die Stelle von Fehlleistung das Gelingen zu setzen?

Ein Zwischenfall auf einer Reise möge dies illustrieren. Nach einer Nacht, die wir im Zug durchgefahren waren, befanden sich im Waschraum des Schlafwagens ungefähr ein halbes Dutzend Männer, die sich rasierten. Die Stimmung nach einer nicht besonders bequem verbrachten Nacht, im Gedränge des winzigen Waschraums, war nicht sehr fröhlich. Die Männer waren mürrisch, und es wurde kaum etwas gesprochen.

Dann kam ein Mann in den Waschraum, der auf seinem Gesicht ein offenes, fröhliches Lächeln zeigte. Er begrüßte uns alle mit einem freundlichen »Guten Morgen«, erhielt aber als Antwort nur mürrisches Grunzen. Als er sich rasierte, summte er – wahrscheinlich ganz unbewußt – eine fröhliche Melodie vor sich hin. Dies schien einigen der Anwesenden auf die Nerven zu gehen, und schließlich brummte einer ärgerlich: »Sie scheinen ja heute morgen besonders gut gelaunt zu sein!«

»Gewiß«, sagte der andere prompt, »es ist wahr: Ich bin gut gelaunt, und ich fühle mich sehr wohl dabei.« Und nach einer kleinen Pause fügte er bei: »Ich mache mir eine Gewohnheit daraus, gut gelaunt zu sein.«

Das war alles, was er sagte, aber ich bin überzeugt, daß sich jeder von uns andern über die Worte »Ich mache es mir zur Gewohnheit, gut gelaunt zu sein« seine Gedanken machte.

Diese Feststellung hat Hand und Fuß, denn unser Glück hängt sehr davon ab, welche Gewohnheiten wir uns zu eigen machen. »Der Gebeugte hat lauter böse Tage, der Wohlgemute hat allezeit Fest.« (Sprüche 15,15). Darum bedeutet die Pflege eines »glücklichen Herzens« ein »allezeit Fest«, was nichts anderes heißt, als daß wir uns jeden Tag unseres Lebens erfreuen sollen und können. Aus der Pflege glücklicher Gedanken und Gewohnheiten entsteht auch ein glückhaftes Leben. Glückliche Gewohnheiten entspringen einem befreiten und glücklichen Denken. Machen wir uns eine Erinnerungsliste glückbringender Gedanken, und werfen wir täglich mehrmals einen Blick darauf. Wenn unzufriedene und düstere Gedanken Einlaß begehren, müssen wir sie augenblicklich und mit Entschiedenheit abweisen und – das ist wichtig – durch einen guten, glücklichen und zufriedenen Gedanken *ersetzen.* Jeden Morgen, bevor wir uns erheben, sollten wir uns einen Augenblick vollkommen entspannen und unser Bewußtsein mit guten, glückbringenden Gedanken erfüllen. Denken wir an gute, glückhafte Erfahrungen, beruhigende und zukunftsgläubige Bilder, stellen wir uns *das* vor, was wir an diesem kommenden Tag erreichen wollen – solche Gedanken helfen mit, die Ereignisse in gute Bahnen zu lenken. Dadurch werden große und kleine Faktoren, die bei der Verwirklichung unserer Ziele – sofern sie gut sind – mithelfen können, angezogen, während andere, widrige und negative Faktoren abgestoßen werden. Denken wir darum nie an die Möglichkeit, die Dinge könnten sich schlecht entwickeln; dadurch werden negative Möglichkeiten herbeigerufen, und als Ergebnis werden wir uns fragen: »Warum habe ich wieder Pech gehabt heute? Was ist eigentlich mit mir los?«

Der Hauptgrund für einen »schlechten Tag« kann in direktem Zusammenhang mit den Gedanken stehen, mit denen wir den Tag begonnen haben. Versuche, schon morgen den folgenden Plan auszuführen: Wenn du erwacht bist, sage dreimal laut: »Dies ist der Tag, den der Herr gemacht hat; laßt uns frohlocken und seiner uns freuen!« (Psalm 118,24). Wende diesen Satz persönlich an und sage: »Ich will mich freuen und fröhlich sein!« Wiederhole den Satz mit klarer Stimme und mit innerer Überzeugung. Wenn du diesen Satz vor dem Frühstück dreimal wiederholst und über seinen tiefen Sinn meditierst, wirst du den Tag dadurch maßgebend beeinflussen.

Beim Ankleiden, Rasieren und beim Waschen sage dir einige Sätze wie die folgenden: »Ich glaube, daß dies ein glückbringender Tag ist. Ich glaube, daß es mir gelingen wird, alle Probleme, die heute auftauchen werden, erfolgreich zu meistern. Ich fühle mich körperlich und geistig wohl. Ich bin gut gelaunt. Es ist schön zu leben. Ich bin dankbar für alles, was ich habe, und für alles, was ich haben werde. Gott wird mich nicht verlassen. Er ist immer mit mir. Er wird mir helfen. Ich danke Gott für alles, was er mir gab und geben wird.« Ich kannte einst einen Unglücksraben, der jeden Morgen beim Frühstück zu seiner Frau sagte: »Schon wieder einer dieser miserablen Tage.« Er meinte es eigentlich nicht so, doch irgendwie war er abergläubisch. Wahrscheinlich dachte er, wenn er den kommenden Tag als »miserabel« ankündige, werde er gar nicht so übel ausfallen. Doch mit der Zeit entwickelten sich die Dinge wirklich »miserabel«. Und das war nicht verwunderlich! Wenn wir uns *schlechte* Entwicklungen vorstellen, schaffen wir auch die Bedingungen, die sie verwirklichen. Wenn wir zu Beginn des Tages *gute* Entwicklungen ins Auge fassen, werden wir erstaunt sein, wie oft sie sich realisieren.

Die Konzentration auf gute und glückliche Gedanken ist von größter Wichtigkeit, doch sie kann nur Früchte tragen, wenn wir auch während des ganzen Tages unsere *Handlungen* den fundamentalen Grundsätzen eines glücklichen Lebens unterstellen. Liebe und freudige Einsatzbereitschaft gehören zu den größten und wichtigsten Gaben Gottes. Es ist erstaunlich, was Liebe und tiefe Teilnahme erwirken können.

Mein Freund Dr. Samuel Shoemaker schrieb einst eine ergreifende Geschichte über Ralston Young, der bekannt war als »Dienstmann Nummer 42« in der Grand Central Station in New York. Ralston verdient sein Leben mit Koffertragen, doch seine wahre, höhere Aufgabe besteht in der praktischen Anwendung christlichen Geistes. Wenn er jemandem den Koffer trägt, versucht er gleichzeitig, etwas christliche Nächstenliebe mit ihm zu teilen. Er beobachtet die Menschen, um festzustellen, ob er ihnen auf irgendeine Art Mut und Hoffnung machen könne, und er hat sich darin eine große Geschicklichkeit erworben.

Eines Tages erhielt er den Auftrag, eine ältere Dame zum Zug zu bringen. Sie saß in einem Rollstuhl, und er brachte sie zum Bahnsteig. Plötzlich bemerkte er Tränen in ihren Augen. Den Stuhl schiebend, bat er Gott, er möge ihm helfen, die alte Frau etwas aufzuheitern und ihr Mut zu machen. Sie weiterschiebend, sagte er dann mit einem freundlichen Lächeln: »Seien Sie mir nicht böse – aber ich muß sagen: Sie tragen einen außerordentlich hübschen Hut!«

Die alte Frau blickte ihn erstaunt an und sagte wehmütig lächelnd: »Danke schön.«

Ralston fügte bei: »Und auch Ihr Kleid gefällt mir sehr gut.«

Diese Komplimente, so einfach sie auch waren, erregten doch die Aufmerksamkeit der alten Frau, und sie sagte: »Warum sagen Sie mir so nette Dinge? Das ist sehr liebenswürdig von Ihnen!«

»Nun«, sagte Ralston, »mir schien, Sie seien unglücklich, und ich sah Ihre Tränen. So bat ich Gott, er möge mir eine Idee geben, Ihnen eine kleine Freude zu machen. – Fühlen Sie sich nicht wohl?« fragte er dann.

»Nein«, sagte sie, »ich leide unaufhörlich unter Schmerzen. Sie verlassen mich nie, und manchmal fürchte ich, es nicht mehr aushalten zu können. Können Sie sich überhaupt vorstellen, was es heißt, *ständig Schmerzen zu leiden?*«

Ralston hatte eine Antwort. »Ja«, sagte er, »das kann ich. Ich verlor einst ein Auge – und das brennt wie glühendes Eisen, Tag und Nacht.«

»Aber«, sagte sie überrascht, »Sie scheinen trotzdem glücklich zu sein. Wie bringen Sie das fertig?«

Ralston hatte die Dame nun an ihren Platz im Zug geführt, als er sagte: »Durch Gebete, nur durch Gebete.«

Etwas ungläubig fragte sie: »Können Gebete Schmerzen zum Verschwinden bringen?«

»Nun«, sagte Ralston, »nicht immer, nein, aber ich kann sagen, daß sie mir immer helfen, darüber hinwegzukommen – jedenfalls tut es dann nicht mehr so weh. Beten Sie auch, Madam, ich werde auch für Sie beten.«

Ihre Tränen waren versiegt, und sie blickte ihn liebevoll an, nahm seine Hand und sagte: »Sie haben so viel für mich getan.«

Ein Jahr verging, und eines Abends wurde Ralston ins Informationsbüro der Station gerufen. Dort begrüßte ihn eine junge Frau mit den Worten: »Ich bringe Ihnen eine Nachricht von einer Toten. Bevor meine Mutter starb, bat sie mich, Sie aufzusuchen, um Ihnen zu sagen, wie sehr Sie ihr damals geholfen hätten, als sie von Ihnen im Rollstuhl zur Bahn gebracht wurde. Sie wird immer an Sie denken, auch in der Ewigkeit.« Dann brach die junge Frau in Tränen aus und schluchzte in ihr Taschentuch.

Ralston stand ruhig dabei und sagte: »Weinen Sie nicht, Miß, Sie sollten nicht weinen. Danken Sie lieber Gott in einem Gebet.«

Die junge Frau fragte erstaunt: »Warum sollte ich Gott *danken?*«

»Viele Menschen«, sagte Ralston, »werden in viel jüngeren Jahren Waisen als Sie. Sie hatten Ihre Mutter während einer sehr langen Zeit – und Sie haben sie jetzt noch. Sie wird Ihnen immer nahebleiben – vielleicht ist sie jetzt gerade mit uns, da wir von ihr sprechen.«

Die junge Frau hörte auf zu weinen. Ralstons Verständnis und Teilnahme hatten auf die Tochter dieselbe Wirkung wie auf die Mutter. Inmitten des lärmigen Bahnhofs standen zwei Menschen, denen die Kraft eines Höheren bewußt wurde, die Kraft Gottes, der den prachtvollen »Dienstmann Nummer 42« dazu ausersehen hatte, seine Umgebung mit menschlichem Verstehen und Liebe zu erfüllen.

»Wo Liebe ist, ist Gott«, sagte Tolstoi, und man könnte beifügen: Wo Gott und Liebe sind, da ist auch Glück.

H. C. Mattern, einer meiner Freunde, ist ein außerordentlich glücklicher Mensch. Zusammen mit seiner Frau Mary, die ebenfalls sehr glücklich ist, bereist er beruflich die Staaten. H. C. Mattern verfügt über eine einzigartige Geschäftskarte, auf deren Rückseite seine Lebensphilosophie (und diejenige vieler anderer glücklicher Menschen) in kurzen Worten wiedergegeben ist:

»Der Weg zum Glück: Halte dein Herz frei von Haß und deinen Geist frei von Angst und Sorge. Lebe einfach, erwarte wenig, gib viel. Erfülle dein Leben mit Liebe, verbreite Fröhlichkeit. Vergiß dich selber, denke an andere. Sei so, wie du es von andern wünschest. Versuche das eine Woche, und du wirst überrascht sein.«

Wenn wir diese Worte lesen, könnten wir sagen: »Nichts Neues!« Doch sie enthalten etwas wirklich Neues, wenn wir sie bisher nie praktisch angewandt haben. Wer damit beginnt, wird den neuesten, frischesten und erstaunlichsten Weg zu leben entdecken. Was nützt es, diese Grundsätze ein Leben lang zu *kennen,* sie aber nicht praktisch zu *nutzen?* In diesen einfachen Gedanken liegt der Weg zu einem Leben voller Glück und Zufriedenheit. Wer diese Grundsätze auch nur eine Woche anwendet, ohne zu spüren, daß er einen bedeutsamen Schritt zu einem glücklicheren Dasein getan hat, leidet an einer ernsten Erkrankung des Gemüts.

Wenn wir diesen Leitgedanken Kraft und Wirkung verleihen wollen, ist es nötig, sie mit einer *dynamischen Denkweise zu* erfüllen. Es gibt keine wirkungsvollen geistigen Prinzipien ohne geistige *Kraft.* Wenn wir unsere Denkweise aber von innen heraus entschieden umwandeln, stellt sich der Erfolg positiver Gedanken überraschend leicht ein. Selbst wenn wir neue geistige Grundsätze im Anfang noch unbeholfen und unvollständig anwenden, so wird dadurch in unserem Gemüt doch eine geistige Kraft frei, die sich je nach der Stärke unserer neuen Denkweise zu entfalten beginnt. Wer einmal die beglückende Kraft dieser Erkenntnis entdeckt hat, wird das erhabenste Glücksgefühl seines Daseins erleben, und er wird es bewahren, solange er ein Leben führt, das Gott in den Mittelpunkt aller Dinge stellt.

Auf meinen Reisen habe ich viele wirklich glückliche Menschen angetroffen. Es sind Menschen, die die Leitgedanken, wie sie in diesem Buch dargelegt werden, *praktisch anwenden.* Es ist immer wieder erstaunlich, welche Wandlung sich in Menschen vollzieht, die eine geistige Umstellung zum positiven Denken vorgenommen haben. Ich glaube, daß dies eine der bedeutendsten Erkenntnisse unserer Zeit ist: *die Wiederentdeckung und die praktische Anwendung geistiger Prinzipien.* Menschen, die dieser Entwicklung ablehnend gegenüberstehen und nie die Kraft einer inneren, geistigen Wandlung verspürt haben, werden bald mit Recht als altmodisch und rückständig gelten.

Als ich kürzlich in einer Stadt einen Vortrag beendet hatte, kam ein großer, gutaussehender Mann auf mich zu und schlug mir so kräftig auf die Schulter, daß ich beinahe das Gleichgewicht verlor.

»Doktor«, sagte er, »wie wäre es, wenn Sie sich unserer fröhlichen Gesellschaft anschließen würden? Wir haben eine Party bei Smith, und wir würden uns sehr freuen, wenn Sie dabei wären. Es gibt einen Riesenbetrieb, und Sie sollten mitkommen!«

Seine überzeugend und begeistert vorgetragene Einladung schien nicht gerade für einen Pfarrer geeignet, und ich war recht unsicher. Ich befürchtete, durch meine Anwesenheit die Stimmung der andern zu stören, und suchte nach Entschuldigungen.

»Nichts da!« sagte mein neuer Freund. »Machen Sie sich keine Sorgen. Das ist eine Party, die Ihnen ganz besonders zusagen wird. Kommen Sie nur! Sie werden erstaunt sein.«

So ließ ich mich überreden und ging mit. Er führte mich in seinem Wagen zu einem großen, zwischen hohen Bäumen versteckten Haus, und der aus den Fenstern dringende Lärm ließ keinen Zweifel übrig, hier sei eine wirklich »großartige Party« im Gang.

Meine Zweifel stiegen von neuem auf, und ich fragte mich, was ich da zu suchen habe. Mein Gastgeber aber führte mich mit großem Hallo in die Halle und stellte mich einer Gruppe Menschen vor. Es bestand kein Zweifel: Diese Leute schienen froh, glücklich und gut gelaunt zu sein. Ich blickte mich nach einer Bar um – doch es gab keine. Alles, was serviert wurde, war: Kaffee, Fruchtsäfte,

Mineralwasser, Brötchen und Eis – das aber in großen Mengen.

»Sind die Leute irgendwo eingekehrt, bevor sie hierherkamen?« fragte ich meinen Gastgeber.

Er war überrascht: »Eingekehrt, wieso?« Und als er mich verstanden hatte: »Aber nein, diese Menschen haben schon den richtigen Geist in sich. Können Sie sich denn nicht vorstellen, was diese Leute so glücklich macht? – Hier sind Menschen, die sich geistig umgestellt haben; sie haben Gott gefunden als eine beglückende Realität des Daseins. Diese Menschen sind erfüllt vom richtigen Geist, doch nicht von demjenigen, den man in einer Flasche findet!«

Nun begriff ich, was er meinte. Hier hatten sich nicht irgendwelche angeheiterten Menschen zusammengefunden, die sich einfach um jeden Preis amüsieren wollten, sondern hier war die wirkliche Elite der Stadt versammelt: Geschäftsleute, Richter, Anwälte, Lehrer und auch eine große Zahl von Leuten in einfacheren Positionen – und sie erlebten einen fröhlichen, beglückenden Abend, indem sie in der natürlichsten Art und Weise, ohne Duckmäusertum, über religiöse Erlebnisse und ihre geistige Kraft sprachen. Sie erzählten sich ihre Erfahrungen in der praktischen Anwendung geistiger Grundsätze.

Alle, die der naiven Ansicht sind, es sei nicht möglich, religiös zu empfinden und zugleich froh zu sein, sollten diese Party erlebt haben.

Nach einem Vortrag kam ich sehr spät in mein Hotelzimmer zurück. Ich war müde und wollte mich sogleich zu Bett legen, da ich um 5.30 Uhr wieder verreisen sollte. Als ich mich auskleidete, läutete das Telefon, und eine Frauenstimme sagte: »In meinem Haus warten ungefähr 50 Personen auf Sie!«

Ich versuchte ihr zu erklären, daß ich angesichts meiner frühen Abreise nicht kommen könne.

»Oh«, sagte sie, »zwei unserer Freunde sind aber bereits mit dem Wagen unterwegs, um Sie abzuholen. Wir haben eben für Sie gebetet, und wir möchten, daß Sie noch mit uns beten, bevor Sie die Stadt wieder verlassen.«

Ich habe es nie bereut, der Einladung Folge geleistet zu haben, obwohl ich in jener Nacht nur wenig Schlaf fand.

Die beiden Männer, die mich abholten, waren einst schwere Alkoholiker, die durch die Kraft des Glaubens und des Vertrauens geheilt worden waren. Beide gehören zu den glücklichsten und fröhlichsten Menschen, die ich kenne.

Das Haus, in das ich geführt wurde, war vollgestopft mit Menschen. Die Leute saßen auf den Treppen, auf den Tischen, auf dem Boden, und einer hatte es sich sogar auf dem Flügel bequem gemacht. Und was ging hier vor? Die Leute hatten eine Gebetszusammenkunft, und ich erfuhr, daß es in der Stadt bereits 60 solche Gruppen gäbe, die sich zur Pflege bejahender und religiöser Gedanken regelmäßig versammelten.

Ich hatte noch nie eine solche Zusammenkunft erlebt. Nichts von einer muffigen, frömmlerischen Atmosphäre! Einfach eine Versammlung entspannter, glücklicher Menschen. Der Geist, der dieses Haus beseelte, war von mitreißendem Schwung, und ich fühlte mich sehr beeindruckt. Als die Leute ein Lied anstimmten, war mir, als hätte ich noch nie einen so frohen und lebensbejahenden Gesang gehört. Das Haus war erfüllt von Optimismus, guter Laune und Fröhlichkeit. Eine Frau mit geschienten Beinen sagte zu mir: »Es hieß, ich würde nie mehr gehen können! Wollen Sie sehen, wie ich *gehe?«* Und sie ging im Zimmer auf und ab.

»Was hat Ihnen geholfen?« fragte ich.

»Gott hat mir geholfen«, sagte sie schlicht.

Dann begrüßte mich eine hübsche junge Dame mit den Worten: »Haben Sie je einen Menschen gesehen, der dem Morphium verfallen war? Nun, ich war es – und heute bin ich frei davon und geheilt.«

Und auch sie sagte: »Gott tat es.«

Dann machte ich die Bekanntschaft eines Ehepaares, das sich überworfen und getrennt, sich aber wieder gefunden hatte und nun glücklicher war als je zuvor.

»Wie haben Sie das erreicht?« fragte ich erneut. Und wieder lautete die Antwort: »Gott hat uns geholfen.«

Ich fühlte, daß dieses Haus von einer geistigen Kraft erfüllt war, wie sie nur durch die Gegenwart Gottes möglich wird. Diese Menschen hatten ihr Leben unter die göttlichen Lebensgesetze gestellt und deren lebendige Kraft erfahren. Gott hat sie mit neuer Lebenskraft und Zuversicht erfüllt.

Hier liegt das Geheimnis wahren Lebensglücks. Alles andere kommt erst in zweiter Linie. Wer diese innere Haltung gewinnt, hat das Beste gewonnen, das wir auf dieser Welt gewinnen können.

Kapitel 6

Hör auf zu kochen und zu fiebern!

Viele von uns machen sich das Leben schwer, indem sie unnütz Energie und Lebenskraft vergeuden. Dies geschieht durch jenen Zustand von »kochen und fiebern«, den ich deutlicher beschreiben möchte. *»Kochen«* heißt: heißlaufen, zischen, dampfen; kurz und gut: überhitzt sein. *»Fiebern«* heißt: in jenen unerträglichen Zustand geraten, in dem wir manchmal Kinder und Erwachsene antreffen: zapplig, unruhig, rastlos, unausgeglichen, unzufrieden, verärgert mit sich und der Umwelt.

Die Bibel lehrt uns: »Erhitze dich nicht ...« (Psalm 37,1). Ein weiser Rat für Menschen unserer Zeit! Es wird uns nicht schwerfallen, ihn zu befolgen, wenn wir uns die wahren Quellen neuer Energie erschlossen haben.

Der Weg dazu ist einfach: Der erste Schritt liegt in einer *bewußten Reduktion unseres Lebenstempos.* Wir sind uns leider nur selten bewußt, wie sehr unser modernes Leben von einer kaum mehr überbietbaren Hast geprägt ist. Viele von uns zerstören damit ihren Körper, doch – und das ist noch viel schwerwiegender –: Sie reißen buchstäblich ihr Gemüt und ihre Seele in Stücke!

Das Tempo unseres Lebens muß reduziert werden, wenn wir nicht durch innere Hochspannung und Überreizung ernstlich Schaden nehmen wollen. *Überreizung produziert Giftstoffe in unserem Körper, die schließlich zu Krankheiten führen.* In dem daraus resultierenden Zustand von Übermüdung beginnen wir bei jeder Gelegenheit zu »kochen« und zu »fiebern«, und zwar hinsichtlich unserer persönlichen Sorgen wie auch, in einem weiteren Sinne gesehen, national und international. Wenn sich schon innere Unruhe rein körperlich so deutlich äußern kann, wieviel schwerer muß dann erst der Schaden sein, den unsere *Seele* davonträgt?

Es ist nicht möglich, den Frieden des Herzens zu finden, solange unser Lebenstempo von einem Zustand fiebriger Erregung diktiert wird. Gott wird sich diesem Tempo nicht anpassen. Er sagt: »Geh voran, wenn du glaubst, diesen unsinnigen Schritt beibehalten zu müssen. Wenn du müde und matt bist, werde ich dich erlaben. Doch ich kann dein Leben jetzt schon reich machen, wenn du dich mäßigst und deinen Lebensrhythmus dem meinen angleichst.«

»Gottes Mühlen mahlen langsam« – er schreitet bedächtig und besonnen voran, in vollkommener Ruhe und im ewigen Gleichmaß.

Gottes Maß ist das einzig richtige Maß für unser Lebenstempo. Was Gott tut, ist wohlgetan, und er tut es ohne Hast und Unruhe.

Besonders unsere Städte mit ihrer nervösen Hetze, ihrer Spannung, ihrem Lärm sind Zentren der inneren Überreizung; aber auch das Land wird immer mehr erfaßt vom gleichen unseligen Geist, denn alle Dinge haben ihre Ausstrahlung.

Manchmal hat man den Eindruck, viele Menschen unserer Zeit seien mit dieser inneren Hochspannung der modernen Zivilisation so verbunden, daß sie sich direkt unglücklich fühlen ohne sie. Die tiefe Ruhe einsamer Täler und Wälder ist ihnen völlig fremd. Ihr Lebenstempo ist so unsinnig schnell geworden, daß es ihnen vielfach ganz unmöglich ist, die wahren Quellen einer geistigen Welt überhaupt noch wahrzunehmen.

An einem schönen Sonntagnachmittag im Sommer machte ich mit meiner Frau einen langen Spaziergang durch weite Wälder. Am Mohonksee, der in einem der schönsten Naturschutzgebiete Amerikas liegt, machten wir Rast. Das Wort Mohonk bedeutet »See im Himmel«, und diese poetische Bezeichnung ist angesichts der von menschlicher Zivilisation fast unberührten Gegend nicht übertrieben. Der tiefblaue See liegt wie ein köstliches Juwel inmitten von Wäldern und Tälern, die an die Urzeit erinnern. Das ganze Landschaftsbild läßt uns jene wohltuende Distanz gewinnen, die uns immer wieder not tut, wenn wir uns von der Verwirrung dieser Welt zurückziehen und erholen wollen.

An jenem Nachmittag wechselte der Himmel von einer Stunde zur andern sein Gesicht. Auf kurze, warme Gewitterregen folgten prachtvolle Aufhellungen. Der Regen wollte uns zuerst nicht in den Kram passen, doch wir sagten uns, klares Wasser habe der menschlichen Haut noch nie Schaden zugefügt, und mit dieser Einstellung empfanden wir den Regen als eine köstliche Erfrischung. Wenn die Sonne wieder schien, setzten wir uns und ließen uns von ihren wärmenden Strahlen trocknen. Die Stille der weiten Wälder beeindruckte uns immer mehr. Wir rasteten und horchten auf die Sprache der Natur. Trotz der gewaltigen Ruhe sind Wälder nie ganz still. In ihnen verbirgt sich eine unerhörte Lebensaktivität von Tieren und Pflanzen; doch die Natur lärmt nicht – ihr Gang ist ruhig und harmonisch.

An diesem unvergeßlich schönen Nachmittag legte die Natur ihre wohltätige Hand auf uns; jede Spannung wich, und wir fühlten uns befreit, ruhig und wahrhaft glücklich.

Unsere Ruhe aber wurde jäh gestört durch supermoderne Tanzmusik. Durch den Wald kamen drei junge Leute, zwei Mädchen und ein Bursche; dieser trug ein kleines Kofferradio. Die drei jungen Stadtmenschen befanden sich auf einem Sonntagsbummel durch die Wälder und brachten – tragischerweise – ihren Lärm mit sich. Es waren nette junge Menschen, und wir unterhielten uns eine Weile mit ihnen. Es reizte mich, ihnen zu empfehlen, sie möchten doch ihre Musikkiste abstellen, um dem Rauschen der Wälder zu lauschen, doch ich fühlte, daß es nicht meine Aufgabe war, ihnen Lehren zu erteilen.

Nachdem sie uns verlassen hatten und die Musik ihres Radios verstummt war, wurde uns bewußt, was diese jungen Menschen verpaßt hatten: Musik von einer Harmonie und Schönheit, die nie ein Mensch ersinnen könnte; der Gesang des Windes in den Baumkronen, die süßen Melodien der Vögel und die unbeschreibliche Musik der Sphären ...

All das können wir überall in der Welt finden, wenn wir es finden wollen: in den Bergen, an Seen, am Meer, in den Wäldern – und wir sollten uns die heilende Kraft der Natur zunutze machen. Sagte nicht Jesus: »Lasset uns besonders an eine wüste Stätte gehen und ein wenig ruhen.«? Ich erinnere mich an viele Gelegenheiten in meinem Leben, da ich diesen Rat befolgen mußte, um mich selbst wiederzufinden. Wenn wir den Segen der Stille empfangen wollen, müssen wir uns daran gewöhnen, sie immer und immer wieder aufzusuchen.

Die innere Spannung und der Druck, unter dem heutzutage so viele Menschen leben, können gemildert werden, indem wir selbst unser Lebenstempo mäßigen. Wir dürfen weder »kochen« noch »fiebern«! Wir müssen ruhig werden und friedvoll. Denken wir an die Worte: »Und der Friede Gottes, welcher höher ist als alle Vernunft, bewahrt eure Herzen ...« (Philipper 4,7), und lassen wir ihren heilsamen Einfluß auf uns einwirken.

Einer meiner vielbeschäftigten Freunde, der auf ärztlichen Rat dringend eine Erholungspause einschalten mußte, schrieb mir: »Während meiner erzwungenen Ruhezeit mußte ich vielerlei lernen. Heute ist mir klar, daß wir in die Stille gehen müssen, um die Ruhe und Allmacht Gottes zu spüren. Unser Leben kann trübe und verworren werden, aber ›trübes Wasser‹, so sagt Laotse, ›muß man nur stehenlassen, und es wird klar werden ...‹.«

Ein kluger Arzt verschrieb dem Direktor eines großen Unternehmens, der ihn wegen seiner gesteigerten Nervosität aufsuchte, folgende Medizin: »Lassen Sie die Arbeit täglich zwei Stunden liegen, und verbringen Sie jede Woche einen Nachmittag auf dem Friedhof.« Erstaunt fragte der Patient, was das zu bedeuten habe. Ruhig antwortete der Arzt: »Damit Sie dort die Grabsteine von Menschen studieren können, die – wie Sie – glaubten, die ganze Welt laste allein auf ihren Schultern. – Denken Sie darüber nach, daß die Welt, wenn Sie einmal zur ewigen Ruhe gegangen sind, genau gleich weiterbesteht wie zuvor. Und dann überlegen Sie sich, welche Arbeiten Sie zuverlässigen Mitarbeitern abtreten können, damit Sie entlastet werden und nicht jeden Abend eine dicke Aktenmappe mit sich nach Hause schleppen müssen!«

Der Patient erfaßte den Sinn. Er beruhigte sich und lernte, seinen Mitarbeitern etwas von seiner Verantwortung zu übertragen. Er gewann zu seiner eigenen Bedeutung ein richtiges Verhältnis, und er hörte auf zu »kochen« und zu »fiebern«. Er wurde ruhig, und – das ist wichtig – *seine Arbeitsleistung verbesserte sich.* Heute hat sein Geschäft an Einfluß gewonnen, und es entwickelt sich besser als zuvor.

Ein vielbeschäftigter Fabrikant erzählte mir, wie er sich immer mehr in eine unerträgliche Spannung hineinsteigere. Am Morgen würde er aus dem Bett springen und liefe sogleich auf Hochtouren. Er befand sich in einem solchen Zustand der Gehetztheit, daß er zum Frühstück nur noch weiche Eier genoß, weil diese »so leicht hinunterschlüpfen«. Dieses übersteigerte Lebenstempo führte dazu, daß er bereits zur Mittagszeit erschöpft war, und am Abend sank er ins Bett wie ein Toter.

Das Haus dieses Mannes liegt in einem hübschen Garten mit alten Bäumen. Eines frühen Morgens, als er keinen Schlaf mehr finden konnte, setzte er sich ans Fenster, und zufällig konnte er einen Vogel beobachten, der eben erwachte. Er sah, daß Vögel mit eingezogenem Kopf schlafen und sich unter ihre Federn verkriechen. Als der Vogel erwachte, blickte er schläfrig umher, streckte gemächlich ein Bein, dann das andere, und hierauf entfaltete er die Flügel. Schließlich steckte er, als er einen Flügel wie einen kleinen Fächer spreizte, das Köpfchen erneut unter die Federn, als ob er nochmals die Wohltat des Schlummers kosten wollte. Dann aber kam der Kopf wieder zum Vorschein: Der Vogel schaute munter um sich, streckte sich nochmals und begann dann zu singen, eine wundervolle, siegreiche und fröhliche Melodie zur Begrüßung des neuen Tages. Darauf flog er vom Baum, nahm etwas frisches Wasser zu sich und begann seine Nahrung zu suchen …

Mein vielgeplagter Freund beobachtete den Vogel und sagte sich: »Wenn dieses Tierchen so gemächlich und ohne Eile erwachen und seinen Tag beginnen kann, warum sollte ich es nicht auch können?« Und er befolgte das Aufstehprogramm des kleinen Vogels bis zum Morgengesang. »Ich kann natürlich nicht zwitschern«, sagte er, sich selbst belächelnd, aber er spürte sofort die befreiende Wirkung des Gesangs.

»Meine Frau war nicht wenig erstaunt«, erzählte er weiter, »als sie mich in meinem Lehnstuhl singend vorfand, und zuerst dachte sie, ich wäre übergeschnappt, doch bald begriff sie, daß mir meine neue Art, den Tag zu beginnen, wohltat. Eines hatte ich dem Vogel voraus: Ich sprach noch ein kleines Gebet, und dann befaßte ich mich mit meiner ›Nahrungssuche‹. Ich hatte Lust nach einem ausgiebigen Frühstück. Hernach ging ich zur Arbeit, doch nicht mehr außer Atem und gehetzt, sondern entspannt und in ruhiger Sicherheit. Dadurch gelang es mir, die unerträgliche

Spannung, die mich jahrelang gefangengehalten hatte, zu unterbrechen und meine Arbeit überlegen und ruhig zu meistern.«

Der Trainer einer erfolgreichen Rudermannschaft erklärte seinen Leuten vor jedem Wettkampf: »Denkt daran! *Rudert langsam, wenn ihr gewinnen wollt!«* Er wußte genau, daß zu hastiges Rudern den notwendigen Rhythmus zerstört und daß es meist sehr schwer ist, das richtige Tempo wiederzufinden, wenn es einmal durch allzu große Hast verlorengegangen ist. In der Zwischenzeit aber wird das Team von andern Mannschaften überholt. Es ist darum sehr klug, wenn man sich an den Rat hält: »Um schnell vorwärtszukommen – rudere langsam!«

Menschen, die einem übersteigerten Tempo verfallen sind, können nichts Besseres tun, als um die Gnade zu bitten, der friedliche und beruhigende Geist Gottes möge in ihrer Seele, in ihrem Geist und dadurch in ihren Nerven und Muskeln Einzug halten.

Lege dich auch tagsüber wenn möglich einige Minuten nieder, entspanne dich, und stelle dir jeden Muskel deines Körpers von Kopf bis Fuß vor. Sprich zu ihnen, beruhige sie, erfülle sie mit dem Geist der Ruhe und des Friedens, bis dein ganzes Wesen von Ruhe und Frieden erfüllt ist. *Beruhige dich!* Alles, was du wirklich brauchst, wird dir gegeben, wenn du mit Ruhe und ohne Hetze daran arbeitest. Wenn das, was du erstrebst, trotz deiner Bemühungen und trotz Gottes Führung nicht erreicht wird, dann hat Gott es anders bestimmt, dann muß es so sein. Und wenn du es vermißt, dann mußt du es eben müssen. Entschließe dich endgültig, dein Lebenstempo gesund und gottgewollt zu gestalten. Übe dich in der Ruhe des Geistes, und lerne die Kunst, alle nervösen Spannungen fallenzulassen. Um dies zu erreichen, unterbrich von Zeit zu Zeit immer wieder deine Tätigkeit für wenige Sekunden oder Minuten. Sage dir ruhig und voller Vertrauen: »Meine Nervosität läßt nach – sie trennt sich von mir – ich bin ruhig, ruhig, ruhig ... ›koche‹ nicht, ›fiebere‹ nicht!« Übe dich beharrlich im Frieden des Gemütes.

Um diese glückbringende Gemütshaltung zu erreichen, empfehle ich die immer wiederkehrende Übung friedvoller Gedanken. Täglich vollziehen wir eine ganze Reihe von Handlungen, die unserem Körper zugute kommen. Wir putzen die Zähne, wir waschen uns, wir treiben Gymnastik – und genauso sollten wir auch überlegt und systematisch danach trachten, unsern Geist gesund zu erhalten. *Eine* Methode, dies zu erreichen, besteht darin, daß wir uns entspannt hinsetzen und friedliche Gedankenbilder durch unsern Geist ziehen lassen: Berge, Wälder, ein ruhig fließender Strom oder ein vom Mondlicht überfluteter See ...

Außerdem sollten wir wenigstens einmal im Verlauf von vierundzwanzig Stunden, am besten während der meistbeschäftigten Zeit des Tages, *jede Tätigkeit aus freiem Willen unterbrechen* und für zehn oder fünfzehn Minuten der vollkommenen Ruhe pflegen.

Es gibt Zeiten, da nichts anderes übrigbleibt, als unsere Arbeit einfach abzubrechen, wenn wir nicht übermüdet und nervös werden wollen. Der einzige Weg, nicht Schaden zu nehmen, ist die *entschlossene Unterbrechung*.

Als ich einmal in einer Stadt zu einem Meeting eingeladen war, wurde ich bereits am Bahnhof von einem Komitee abgeholt. Man brachte mich im Auto zu einer Buchhandlung, wo ich Autogramme in meine Bücher schreiben mußte. Die Veranstaltung war verbunden mit einer Party, und nachdem niemand mehr da war, der meine Unterschrift wollte, fuhr man mich in eine andere Buchhandlung, wo sich dasselbe Spiel wiederholte. Unmittelbar nachher führte man mich zum Mittagessen, und dann ging es – ohne Ruhepause – zum Meeting. Hierauf fuhr man mich in mein Hotel und legte mir nahe, mich möglichst rasch umzuziehen, da man noch einen Empfang von mehreren hundert Persönlichkeiten vorbereitet habe, der noch vor dem Nachtessen stattfinden solle. Nachdem ich dort unzähligen Menschen die Hand gedrückt und drei Gläser eines Fruchtpunsches hinuntergegossen hatte, brachte man mich zurück zum Hotel, und es blieben mir zwanzig Minuten, um mich für das Nachtessen bereit zu machen. Als ich noch damit beschäftigt war, läutete das Telefon, und irgend jemand sagte: »Bitte beeilen Sie sich, damit wir rechtzeitig mit dem Nachtessen beginnen können!«

Beunruhigt antwortete ich: »Ich werde in wenigen Augenblicken unten sein!«

Ich verließ das Zimmer wenige Minuten später und war so in Eile, daß ich kaum das Schlüsselloch finden konnte. Als ich zum Lift eilte, fragte ich mich unwillkürlich, ob ich überhaupt fertig angezogen sei – und plötzlich hielt ich inne. Ich war außer Atem geraten und fragte mich: »Was geht eigentlich hier vor? Was ist der Sinn dieser lächerlichen Hetze?«

Ich entschloß mich, dem Theater ein Ende zu machen, und sagte zu mir selber: »Es ist mir vollkommen gleichgültig, ob ich dieses Nachtessen verpasse oder nicht. Ich kann meine Rede auch *nicht* halten. Niemand kann mich zwingen, dieses Essen mitzumachen und eine Ansprache zu halten.«

Langsam und befreit ging ich auf mein Zimmer zurück, öffnete die Türe in Ruhe und telefonierte meinen Freunden: »Wenn ihr essen wollt, dann fangt bitte an. Vielleicht werde ich in einer Weile auch kommen – doch ich will mich nicht länger herumhetzen lassen.«

Ich zog meinen Rock und meine Schuhe aus, setzte mich in einen bequemen Stuhl und streckte die Beine. Dann griff ich zur Bibel und las langsam und halblaut den 121. Psalm: »Ich hebe meine Augen auf zu den Bergen: woher wird mir Hilfe kommen?« Dann schloß ich das Buch und hatte eine kleine Aussprache mit mir selbst. Ich ermahnte mich, ruhiger und bewußter zu leben und mich nicht herumjagen zu lassen. Und ich versicherte mir: »Gott ist *da,* und sein Friede erfüllt mich.«

»Ich brauche nichts zu essen«, sagte ich zu mir, »ich habe heute schon viel zuviel gegessen. Außerdem wird das Essen nicht einmal gut sein. Ich bin jetzt ruhig, und ich werde um acht Uhr eine *bessere* Ansprache halten.«

So blieb ich sitzen, ruhte und betete eine Viertelstunde, und ich werde das unsägliche Glücksgefühl nie vergessen, das mich erfüllte, als ich das Zimmer verließ. Ich hatte mich selbst besiegt und etwas überwunden, das mir die Selbstkontrolle rauben wollte. Als ich den Speisesaal betrat, stellte ich fest, daß ich lediglich die Suppe verpaßt hatte – ein kleiner Preis für das, was ich gewonnen hatte: *Ich hatte mich selbst wiedergefunden, einzig und allein, weil ich plötzlich einen Punkt gemacht und mich zur Ordnung gerufen hatte.*

Ein bekannter Bürger von New York erzählte mir, sein Nervenarzt habe ihm geraten, unsere Kirche aufzusuchen, weil es unumgänglich für ihn geworden sei, eine *neue,* ruhigere Lebenshaltung zu gewinnen.

»Mein Arzt sagt, ich hätte meine Nerven bis zur äußersten Grenze angespannt«, erzählte er, »ich laufe ständig auf Hochtouren – und meine einzige mögliche Heilung liege in der Entwicklung einer ruhigen Gemütshaltung.«

Als mein Besucher dies erzählte, stand er auf, ging einige Schritte auf und ab und sagte dann: »Aber wie um Himmels willen soll mir dies gelingen? Das ist alles viel leichter gesagt als getan! Mein Arzt hat mir geraten, mich mit den Leuten, die Ihre Kirche besuchen, anzufreunden. Er glaubt, daß die praktische Anwendung religiösen Vertrauens mein Gemüt beruhigen und auch meinen Blutdruck herabsetzen werde. – Ich glaube, er hat recht, aber wie soll ein fünfzigjähriger Mann plötzlich seine ganze Lebensweise umstellen und eine sogenannte ›ruhige Lebensphilosophie‹ entwickeln?«

Das Problem war tatsächlich nicht so einfach, denn der Mann war ein unglaubliches Nervenbündel. Er schritt ständig im Zimmer auf und ab, und seine Stimme schnappte immer wieder über. Er machte den Eindruck eines überreizten und kranken Mannes. Zweifellos stand er kurz vor einem Nervenzusammenbruch, doch anderseits war er immer noch fähig, seinen Zustand klar zu erkennen.

Er sah und wußte, daß er auf dem falschen Weg war, und diese Selbsterkenntnis bot die Chance, ihm helfen zu können. Als ich seinen erregten Worten lauschte und seine nervösen Bewegungen beobachtete, wurde mir wieder einmal klar, warum Jesus Christus einen so gewaltigen Einfluß auf die Menschheit ausübte. *Er kann* solche Probleme lösen, und wieder einmal erlebte ich diese Wahrheit.

Plötzlich brach ich unser Gespräch ab und lenkte es in eine andere Richtung. Ohne Überleitung begann ich einige Bibeltexte zu zitieren, wie Matthäus 11,28: »Kommet her zu mir alle, die ihr mühselig und beladen seid; ich will euch Ruhe geben.« Und: »Frieden lasse ich euch zurück, meinen Frieden gebe ich euch. Nicht wie die Welt gibt, gebe ich euch. Euer Herz lasse sich nicht beunruhigen und verzage nicht!« (Johannes 14,27)

Ich sprach diese Worte ruhig vor mich hin, und ich sah, wie mein Besucher sein nervöses Gehabe unterbrach und zuhörte. Nachdem ich weitere Stellen aus der Bibel vorgelesen hatte, saßen wir eine Weile ruhig und wortlos in unseren Stühlen. Schließlich tat er einen tiefen Atemzug und sagte: »Eigenartig – aber ich fühle mich viel besser. Diese Worte haben mir gutgetan.«

»Nicht die Worte allein«, sagte ich, »der große Heiler Jesus hat Sie berührt – es ist *seine Gegenwart,* die Sie gespürt haben.«

Mein Besucher zeigte über meine Worte keine Überraschung. Ein Ausdruck aufrichtigen Vertrauens lag auf seinem Gesicht, als er sagte: »Das ist es! Ich verstehe Sie – ich habe es selbst empfunden. Jetzt weiß ich, daß Jesus Christus mir helfen wird, ein ruhiges Gemüt zu erlangen.«

Natürlich war es notwendig, meinem Freund eine ganz neue Art des Denkens und Handelns beizubringen. Wir verschafften ihm geeignete Literatur über die Kunst, seine Gedanken zu meistern und eine positive Geisteshaltung zu gewinnen. Wir lehrten ihn, sich richtig zu entspannen und zu beten. Und das Ergebnis war ein geistig und körperlich gesunder Mensch.

Wer ein ruhiges Gemüt gewinnen will, muß sich täglich darum bemühen. Die Kontrolle unserer inneren Verfassung kann nicht durch irgendein Zaubermittel gewonnen werden. Auch nicht, indem wir einfach ein Buch lesen, obschon dadurch wertvolle Vorbedingungen erreicht werden. *Der einzig sichere Weg besteht in der regelmäßigen, beharrlichen Anwendung geistiger Leitgedanken, in der Realisierung der Erkenntnisse und in der gläubigen Entwicklung eines schöpferischen Vertrauens.*

Ich schlage vor, daß wir mit der einfachsten Methode beginnen: *Werden wir körperlich ruhig!* Gehen wir nicht auf und ab, klopfen wir nicht auf den Tisch, ringen wir nicht die Hände, ballen wir keine Fäuste, und beißen wir nicht auf die Zähne! Lassen wir uns nie in irgendeine krampfartige Handlung hineinsteigern. Beginnen wir mit der einfachsten Sache der Welt: Unterbrechen wir jede körperliche Bewegung. Stehen wir still, sitzen wir ruhig, legen wir uns nieder! Beruhigen wir unsere Stimme, reden wir leise und mit Ausdruck. Erhalten wir uns einen tiefen Atem und einen tiefen Schlaf.

Wenn wir ruhig sein wollen, müssen wir uns beruhigende Gedanken zuführen. Der Körper reagiert sofort auf die Art der Gedanken, die unseren Geist beherrschen. Es ist auch eine Tatsache, daß wir unseren Geist beruhigen können, wenn wir zuerst den Körper beruhigen; mit anderen Worten: *Eine bestimmte Körperhaltung kann auch zu einer bestimmten Geisteshaltung führen.*

Ich erinnere mich an eine Konferenz, in deren Verlauf die Diskussion überbordete, und es fielen bittere und scharfe Worte. Plötzlich stand einer der Teilnehmer auf, zog seinen Rock aus und legte sich auf eine Couch. Alle waren überrascht, und jemand fragte, ob er sich nicht wohl fühle.

»Nein«, sagte er, »ich fühle mich ausgezeichnet, aber wenn wir so weitermachen, werde ich den Verstand verlieren. Und ich habe herausgefunden, daß es sehr schwierig ist überzuschnappen, wenn man sich hingelegt hat.«

Wir alle lachten, und der Bann war gebrochen. Unser kluger Freund erklärte uns, er habe herausgefunden, die ersten Anzeichen einer inneren Erregung äußerten sich bei ihm immer darin, daß er die Fäuste balle, seine Stimme höher und sein Sprechen schneller werde. Sobald er dies spüre, zwinge er seine Finger dazu, entspannt zu bleiben, und anstatt seine Stimme anschwellen zu lassen, spreche er übertrieben leise, langsam und tief. »Man kann nicht streiten, wenn man nur flüstert!« sagte er lachend.

Tatsächlich kann die Anwendung dieses Prinzips bei der Bekämpfung von Gemütserregungen sehr wirkungsvoll sein. Wer es praktisch anwendet, wird überrascht sein, wie schnell sich die »Temperatur« senkt und wieviel Kraft und Energie dadurch gespart werden können.

Es kann daher nichts schaden, wenn wir uns auch ein wenig in der sinnvollen Anwendung einer gewissen Tätigkeit üben. Menschen, die auch einmal nichts tun können und etwas phlegmatisch sind, geraten viel weniger in Gefahr, ihre Selbstkontrolle zu verlieren. Die bewußte Anwendung und Übung einer gleichmütigen Haltung kann viel dazu beitragen, das innere Gleichgewicht zu bewahren.

Ich habe sechs Grundsätze aufgestellt, die sich als sehr hilfreich erwiesen haben, um unser Gemütsleben zu beherrschen:

1. Setze dich entspannt in einen Stuhl. Mache es dir bequem. Lenke deine Gedanken ausschließlich auf die Entspannung deines Körpers. Beginne mit den Zehen, denke an jedes Glied, an jeden Muskel bis hinauf zum Kopf – entspanne sie alle. Unterstütze den Vorgang, indem du sagst: »Meine Zehen sind entspannt – meine Arme sind entspannt – mein Hals ist entspannt ...«

2. Stelle dir dein Gemüt als die Oberfläche eines Sees vor, der von einem wilden Sturm gepeitscht wird. Stelle dir vor, wie sich der Wind legt und die Wellen sich beruhigen, immer mehr beruhigen, bis der See still und spiegelglatt daliegt.

3. Verweile in Gedanken einige Minuten beim schönsten und erhabensten Anblick, den du je erlebt hast: ein Sonnenaufgang in den Bergen, eine Mondnacht auf dem Meer. Laß dieses Erlebnis in der Erinnerung neu aufleben.

4. Wiederhole langsam und ruhig Worte, deren Inhalt

Ruhe und Frieden bedeutet, wie: *Ruhe, Friede, Sicherheit, Freiheit, Stille.* Denke dir Worte aus, die dir besonders entsprechen – wiederhole sie langsam, und lasse dich von ihrem Sinn durchdringen.

5. Erinnere dich an Gelegenheiten in deinem Leben, da Gott dein Leben beschützt und dein Schicksal gnädig geleitet hat. Denke daran, daß er dir bisher geholfen hat, mit deinen Sorgen fertig zu werden. Sprich laut die Worte eines alten Liedes: »Solange ich unter Deinem Schutz stehe, wirst Du, mein Gott, mich führen …«

6. Wiederhole die folgenden Worte, die einen wundervollen und beruhigenden Einfluß auf Körper und Geist ausüben: »Du gibst Frieden dem, der seine Sache auf Dich baut.« Wiederhole diese Worte wenn möglich laut mehrmals im Laufe des Tages, damit sie dich bis zum Abend begleiten. Glaube und vertraue auf ihre aktive Kraft, vertraue ihrer positiven Wirkung auf Körper und Seele.

Kapitel 7

Erwarte das Beste – und erreiche es!

»Warum mißglückt meinem Sohn alles, was er in die Hand nimmt?« fragte ein besorgter Vater in einem Gespräch über seinen dreißigjährigen Sohn.

Es war tatsächlich schwierig, das Scheitern dieses jungen Mannes zu erklären, der praktisch alles hatte, was zum Lebenserfolg nötig war: eine gute Familie, eine sorgfältige Erziehung und Ausbildung und große geschäftliche Möglichkeiten. Trotzdem schien er nur in einem Erfolg zu haben: im Mißerfolg. Alles, was er begann, nahm einen schlechten Verlauf. Trotz seiner ernsthaften Bemühungen erntete er immer und immer wieder Mißerfolg.

Schließlich fand er die Antwort und damit eine einfache, aber höchst wirkungsvolle Lösung des Problems. Seitdem er seine Erkenntnisse realisiert, hat ihn seine »Pechsträhne« verlassen; anstatt den Mißerfolg zieht er den Erfolg an. Seine Persönlichkeit entfaltet sich, und sein Einfluß beginnt zu wachsen.

Kürzlich, als ich ihn bei einer Zusammenkunft traf, konnte ich ihm ein aufrichtiges Kompliment nicht versagen: »Ich muß Sie bewundern«, sagte ich, »noch vor einigen Jahren ist Ihnen alles mißlungen, und heute scheint Ihnen alles zu glücken, was Sie in die Hände nehmen. Ihr Geschäft blüht, und Sie nehmen im politischen wie im gesellschaftlichen Leben eine hervorragende Stellung ein. Wie erklären Sie sich diesen Umschwung?«

»Höchst einfach«, sagte er bescheiden, »ich habe die Kraft des Glaubens und des positiven Denkens erfahren. Ich fand heraus, daß man immer das erntet, was man erwartet. Erwarte Mißerfolg, und du wirst Mißerfolg haben.« Und nach einer kleinen Pause fügte er bei: »Eigentlich verdanke ich alles einem einzigen Satz aus der Bibel.«

»Wie heißt er?« fragte ich.

»Wenn du glauben könntest! Alles ist möglich dem, der glaubt.« (Markus 9,23)

»Ich wurde in einer religiösen Familie erzogen«, berichtete er weiter, »und ich habe diesen Satz oft gehört, doch er hat mir nie besonderen Eindruck gemacht. Eines Tages jedoch hörte ich ihn wieder in einer Kirche, und plötzlich ging mir ein Licht auf. Es wurde mir klar, daß hier der Schlüssel zum Geheimnis meiner Mißerfolge lag: Ich hatte nie gelernt, wahrhaft zu glauben, nie gelernt, positiv zu denken, Vertrauen zu haben sowohl in Gott als auch in mich selbst. Ich befolgte den Rat und gab mich in Gottes Hand. Ich befolgte die Grundsätze einer bejahenden Denkweise und übte mich beharrlich darin, stets das Gute zu sehen und zu erwarten. Außerdem bemühte ich mich, ein gutes Leben zu führen.« Er lächelte und sagte: »Ich habe mit Gott einen Vertrag abgeschlossen. Als ich ihn unterschrieb, änderte sich mein Leben. Ich gewöhnte mich daran, innerlich ruhig und sicher *das Gute zu erwarten,* und die Folgen blieben nicht aus. Für mich war alles wie ein Wunder!«

Der junge Mann hatte gelernt, eines der mächtigsten

Lebensgesetze anzuwenden, ein Gesetz, das von der Psychologie und von der Religion anerkannt wird: Wer Gutes erwartet und an das Gute glaubt, wird Gutes ernten. Wir müssen lernen, zu glauben, anstatt zu zweifeln.

Das will natürlich nicht heißen, daß wir lediglich durch unseren Glauben alles erreichen können, was wir wünschen oder erstreben. Wenn wir uns Gott anvertrauen, wird er uns so führen, daß wir uns nichts wünschen, was nicht in Übereinstimmung mit unserem Besten und mit der göttlichen Harmonie wäre. Wenn wir aber wirklich glauben, rücken Dinge, die uns vorher unmöglich erschienen, in den Bereich des Möglichen.

Der berühmte Psychologe William James sagt: »Wenn wir etwas unternehmen, dessen Ausgang zweifelhaft ist, ist unser *Glaube* das einzige, was einen erfolgreichen Ausgang des Wagnisses verspricht.« Das einzige! Glaubenlernen ist ein Grundelement des positiven Lebens. Wenn wir Gutes erwarten, werden in uns magnetische Kräfte erweckt, die das Gute anziehen. Erwarten wir aber Schlechtes und Mißerfolg, so werden Kräfte geweckt, die das Gute von uns abstoßen.

Die Geisteshaltung, welche die Bibel lehrt, ist die mächtigste Kraft im menschlichen Leben. Deutlich sagt sie, auf welche Art und Weise der Mensch innerlich wachsen und etwas aus sich machen kann: Glaube, Vertrauen, positives Denken, Vertrauen in Gott, Vertrauen in andere Menschen und in uns selber! Glaube und Vertrauen können Berge versetzen. Die biblische Lehre gipfelt in der Erkenntnis: *»Alles ist möglich dem, der glaubt.«* (Markus 9,23)

»Euch geschehe nach eurem Glauben.« (Matthäus 9,29)

»Wenn ihr Glauben habt ... wird euch nichts unmöglich sein.« (Matthäus 17,21)

Skeptische Menschen mögen an meiner Versicherung, eine positive Denkweise bedeute eine machtvolle Kraft, zweifeln. Es bleibt aber eine unumstößliche Tatsache, daß sich die Dinge besser entwickeln, wenn wir uns positiv zu ihnen einstellen, wenn wir Gutes statt Schlechtes erwarten und unsere Zweifel über Bord werfen. Nur so können wir die ganze Kraft unserer Persönlichkeit in die Waagschale werfen.

Nichts aber kann dem Menschen widerstehen, der die Ganzheit seines Seins einsetzt, um ein Problem zu lösen. Jede Schwierigkeit ist Ausdruck der Uneinigkeit und der Zerfahrenheit; sie weicht aber der geschlossenen Einheit aller positiven Kräfte. Die vereinte Konzentration unserer körperlichen, geistigen und seelischen Kräfte ist eine Macht, der das Negative niemals standhalten kann.

Das Beste erwarten heißt: mit ganzem Herzen (also mit der ganzen Kraft unserer Persönlichkeit) etwas verwirklichen wollen. Wir geben uns oft geschlagen, nicht weil es uns an den wirklichen Möglichkeiten oder Fähigkeiten gebricht, sondern weil wir uns nicht mit Herz und Seele einsetzen. Wir glauben nicht aus vertrauendem Herzen an unsere Sache, wir sind nicht mit ganzem Herzen dabei! Wie aber wollen wir positive Ergebnisse ernten, wenn wir nicht gewillt sind, uns auch mit *ganzer* Kraft und mit allen bejahenden Gedanken dafür einzusetzen?

Wenn wir in diesem Leben Erfolg haben wollen, wenn wir *das* erreichen wollen, was wir zutiefst ersehnen, dann müssen wir uns diesem Wunsche *ganz* hingeben. Mit andern Worten: *Was du auch immer tust, tue es ganz!* Gib alles, was du geben kannst; gib das Letzte, halte nichts zurück. Die meisten Menschen aber geizen und sparen mit ihren Gaben, erwarten aber, daß ihnen die Gaben anderer reichlich zufließen müssen.

Ein berühmter kanadischer Athlet, Ace Percival, sagt, die meisten Menschen – ob Sportler oder nicht – hielten irgend etwas zurück. Sie gäben sich nicht hundertprozentig einer Sache hin, und darum erreichten sie auch nie das Höchste, das sie dank ihren Fähigkeiten erreichen könnten.

Wer aber im Leben etwas zurückhält, dem wird auch das Leben stets etwas zurückbehalten.

Ein bekannter Trapezkünstler war dabei, seine Schüler zu unterrichten. Nachdem er eine Übung genau erklärt und demonstriert hatte, befahl er ihnen, sie selbst auszuführen. Einer der Artisten bekam es im letzten Augenblick mit der Angst zu tun. Er sah sich plötzlich das Trapez verfehlen und abstürzen. Er war nicht mehr fähig, einen Muskel zu rühren, und entmutigt sagte er: »Ich kann nicht – ich kann einfach nicht!«

Der Instruktor legte seinen Arm um die Schultern des jungen Artisten und sagte: »Doch, du kannst es, und ich will dir auch sagen, wie.« Und dann sagte er einen Satz, der zu den klügsten und schönsten Ratschlägen gehört, die ich je vernommen habe. Er sagte: *»Wirf dein Herz über die Stange, und dein Körper wird ihm folgen!«*

Diesen Satz sollten wir auf einen Zettel schreiben und in die Tasche stecken. Wir sollten ihn an die Wand heften und unter die Glasplatte unseres Schreibtischs legen. Besser noch: Wir sollten ihn in unseren Geist aufnehmen, denn er ist voll Vertrauen und Lebensmut.

Das Herz ist das Symbol schöpferischer Aktivität. Wenn wir unser Herz in unsere Wünsche und in unser Tun legen, wenn wir tief und fest daran glauben, daß sich uns kein *Nein* entgegenstellen kann, dann wird unsere ganze Persönlichkeit dem Wege folgen, den unser Herz weist. »Wirf dein Herz über die Stange« – das heißt: Wirf dein Vertrauen jedem Hindernis entgegen, wirf deine Vorstellungskraft und deinen Glauben gegen deine Schwierigkeiten. Mit anderen Worten: *Wirf deine ganze geistige Kraft über deine Hindernisse, und dein Selbst wird sie überwinden.* Erwarte das Beste, nicht das Schlimmste, und die Wünsche deines Herzens werden sich erfüllen. Was wir im Herzen tragen – ob gut oder schlecht –, eines Tages wird es uns erreichen. Emerson sagte: *»Sei vorsichtig in deinen Wünschen, denn eines Tages werden sie sich verwirklichen.«*

Hier noch ein Erlebnis, das ich vor einigen Jahren mit einer jungen Dame hatte, die sich auf zwei Uhr nachmittags in meine Sprechstunde angemeldet hatte. Ich war an jenem Tag etwas bedrängt mit Arbeit, und mein Stundenplan war ein wenig aus der Ordnung gekommen. So kam es, daß ich erst fünf Minuten nach zwei in das Sprechzimmer trat, wo meine Besucherin bereits wartete. Ich bemerkte sofort, daß sie schlechter Laune war. Sie preßte die Lippen zusammen, und als ich sie begrüßte, sagte sie: »Es ist jetzt fünf Minuten nach zwei, und wir hatten eine Verabredung auf zwei Uhr. Ich schätze Pünktlichkeit sehr.«

»Genauso geht es mir auch«, sagte ich lächelnd, »und ich hoffe, Sie werden mir meine Verspätung verzeihen.«

Meine Besucherin war aber keineswegs freundlich gesinnt, und ohne weitere Überleitung sagte sie: »Ich muß Ihnen ein äußerst wichtiges Problem unterbreiten, auf das ich unbedingt eine klare Antwort erhalten muß. – Ich will es in kurze Worte fassen: Ich will heiraten.«

»Nun«, sagte ich, »das ist ein völlig normaler Wunsch, und ich will Ihnen gerne behilflich sein.«

»Ich muß wissen, warum ich nicht geheiratet werde«, fuhr sie fort. »Jedesmal, wenn ich eine Freundschaft mit einem Mann anbahne, ist sie auch schon wieder dahin. Ich treffe meine Verehrer meist nur einmal. Ich werde nicht jünger, und da Sie eine Sprechstunde für persönliche Probleme eingerichtet haben, überlasse ich Ihnen die Lösung meines Problems. Können Sie mir sagen, warum ich nicht heiraten kann?«

Während sie sprach, hatte ich sie beobachtet, um herauszufinden, ob sie der Typ sei, der eine offene Antwort ertragen könne. Wenn es ihr wirklich ernst war, konnten ihr einige Wahrheiten nicht erspart bleiben. Ich kam zur Einsicht, sie habe das nötige Kaliber, um die Medizin, die ich ihr verabreichen wollte, zu verdauen. »Gut«, sagte ich, »wir wollen Ihren Fall analysieren: Offensichtlich verfügen Sie über einen klaren Verstand und eine starke Persönlichkeit – und, wenn ich so sagen darf, Sie sind eine sehr hübsche Frau.«

Das war alles wahr; ich machte ihr dort, wo es am Platz war, Komplimente, dann aber sagte ich: »Ich glaube zu wissen, wo Ihre Schwierigkeiten liegen. Sie machten mir schwere Vorwürfe, weil ich Sie fünf Minuten zu spät empfangen habe. Haben Sie sich auch schon überlegt, daß darin eine Ungerechtigkeit liegen könnte? Ich kann mir vorstellen, daß es für einen Ehemann nicht leicht wäre, wenn er bei jeder Gelegenheit von Ihnen gemaßregelt würde. Dadurch würden Sie einen solchen Druck auf Ihren Mann ausüben, daß eine Verbindung kaum glücklich werden könnte. Liebe kann nicht in der Unterwerfung leben.«

Dann sagte ich: »Sie haben eine sehr entschlossene Art, Ihre Lippen zusammenzupressen. Das beweist mir Ihren Wunsch, zu herrschen und zu dominieren. Erwachsene Männer aber – das müssen Sie sich merken – schätzen es nicht, beherrscht zu werden, besonders nicht, wenn sie es merken. – Ich kann mir vorstellen, daß Sie eine sehr anziehende Frau wären, wenn Sie diese zwei harten Falten um Ihren Mund zum Verschwinden bringen könnten. Was Ihnen fehlt, ist etwas Weichheit, Zärtlichkeit – und Ihre Mundlinie ist zu hart, um diese Gefühle aufkommen zu lassen.«

Dann warf ich einen Blick auf ihr Kleid, das offensichtlich sehr teuer, aber keineswegs kleidsam war. Ich fügte bei: »Nehmen Sie es mir nicht übel, denn es geht mich nichts an, aber ich glaube nicht, daß Ihnen dieses Kleid sehr gut steht.« Trotz dieser nicht gerade taktvollen Bemerkung, die ich ihr aber nicht ersparen konnte, behielt sie Haltung und lachte: »Danke!« sagte sie. »Sie nehmen wirklich kein Blatt vor den Mund, aber ich habe Sie verstanden.«

Dann schlug ich ihr vor, ihre Haare ein bißchen anders und attraktiver aufzumachen. Ich empfahl ihr auch, einen kleinen Hauch Parfum nicht zu verschmähen. »Das wichtigste aber ist eine Änderung Ihrer inneren Haltung. Lassen Sie die harten Falten im Gesicht verschwinden, denken Sie großzügiger und freundlicher, und dadurch werden Sie auch jenen Charme entwickeln, über den Sie zweifellos verfügen.«

»Ich muß sagen«, bemerkte sie, »daß ich niemals von einem Pfarrer solche Ratschläge erwartet hätte.«

»Das kann ich verstehen«, sagte ich, »doch heute müssen wir die menschlichen Probleme in ihrer Gesamtheit erfassen.«

Ich erzählte ihr dann von meinem alten Professor an der Wesleyan-Universität. R. Walker sagte: »Gott führt einen Schönheitssalon!« Er erzählte mir von vielen jungen Mädchen, die – wenn sie in das College eintraten – sehr hübsch waren.

Kamen sie aber zwanzig oder dreißig Jahre später zu einer Klassenzusammenkunft, war ihre ganze Schönheit dahin. Andere Mädchen hingegen, die in ihrer Jugendzeit nichts weniger als hübsch waren, kehrten nach Jahren als blühende, hübsche Frauen wieder. »Der Unterschied liegt darin«, erklärte mein Lehrer, »daß diese die Schönheit des Geistes- und Gemütslebens auf ihrem Gesicht widerspiegelten.« Und er fügte bei: »Gott führt tatsächlich ein Schönheitsinstitut.«

Die junge Dame dachte einige Minuten über meine Worte nach, und dann sagte sie: »Ich glaube, Sie haben recht. Ich will es versuchen.« Und in diesem Punkt kam ihr ihre starke Persönlichkeit sehr zustatten: *sie versuchte es wirklich!*

Nach Jahren traf ich sie wieder an einem meiner Vorträge. Eine sehr hübsche Frau mit einem gutaussehenden

Mann und einem kleinen Knaben begrüßte mich und fragte lächelnd: »Nun, wie steht es mir?«

»Was meinen Sie?« fragte ich erstaunt.

»Mein Kleid«, antwortete sie, »steht es mir nicht besser?«

Verlegen sagte ich: »Doch, ich finde es ausgezeichnet, aber warum fragen Sie mich?«

»Kennen Sie mich nicht mehr?« fragte sie. »Ich sehe so viele Menschen, daß ich mich nicht an alle erinnern kann«, sagte ich. »Offen gestanden – ich glaube nicht, Sie je gesehen zu haben.«

Dann erinnerte sie mich an unser Gespräch vor vielen Jahren und stellte mir ihren Mann und ihren Sohn vor. »Was Sie damals sagten, war wahr. Ich war das unglücklichste Mädchen der Welt, doch ich habe mich in die Hand genommen, und Ihre Vorschläge haben sich bewährt.«

Ihr Mann sagte, er könne sich keine bessere und liebenswertere Frau wünschen.

Sie hatte offensichtlich das »Schönheitsinstitut Gottes« besucht ...

Sie bemühte sich nicht nur um eine freundlichere und großzügigere Geisteshaltung, sondern sie nutzte eine Gabe, die sie in hohem Maße besaß, auch richtig aus, nämlich ihren *Willen,* das zu erreichen, was sie sich wünschte. *Sie war bereit, etwas zu tun, um ihre Träume zu verwirklichen.*

Der Grundsatz lautet: *Wisse zuerst, was du willst; dann prüfe, ob es eine gute Sache ist. Ändere deine Geisteshaltung in einer Richtung, die dich dem Gewünschten nahebringt, und habe Vertrauen. Die schöpferische Kraft des Glaubens und des Vertrauens ist es, die unsere Ziele verwirklicht.*

Wer sich mit der dynamischen Kraft des menschlichen Denkens befaßt, stößt immer wieder auf den praktischen Wert der Lehren Jesu, besonders der Worte: *»Euch geschehe nach eurem Glauben.«* (Matthäus 9,29). Nach deinem Glauben an dich selbst, an deinen Beruf, nach deinem Vertrauen in Gott, so weit wirst du gehen und nicht weiter. Wenn wir an uns selbst, an unsere Möglichkeiten, an unsere Arbeit und an Gott glauben, wenn wir hart arbeiten und mit ganzem Herzen dabei sind, dann können wir praktisch alles erreichen, was wir dank unseren Fähigkeiten und unserer Verantwortlichkeit erstreben.

Wenn sich je ein Hindernis vor dich stellt, dann halte an, schließe einen Moment die Augen, stelle dir alles bildhaft vor, was sich hinter der »Barriere« befindet, und dann wirf dein Herz über das Hindernis und folge ihm.

In der Tiefe unserer Vorstellungskraft entwickeln sich Kräfte, die uns das Beste bringen – wenn wir das Beste erwarten.

Ein junger Mann im Alter von 26 Jahren konsultierte mich, weil er in seinem Beruf keine Befriedigung fand. Er strebte danach, im Leben einen besseren und verantwortungsvolleren Platz einzunehmen, und seine Motive schienen anständig und gut zu sein.

»Nun, *was* stellen Sie sich vor?« fragte ich ihn.

»Das kann ich nicht genau beschreiben«, sagte er unsicher. »Ich habe darüber nie recht nachgedacht. Ich weiß nur, daß ich etwas *anderes* suche, als ich jetzt ausübe.«

»Wo liegen Ihre besten Fähigkeiten?« fragte ich.

»Ich weiß nicht«, sagte er, »ich habe darüber nie nachgedacht.«

»Aber *was* würden Sie tun, wenn Sie wählen könnten?« drängte ich.

»Es ist mir unmöglich, Ihnen eine genaue Antwort zu geben«, sagte er. »Ich habe mir das alles nie genau überlegt. Vielleicht sollte ich einmal darüber nachdenken.«

»Sehen Sie«, sagte ich, »Sie wollen Ihren jetzigen Arbeitsplatz verlassen und einen andern suchen, doch Sie wissen nicht, wohin Sie sich wenden wollen. Sie wissen nicht einmal, *was* Sie tun *könnten* und was Sie tun *möchten. Bevor Sie Ihren Weg unter die Füße nehmen, müssen Sie Ordnung in Ihre Gedanken bringen!*«

Hier ist der springende Punkt bei vielen Menschen. Sie haben irgendeine vage Idee, was sie möchten – doch sie verfügen über keine konkreten Vorstellungen. *Unbestimmte Ideen aber führen nie zu konkreten Tatsachen.*

Wir machten dann eine genaue Analyse des jungen Mannes und prüften seine Fähigkeiten sorgfältig. Es stellte sich heraus, daß er auf Gebieten besondere Begabungen hatte, von denen er überhaupt nichts wußte. Um ihn aber aus seiner passiven Haltung herauszureißen, war ein wirksamer Ansporn nötig. Wir machten ihn mit den Grundsätzen und Methoden einer positiven und vertrauenden Denkweise bekannt, und heute ist er auf seinem richtigen Weg.

Jetzt weiß er erstens, *wohin* er will, und zweitens, *wie* er sein Ziel erreichen kann. Er weiß, was für ihn das Beste ist, und er glaubt an seine Verwirklichung. Nichts wird ihn auf seinem Weg noch aufhalten können.

Ich fragte einst einen bekannten Zeitungsmann: »Wie wurden Sie an dieser hervorragenden Zeitung Redaktor?«

»Das ist einfach«, sagte er, »ich wollte es werden.«

»Hat das genügt?« fragte ich.

»Nun, vielleicht nicht ganz, aber es war der wichtigste Teil des Vorgangs«, sagte er. »Ich glaube daran, daß wir unsere Ziele erreichen, wenn wir mit Entschiedenheit wissen, was wir wollen. Ein Ziel, das gut überlegt ist und zu unserem Besten dient, wird sich verwirklichen, wenn wir in unseren Gedanken ein konkretes Bild davon festhalten. Dazu kommt natürlich verantwortungsbewußte, disziplinierte Arbeit und der beharrliche, vertrauende Glaube an seine Verwirklichung. Dadurch werden geistige Kräfte ausgelöst, die den Erfolg herbeiziehen. Es gibt eine geheimnisvolle Kraft«, erklärte er, »die jene Ideen verwirklicht, die wir konkret, gläubig und vertrauend in uns tragen.«

Der Redaktor zog eine abgegriffene Karte aus seiner Tasche und überreichte sie mir mit den Worten: »Diesen Text lese ich jeden Tag. Er wurde mein Lebensgrundsatz, und er hat sich bewährt.« Ich habe den Text abgeschrieben. Er lautet: *»Ein Mensch, der an sich selber glaubt, positiv ist und der seine Arbeit in der festen Erwartung des Erfolgs anpackt, erhält den starken Beistand aller schöpferischen Kräfte des Universums.«*

Es ist eine Tatsache, daß Menschen, die in sich selber Vertrauen haben, mit magnetischer Kraft das Schöpferische entwickeln, das ihnen hilft, ihre Ziele zu verwirklichen. Darum sollen wir immer das Beste erwarten und unsere Gedanken nie in negative Richtungen abgleiten lassen. Schalten wir alle verneinenden und pessimistischen Gedanken aus, denn *was immer wir in unserem Geiste hegen – es wird dort wachsen und gedeihen, im Guten wie im Schlechten.* Nehmen wir darum die besten und gläubigsten Gedanken in uns auf, glauben wir daran, *erschauen* wir sie, beten wir darum, schützen wir sie gegen negative Einflüsse durch unser Vertrauen in Gott und in uns selber.

Vielleicht gibt es Leser, die der Meinung sind, es gehe ihnen so schlecht, daß eine Änderung der Lage niemals durch eine noch so starke neue Denkweise *allein* herbeigeführt werden könne. Die Antwort auf diesen Einwand lautet: *So ist es eben nicht!* Selbst wenn wir auf dem Boden liegen, steckt das Gute und Positive immer noch in uns. Wir brauchen es nur zu *entdecken, zu erwecken* und *aufzurichten.* Das aber braucht Mut und Charakterstärke. Was uns immer am meisten not tut, ist Vertrauen. Wer Vertrauen entwickelt, wird auch Mut und Charakter erhalten.

Eine Frau wurde als Verkäuferin von Staubsaugern angestellt. Sie hatte weder Erfahrung noch Übung in diesem Beruf; sie glaubte nicht an einen Erfolg, ja sie war fast sicher, daß sie versagen würde. Selbst wenn sie gebeten wurde, einen Staubsauger vorzuführen, hatte sie kaum den Mut, das Haus zu betreten. Sie war überzeugt, daß es ihr kaum gelingen werde, einen Apparat zu verkaufen.

Eines Tages hatte sie das Glück, mit einer Kundin, der sie ihr Leid klagte, in ein freundschaftliches Gespräch zu kommen. Die Frau hörte geduldig zu und sagte dann: »Wenn Sie Mißerfolg erwarten und befürchten, werden Sie ihn auch haben. Wenn Sie aber an Ihren Erfolg glauben, wird er sich auch einstellen. Ich will Ihnen einen Grundsatz sagen, der Ihnen helfen kann. Sie werden dadurch mehr Vertrauen in sich selbst gewinnen. Ihre Gedanken werden sich ändern, und der Erfolg wird nicht ausbleiben. Glauben Sie daran, und Sie werden überrascht sein, wie er wirkt. Hier ist er: ›Ist Gott für uns, wer mag wider uns sein?‹ (Römer 8,31). – Beziehen Sie aber diesen Satz ruhig auf sich selber, und sagen Sie: ›Wenn Gott *für mich ist,* wer will *gegen mich* sein?‹«

Die Frau lernte diesen Grundsatz anzuwenden. Sie betrat jedes neue Haus in der *positiven,* vertrauenden Erwartung eines Erfolges.

Was unser Geist gläubig, mit ganzem Herzen, mit dem ganzen Einsatz unserer Persönlichkeit erwartet, verwirklicht sich.

Dieses große Gesetz können wir in drei Worte fassen: *Vertrauen wirkt Wunder!* In diesen Worten liegt dynamische und schöpferische Kraft. Wenn wir sie tief in unser Unterbewußtsein aufnehmen, können sie jede Schwierigkeit überwinden. Behalten wir sie darum in unseren Gedanken, wiederholen wir sie täglich, so lange, bis sie ganz in unser Denken eingegangen sind, bis wir fest an sie glauben: Vertrauen wirkt Wunder.

Ich hege nicht den geringsten Zweifel an der Wirksamkeit dieser Erkenntnis. Allzuoft habe ich ihre praktische Bewährung miterlebt und selber erfahren. Mein Glaube an die Kraft des Vertrauens ist grenzenlos.

Jedes Hindernis kann durch Vertrauen genommen werden, ja die erstaunlichsten Ziele können sich dadurch verwirklichen. Und es gibt kein besseres Mittel, Vertrauen zu gewinnen, als täglich die erhabenen Worte der Bibel in uns aufzunehmen. Wenn wir jeden Tag ihre Lehren in uns aufnehmen, damit sie unser Denken umwandeln und erhöhen können, werden sich in unserem Geistes- und Gemütsleben erstaunliche Wandlungen vollziehen.

Nur ein kleiner Teil der Bibel soll dies bezeugen, das 11. Kapitel Markus, das einige der größten und überzeugendsten Wahrheiten enthält: »*Jesus antwortete und sprach zu ihnen: Habt Glauben an Gott. Wahrlich, ich sage euch: Wer zu diesem Berg sagt: Hebe dich empor und wirf dich ins Meer! und in seinem Herzen nicht zweifelt, sondern glaubt, daß geschieht, was er sagt, dem wird es zuteil werden. Darum sage ich euch: Alles, was ihr bittet in eurem Gebet, glaubet nur, daß ihr's empfangen werdet, so wird's euch werden.*« (Markus 11,22–24)

Der Berg – das sind unsere Kümmernisse, unsere Sorgen und Schwierigkeiten, unsere eigenen Schwächen und unser Unvermögen. Werfen wir unsere Schwierigkeiten ins Meer! Zweifeln wir nicht mehr – und es wird uns »zuteil werden«: wir werden uns selber finden, uns entfalten, Kraft gewinnen und uns innerlich erheben.

Ich habe hier keine eigenen Theorien aufgestellt, sondern diese Gedanken entstammen dem tiefsten und inhaltsreichsten Buch, das der Menschheit bekannt ist. Alle Generationen seit Christus haben – trotz ihrer wissenschaftlichen Fortschritte – der Bibel größte Beachtung geschenkt. Die Menschheit hat in den Geist und die Kraft dieses Buches größeres Vertrauen als in irgendein anderes Buch, und die Bibel sagt uns, daß die Kraft des Vertrauens Wunder wirkt.

Es steht geschrieben: »Wer zu *diesem* Berg sagt …«, das heißt: Wir müssen unsere Anstrengungen nicht gleich auf die ganze Kette der Alpen richten, sondern *auf einen ganz bestimmten Berg,* auf ein ganz bestimmtes Hindernis, das sich uns entgegenstellt, auf eine ganz bestimmte Schwäche, die wir überwinden müssen. Eines nach dem andern!

Wenn wir etwas erstreben, müssen wir uns zuerst fragen: »Darf ich mir dies wünschen?« Diese Frage muß in stiller Meditation und im Gebet aufrichtig geprüft werden. Wollen wir es wirklich – und *warum* wollen wir es? Wenn wir die Frage ehrlich bejahen können, wenn wir unserer Sache sicher sind und wenn unser Wunsch so ist, daß wir Gott darum bitten dürfen, dann sollen wir nicht damit zurückhalten. Bitten wir Gott von Herzen darum! Und sollte Gott, der mehr weiß und größere Einsichten hat als wir Menschen, entscheiden, unser Wunsch solle *nicht* erfüllt werden, dann brauchen wir uns keine weiteren Sorgen darüber zu machen. Ist es aber ein *guter* Wunsch, dessen Erfüllung zu unserem Besten dient, dann dürfen wir mit gutem Gewissen und ohne Zweifel im Herzen darum bitten.

Einer meiner Freunde, ein initiativer, tatkräftiger und sehr geschätzter Industrieller, der zugleich ein aufrichtiger und gläubiger Christ ist, hat mir die Wahrheit dieser Erkenntnis bestätigt. Er leitet die größte Bibelvereinigung der USA, und er steht in seinem Beruf einem Werk vor, das 40 000 Menschen beschäftigt.

Auf seinem Pult liegen einige religiöse Bücher, und mein Freund, der von ganzer Seele an die göttliche Kraft des Vertrauens glaubt, ist auch fest davon überzeugt, daß Gott jederzeit in seinem Büro zugegen ist. Er sagt: »Wir müssen ein großes, schöpferisches Vertrauen entwickeln, nicht irgendein lahmes, laues, kleingläubiges Vertrauen. Wir brauchen uns nicht darum zu sorgen, ob die Kraft des Vertrauens wissenschaftlich beweisbar sei oder nicht. Ich *bin* Wissenschaftler in meiner täglichen Arbeit, und ich habe gelernt, wissenschaftliche Erkenntnisse in meiner beruflichen Aufgabe anzuwenden. Genauso habe ich gelernt, die Erkenntnisse der Bibel *praktisch zu leben. Die Wahrheiten der Bibel sind eine Realität, an die ich ebenso glaube wie an eine wissenschaftliche Erkenntnis.*« Als mein Freund die oberste Leitung seiner riesigen Werke übernahm, flüsterte man unter seinem Personal: »Jetzt werden wir die Bibel in den Betrieb mitnehmen müssen!« Einige der Spötter ließ mein Freund wenige Tage nach seinem Antritt in sein Büro kommen und sagte: »Ich habe vernommen, daß Sie der Meinung sind, Sie müßten nun, da ich Direktor geworden bin, eine Bibel zur Arbeit mitbringen.«

Verlegen sagten sie: »Wir meinten es nicht böse ...«

Mein Freund antwortete: »Ich glaube, das wäre eine ausgezeichnete Idee, aber ich lege keinen Wert darauf, daß Sie die Bibel in der Tasche oder unter dem Arm herumtragen. Wenn Sie sie aber in *Ihrem Herzen und in Ihrem Kopf* mitbringen, dann würde ich dies sehr begrüßen. Wenn Sie guten Willen, positive Gedanken und Vertrauen zur Arbeit mitbringen, dann glaube ich, daß wir ausgezeichnet zusammenarbeiten werden.«

Wir wollen die Worte vom Berg, den unser Glaube versetzen kann, nie mehr vergessen. Lesen wir sie immer wieder, besser, lernen wir sie auswendig, bis sie ein fester Bestandteil unseres Denkens geworden sind.

Ich schlage Ihnen vor, immer dann, wenn Sie das Leben vor irgendein Problem stellt, zu sagen: *»Ich glaube, daß Gott mir die Kraft gibt, das Beste daraus zu machen.«*

Erwähnen wir nie das Schlechte und den Mißerfolg. Denken wir nicht einmal daran! Mindestens zehnmal am Tag sollen wir denken: *»Ich erwarte das Beste, und mit Gottes Hilfe werde ich es erreichen.«*

Mit einer solchen Geisteshaltung werden unsere Gedanken eine Richtung einschlagen, die tatsächlich zur Verwirklichung des Besten führt.

Kapitel 8

Ich glaube an das Gelingen

Wenn Sie noch in negativen Gedankengängen stecken, rufe ich Sie auf, diese über Bord zu werfen. Schlagen Sie sich endgültig zu den Menschen, die den Grundsatz »Ich glaube an das Gelingen« praktisch anwenden.

Wenn Sie die folgenden Erlebnisse lesen, ihre Zusammenhänge und Erkenntnisse studieren und sie sinngemäß bei Ihren eigenen Problemen anwenden, wird es auch Ihnen gelingen, Hindernisse zu überwinden, die Ihnen vielleicht augenblicklich unbesiegbar erscheinen.

Ich hoffe, Sie gehören nicht zu den »Hindernisleuten«, die überall nur Schwierigkeiten und schlechte Entwicklungen voraussehen. Ein mir bekannter Geschäftsmann, der ein großes Unternehmen besitzt, hatte – dieser Gewohnheit wegen – den Spitznamen »Hindernismann« erhalten. Eines Tages wurde ihm aber eine Lektion zuteil, die ihn auf seine unglückliche Art aufmerksam machte und ihn gründlich davon heilte.

Die Direktoren seiner Firma planten ein geschäftliches Projekt, das einerseits bedeutende Investitionen verlangte und anderseits, nebst einigen Risiken, auch schöne Erfolge versprach. Als die Angelegenheit besprochen wurde, machte unser »Hindernismann« mit gerunzelter Stirne die übliche Einwendung: »Nur einen Augenblick! Zuerst wollen wir einmal die Hindernisse, die sich uns entgegenstellen können, betrachten.« (Solche Einwendungen werden meist in einer »weise sein wollenden«, schulmeisterlichen Art vorgetragen, die aber doch nur der Ausdruck innerer Unsicherheit ist.)

Einer der älteren Direktoren, der seines bescheidenen Wesens und seiner Tüchtigkeit wegen sehr geschätzt war, sagte hierauf:

»Warum wollen Sie stets die Hindernisse eines Projektes in den Vordergrund stellen anstatt die positiven Möglichkeiten?«

»Wenn wir klug handeln wollen«, antwortete der »Hindernismann«, »muß man immer Realist sein, und es ist eine Tatsache, daß dieses Projekt einige Hindernisse in sich birgt. Darf ich Sie fragen, welche Einstellung Sie dazu einnehmen?«

Ohne sich zu besinnen, sagte der Direktor: »Welche Einstellung? Ganz einfach: Ich würde sie aus dem Weg räumen und sie vergessen.«

»Das ist leichter gesagt als getan«, gab der Schwarzseher zur Antwort. »Darf ich Sie ferner fragen, welches Wundermittel Sie kennen, mit dem man Hindernisse einfach aus dem Weg räumen und vergessen kann? Ich möchte es gerne kennenlernen.«

Mit einem feinen Lächeln auf dem Gesicht sagte der andere: »Mein Lieber, ich habe in meinem Leben eine Menge Hindernisse aus dem Weg geräumt, und es ist mir nie eines begegnet, mit dem ich nicht fertig geworden bin, vorausgesetzt, daß ich genug Vertrauen, Mut und Arbeitsfreude aufgebracht habe. Hier, lesen Sie diesen Grundsatz, und sagen Sie mir nicht, er sei nichts wert, denn ich habe ihn hundertfach erprobt.«

Mit diesen Worten zog er aus seiner Brieftasche eine Karte und reichte sie seinem Gesprächspartner über den Tisch: »Bitte, lesen Sie sie laut vor!« Langsam und mit unsicherer Stimme las dieser: »Ich vermag alles durch den, der mich stark macht, Christus.« (Philipper 4,13)

Indem er seine Karte wieder in die Brieftasche steckte, sagte ihr Besitzer: »Ich bin ein alter Mann geworden und habe in meinem Leben viele Schwierigkeiten gehabt, aber in diesen Worten steckt eine dynamische Kraft, und mit ihr kann jedes Hindernis überwunden werden.«

Er sagte diese Worte mit innerer Überzeugung. Die Tatsache, daß dieser alte, erfolgreiche und aufrechte Mann, der in keiner Weise ein Frömmler war, mit solcher Überzeugung an diese Worte glaubte, machte auf die Konferenz einen großen Eindruck. Jedenfalls verstummte die negative Diskussion, das Projekt wurde zur Ausführung beschlossen und erwies sich trotz aller Hindernisse und Risiken als Erfolg.

Der Grundsatz dieses Mannes basiert auf der primären Tatsache, daß wir Hindernisse, wie immer sie auch beschaffen sein mögen, *nicht fürchten* dürfen. Wer glaubt, daß Gott mit ihm ist und Er ihm die Kraft gibt, vorwärtszuschreiten, braucht keine Angst zu haben.

Das erste, was wir angesichts einer Schwierigkeit zu tun haben, ist: sich ihr entgegenzustellen und sie anzugreifen, anstatt über sie zu jammern. Wir wollen nicht auf Händen und Knien durchs Leben kriechen, sondern *als aufrechte Menschen einhergehen.* Wenn wir unseren Hindernissen in dieser *Haltung* entgegentreten, werden wir feststellen, daß sie nicht halb so gefährlich sind.

In seinem Buch »Maximen und Reflexionen« erzählt Winston Churchill vom britischen General Tudor, der eine Division der 5. Britischen Armee kommandierte, die im März 1918 die große deutsche Offensive erwartete. Die Aussichten standen denkbar schlecht, doch Tudor wußte, wie er mit ihnen fertig werden mußte. Er stellte sich dem Sturm entgegen, und der Sturm brach sich an ihm. Churchill schreibt: »Der Eindruck, den ich von General Tudor erhielt, war der eines eisernen Pflocks, der tief und unverrückbar in der gefrorenen Erde stak.«

Tudor wußte, wie man sich Hindernissen entgegenstellt: Man muß dem Hindernis Eindruck machen. Fest stehen, nicht nachgeben – und das Hindernis wird nicht uns, sondern sich selber zerbrechen. Wenn wir Vertrauen haben, wird es gelingen. Vertrauen ist das erste, was wir brauchen. Es genügt, ja es ist mehr als genug. Wenn wir den Grundsatz »Ich vermag alles durch den, der mich stark macht, Christus« praktisch anwenden und wenn wir in uns ein starkes Vertrauen in Gott und unsere eigenen Kräfte entwickeln, werden wir uns selber und unsere wahren Fähigkeiten erst recht kennenlernen. Je besser wir unsere Denkweise vom Negativen ins Positive umwandeln, um so stärker werden wir werden, und eines Tages können wir mit Ruhe und innerer Sicherheit sagen: »Ich glaube an das Gelingen.«

In einem klugen Sportbericht über den früheren Tennismeister Gonzales las ich den Satz: »Er ließ sich durch die verschiedenen Wechselfälle und Mißgeschicke eines

Spiels nie entmutigen.« Das heißt: Wenn auch ein Turnier schlecht aussah, wenn ihm dieses oder jenes Mißgeschick einen Streich spielte, vermochte dies nie die geistige Grundhaltung des Mannes zu beeinträchtigen. Mißgeschicke, schlechtes Wetter – das alles konnte keine negativen Gedanken aufkommen lassen, die ihm die Kraft zu siegen geraubt hätten. Und diese positive Geisteshaltung, durch die er sich durch nichts aus der Ruhe und aus dem Glauben bringen ließ, machte Gonzales zum unschlagbaren Meister. Er war fähig, Hindernissen ins Auge zu schauen, gegen sie anzutreten und sie zu überwinden.

Vertrauen schafft Standkraft. Es gibt uns auch *Durchschlagskraft und Ausdauer,* wenn das »Spiel« hart wird und größte Anstrengungen erfordert. Wenn alles wie am Schnürchen läuft, ist es keine Kunst durchzuhalten. Wenn das Leben aber besondere Anforderungen stellt, wenn sich scheinbar alles gegen uns wendet, dann braucht es *mehr,* und es ist etwas Großes um das Geheimnis, sich durch die verschiedenen Wechselfälle und Mißgeschicke nicht beirren zu lassen im Glauben an das Gelingen.

Sie mögen mir entgegenhalten, daß ich Ihre ganz persönlichen Probleme und besonderen Schwierigkeiten nicht kenne. Sie mögen sagen: »Meine Situation ist ganz anders als die anderer Leute, und ich bin so tief unten, wie nur ein Mensch unten sein kann.«

In diesem Fall haben Sie Glück! Denn wer so tief unten ist, daß es nicht mehr tiefer geht, der hat nur noch *eine* Möglichkeit: *aufwärtszukommen.* Ihre Situation ist also ermutigend und hoffnungsvoll, und ich rate Ihnen dringend, sich vom Gedanken abzuwenden, noch nie sei ein

Mensch mit *den* Schwierigkeiten fertig geworden, die Sie nun bedrücken. Solche Sorgen gibt es überhaupt nicht!

Praktisch gesehen gibt es nur einige wenige menschliche Schicksale. Die Situationen ändern sich mit einigen Variationen, doch man stellt immer wieder fest, daß alles schon da war. Diese Tatsache dürfen wir nie vergessen: Es gab Menschen, die mit jeder schwierigen Lage fertig geworden sind, auch mit derjenigen, die Sie gegenwärtig beschäftigt und die Ihnen vielleicht hoffnungslos erscheint. Auch andere haben damit gerungen, und sie fanden einen Weg aus der Misere.

Denken wir zum Beispiel an Amos Parrish, der zweimal im Jahr im großen Ballsaal des Waldorf-Astoria-Hotels in New York eine Konferenz mit den führenden Männern der amerikanischen Warenhäuser abhält, um mit ihnen geschäftliche Fragen, neue Verkaufs- und Werbemethoden und alle möglichen schwierigen geschäftlichen Probleme zu diskutieren. Nachdem ich selbst Gelegenheit hatte, einigen dieser Zusammenkünfte beizuwohnen, gelangte ich zur Überzeugung, daß der höchste Wert dieser Konferenzen im Mut und Selbstvertrauen und in der positiven Denkweise liegt, die Amos Parrish seinen Zuhörern vermittelt. Die Teilnehmer gehen nach Hause in der Gewißheit, daß es keine Schwierigkeiten gibt, die nicht überwunden werden können.

Amos Parrish ist ein lebendes Beispiel für die Philosophie, die er vertritt. Einst ein kränkliches, von Minderwertigkeitsgefühlen geplagtes, schwaches Kind, dem die Ärzte kein langes Leben voraussagten, und zudem mit dem Übel des Stotterns behaftet, hatte Amos ein geistiges Erlebnis, das ihn zur positiven, vertrauenden Denkweise führte. Er lernte seine eigenen Kräfte mit der Hilfe Gottes zu entfalten und einzusetzen und entwickelte seine Idee einer heute sehr begehrten Beratung von Geschäftsleuten. Heute gibt es unzählige führende Männer des Handels, die gerne bereit sind, eine hohe Summe zu bezahlen, wenn sie in seinen zweitägigen Konferenzen noch einen Platz finden können.

Noch jetzt hat A. P., wie er von seinen Freunden genannt wird, große Schwierigkeiten beim Sprechen. Er hat aber gelernt, mit Humor zu seinem Sprachfehler zu stehen, und es kommt oft vor, daß er – wenn ihm die Aussprache eines schwierigen Wortes einfach nicht gelingen will – darüber selbst einen Witz macht und damit den ganzen Saal zum Lachen bringt. Seine Zuhörer bewundern den Mann, der es verstanden hat, seine persönlichen Schwierigkeiten und seine Schwächen in einen Erfolg zu verwandeln.

Ich wiederhole: Es gibt keine Schwierigkeiten, die nicht überwunden werden können. Ein alter, weiser Neger, den ich einmal fragte, wie er mit seinen Sorgen fertig werde, sagte: »Wenn Sorgen auftauchen, versuche ich, sie zuerst zu umgehen. Wenn sie sich nicht umgehen lassen, versuche ich unten durchzukriechen, und wenn mir auch das nicht gelingt, probiere ich, sie zu überspringen. Versagt auch das, dann gehe ich *mittendurch!*«

Denken Sie immer wieder an den Grundsatz jenes erfahrenen Geschäftsmannes, den ich in diesem Kapitel erwähnt habe. Lesen Sie den Satz *»Ich vermag alles durch den, der mich stark macht, Christus«* immer wieder.

Prägen Sie sich diese Worte ein, und sagen Sie mehrmals: »Ich glaube es!« Wiederholen Sie diese Worte immer und immer wieder. Unser Unterbewußtsein, das Umstellungen immer zuerst von sich weist, mag sagen: »Du glaubst ja selber nicht an solche Worte!« Doch wir sollten uns immer daran erinnern, daß uns das Unterbewußtsein das zurückgibt, was wir ihm eingeben. Wenn wir ihm jahrelang negative Gedanken verabreicht haben, gibt es negative Gedanken zurück, die zu unseren Fehlleistungen führen.

Wir müssen uns dazu aufraffen, mit unserem Unterbewußtsein ein ernstes Wort zu reden: »Ich glaube diese Worte, und ich beharre darauf!« Und wer auf diese positive Weise Einfluß auf sein Unterbewußtsein hat, wird dadurch eine neue geistige Grundhaltung erzeugen. Mit der Zeit wird es unsere positiven Gedanken an uns zurückgeben, die Wahrheit nämlich, daß mit der Hilfe Gottes jedes Hindernis überwunden werden kann.

Eine wirksame Methode, unser Unterbewußtsein in die positive Richtung zu lenken, besteht in der Bekämpfung der kleinen negativen Ausdrücke, die sich in unsere Sprechweise eingeschlichen und sich darin festgesetzt haben. Als ich mir die Mühe nahm, meine eigene Sprache daraufhin unter die Lupe zu nehmen, war ich erstaunt, wie oft ich Sätze sagte wie: »Ich befürchte, ich werde zu spät kommen ...« oder: »Ich glaube nicht, daß ich mit dieser Arbeit je fertig werde ...« oder: »Ich glaube kaum, daß es mir möglich sein wird ...«, und wenn einmal etwas schiefging, sagte ich gedankenlos: »Genau das habe ich erwartet ...!«

Es geht hier um scheinbar unbedeutende negative

Gedanken, doch wir dürfen nie vergessen, daß sie sich im Laufe des Tages summieren und immer tiefer in unsere Denkweise eindringen. »Viele Hunde aber sind des Hasen Tod.« Und unversehens sind aus den kleinen, unwichtigen Floskeln größere und wichtigere negative Gedanken entstanden. So entschloß ich mich, diese kleinen negativen Bemerkungen gänzlich aus meiner Sprache auszuschalten. Der beste Weg besteht darin, sie durch andere, positive Bemerkungen zu ersetzen. Wenn wir davon überzeugt sind, daß sich alles zum Guten wendet, daß wir unsere Arbeit bewältigen können, daß wir durchhalten werden, wecken wir positive Kräfte und erzeugen erfolgreiche Resultate.

Ein Geist, der von negativen Gedanken gesäubert ist, arbeitet besser und verfügt über mehr Kraft als einer, der mit kleinlichen, pessimistischen Gedanken belastet ist.

Da die meisten Hindernisse, mit denen wir zu kämpfen haben, geistiger und charakterlicher Natur sind, müssen wir vor allem von negativen Gedankengängen geistig frei werden.

Sie mögen einwenden: »Meine Sorgen sind nicht geistiger Natur, sondern höchst real!«

Das mag stimmen, aber Ihre Einstellung dazu ist geistig bedingt. Jede Einstellung aber ist allein durch einen Denkprozeß möglich, und sie bestimmt weitgehend unser Handeln. Wenn wir glauben, daß es uns nicht möglich sein wird, eine Schwierigkeit zu meistern, dann werden wir auch nicht damit fertig werden.

Sagen wir uns aber, daß sie nicht so groß ist, wie wir zuerst glaubten, und daß sie durchaus überwunden werden *kann,* wird sie unserer Kraft weichen müssen, auch wenn wir nur zögernd und unsicher den Gedanken an eine erfolgreiche Überwindung begonnen und genährt haben.

Wer sich längere Zeit mit einer Schwierigkeit herumgeschlagen hat, soll sich immer fragen, ob er sich nicht seit Wochen, Monaten oder gar seit Jahren eingeredet hat, er könne nie damit fertig werden. Durch diese negative Denkweise wurde unser Geist langsam von unserer Unfähigkeit überzeugt, bis wir selber daran glaubten.

Wenn wir aber *eine neue Konzeption unserer Fähigkeiten* in uns aufnehmen, wenn wir daran glauben, daß wir alles vermögen »durch den, der uns stark macht, Christus«, entwickeln wir nicht nur eine neue Denkweise, sondern auch neue geistige Kräfte. Wir gewinnen die Überzeugung, gegen unsere Sorgen und Schwierigkeiten etwas unternehmen zu können, und eines Tages werden wir über Kräfte verfügen, die wir uns nie zugetraut hätten.

Vor Jahren spielte ich Golf mit einem Freund, der nicht nur ein glänzender Spieler, sondern auch ein Lebenskünstler ist. Ich plazierte meinen Ball sehr schlecht ins hohe Gras. Unwillig sagte ich: »Jetzt sitze ich in der Tinte. Bin gespannt, wie ich da wieder herauskomme.«

Mein Freund sagte lächelnd: »Habe ich nicht in Ihren Büchern etwas über die positive Denkweise gelesen?«

Etwas betreten mußte ich dies bestätigen.

»Ich würde Ihre Lage nicht so negativ beurteilen«, sagte er. »Glauben Sie, daß Sie diesem Ball einen guten Schlag versetzen könnten, wenn er in kurzem Gras läge?«

»Sicherlich!« sagte ich.

»Gut«, sagte er, »und warum befürchten Sie, es hier weniger gut zu können als im kurzen Gras?«

»Weil der Ball im kurzen Gras besser wegfliegt.«

»Wir wollen das etwas näher ansehen«, erwiderte mein Freund und kniete ins Gras. Ich tat es ihm gleich.

»Nun wollen wir schauen, wie der Ball liegt«, sagte er. »Sie sehen, daß er relativ gleich hoch liegt wie auf gutem Boden. Der einzige Unterschied besteht darin, daß wir hier etwa neun Zentimeter Gras über dem Ball haben. Schauen wir uns dieses Gras nun einmal etwas näher an!«

Mit diesen Worten riß er einige Halme ab und überreichte sie mir: »Ist das nicht ein sehr feines Gras?« fragte er. »Prüfen Sie nur, es läßt sich leicht zerreißen.«

»Sicherlich«, sagte ich, »das Gras ist sehr zart, doch ...«

»Ein leichter Schlag mit Ihrem Stock wird das Gras fast wie ein Messer zerschneiden.«

Und dann hörte ich eine weise Lehre, die ich meiner Lebtage nicht vergessen werde. Mein Freund sagte: »Sie sitzen also nicht in der Tinte. Die ›Tinte‹ stellen Sie sich nur vor. Geistig haben Sie bereits entschieden, daß hier ein Hindernis sei, das Ihnen Schwierigkeiten machen werde. Die Kraft aber, damit fertig zu werden, steckt ebenfalls in Ihnen. Sobald Sie sich vorstellen, wie Sie den Ball aus dem hohen Gras hinausbefördern, werden Sie es auch tun können. Ihr Körper wird Elastizität, Rhythmus und Kraft bekommen, und der schlechte Schuß kann sich im Nu in einen guten verwandeln.«

Noch heute erinnere ich mich mit Vergnügen an den kräftigen Schlag, der den Ball aus der »Tinte« in eine ausgezeichnete Position beförderte.

Unsere Schwierigkeiten sind Tatsachen, doch sie sind nie so schwerwiegend, wie sie erscheinen. Wenn wir uns ständig unserer Kräfte bewußt sind, können wir sie mit Gottes Hilfe überwinden. Versichern wir uns darum immer wieder, alles erfüllen zu können, was uns not tut. Glauben wir daran, daß die göttliche Kraft jede Angst und jede Spannung von uns nehmen kann und uns jene innere Ruhe und Sicherheit verleiht, die Glück und Erfolg bringen.

Drei Männer haben entscheidenden Einfluß auf die Denkweise des amerikanischen Volkes genommen: Emerson, Thoreau und William James. Wenn man den amerikanischen Geist bis in die heutigen Tage verfolgt, stellt man immer wieder fest, daß der wahre Geist der Pioniere, der sich nie durch irgendwelche Hindernisse und Schwierigkeiten einschüchtern ließ, stark von der positiven Philosophie dieser drei Männer beeinflußt worden ist.

Einer der fundamentalen Grundsätze Emersons besagt, daß der menschliche Geist mit göttlicher Kraft erfüllt werden kann; William James betonte, daß der stärkste Faktor bei jedem Unternehmen *der Glaube daran* ist, und Thoreau wußte, daß das Geheimnis eines Erfolges darin liegt, daß wir mit unserer Vorstellungskraft ein lebendiges Bild des erstrebten Zustandes in unserem Geist wachhalten.

Ein anderer weiser Amerikaner war Thomas Jefferson, der, wie Franklin, eine Reihe von Lebensregeln aufgestellt hat. Eine davon lautet: »Beginne alle Unternehmungen ruhig und ohne Hast.« Das heißt, wende eine Methode an, die nicht unnötige Widerstände herausfordert. Widerstand erzeugt Reibung, auch in der Mechanik, und die negative Denkweise erzeugt Hindernisse und Widerstände. Der positive Weg hingegen schaltet sie aus; er verläuft in Harmonie mit dem Unendlichen und vermindert nicht nur die Widerstände, sondern gibt zusätzliche Kraft. Es ist bemerkenswert, wie in allen Lebensaltern die Anwendung einer positiven Denkweise erstaunliche Resultate hervorrufen kann. Sie läßt sogar dort Erfolge erzielen, wo wir überzeugt waren, eine Niederlage erleiden zu müssen.

Eine Mutter sandte ihren 15jährigen Jungen in meine Beratung. Sie bat mich, ihn »aufzurütteln«, denn sie ärgerte sich sehr über die schlechten Noten in seinen Zeugnissen.

»Der Junge hat einen klugen Kopf«, sagte sie, »und er muß einfach mehr leisten.«

»Wieso wissen Sie, daß er einen ›klugen Kopf‹ hat?« fragte ich.

»Weil er mein Sohn ist!« sagte sie mit einigem Stolz und fügte bei: »Ich habe mein College mit der Auszeichnung *magna cum laude* abgeschlossen.«

Der Junge machte einen niedergeschlagenen Eindruck, und ich fragte ihn: »Nun, wo fehlt's?«

»Ich weiß nicht«, sagte er, »meine Mutter hat mich zu Ihnen geschickt.«

»Nun«, sagte ich, »du scheinst darob nicht gerade begeistert zu sein. Deine Mutter erzählte mir, daß deine Leistungen im College zu wünschen übriglassen.«

»Ja«, sagte er, »und ich befürchte, sie sind nicht einmal so gut, wie meine Mutter meint.«

»Glaubst du nicht, daß du intelligent genug bist, bessere Noten zu erzielen?«

»Meine Mutter behauptet, ich hätte einen ›klugen Kopf‹, doch ich merke nichts davon«, sagte der Junge, und in ernstem Ton fügte er bei: »Ich gebe mir Mühe, ich studiere die Materie, ich lese sie einmal, zweimal, dreimal, und dann prüfe ich mich, ob ich sie wirklich aufgenommen habe, doch meistens weiß ich nach dem dritten Studium sowenig wie zuvor. Dann gehe ich auf gut Glück in die Klasse, und wenn ich aufgerufen werde, weiß ich überhaupt nichts mehr. Kommen dann die Prüfungsaufgaben, sitze ich an meinem Pult, und es überläuft mich heiß und kalt, aber mein Kopf erinnert sich an nichts.« Entmutigt fügte er bei: »Ich weiß, daß meine Mutter eine gute Schülerin war, aber ich scheine es eben *nicht zu* sein.«

Diese negative Denkweise, kombiniert mit dem Minderwertigkeitsgefühl, das ihm die betonte Überlegenheit seiner Mutter einflößte, war ganz offensichtlich schuld an seinen Mißerfolgen.

Seine Gedankenkraft wurde dadurch gelähmt. Nie hatte ihm seine Mutter gesagt, er möge zur Schule gehen, um sich die Wunder und die Kraft des Wissens anzueignen. Sie war nicht gescheit genug, um ihn zum *Wettbewerb mit sich selber anzuspornen,* anstatt ihn immer wieder mit andern und ihren eigenen Leistungen zu vergleichen. Kein Wunder, daß der Junge unter diesem ständigen Druck versagen mußte.

Ich gab ihm einige Ratschläge, die sich als nützlich und hilfreich erwiesen. »Bevor du mit deinem Studium beginnst, halte einen Moment inne und sprich ein kleines Gebet: ›Lieber Gott, ich weiß, daß ich über einen normalen Verstand verfüge und daß ich fähig bin, meine Arbeit gut zu tun.‹ – Dann entspanne dich, und gehe hinter die Lektüre ohne Angst und Hast. Stelle dir vor, du würdest einen Roman lesen. Lies nicht zweimal, bevor du nicht den Wunsch dazu hast. Glaube daran, daß dein Geist fähig ist, den Stoff schon bei der ersten Lektüre aufzunehmen. Stelle dir das Gelesene bildhaft vor. Wenn du zur Schule gehst, sage dir: ›Ich habe eine liebe Mutter, und ich schätze sie sehr, doch in ihrer Jugend muß sie ein schrecklicher Bücherwurm gewesen sein, um so glänzende Noten zu erzielen. Will ich ein alter Bücherwurm werden? Nein! Ich verzichte auf das Prädikat *magna cum laude.* Mir genügt es, wenn ich mein Studium ordentlich und anständig abschließen kann.‹ In der Klasse, wenn der Lehrer dich aufruft, sprich vor der Antwort in Gedanken ein kleines Gebet und vertraue darauf, daß Gott dir beisteht, die richtige Antwort zu finden. Bei den Klausuren bitte Gott, jede Spannung und Angst von dir zu nehmen und dir zu helfen, die richtigen Lösungen zu finden.«

Der Junge befolgte diese Grundsätze, und im folgenden Semester verbesserte er seine Leistungen ganz merklich. Er hat die Philosophie des »Ich glaube an das Gelingen« erfaßt und wird sie in seinem Leben mit Erfolg weiterentwickeln.

Ich könnte so viele Beispiele dafür anführen, wie Menschen durch eine Änderung ihrer Denkweise ihr Leben veränderten, daß dieses Buch viel zu umfangreich würde. Alle diese Erlebnisse sind dem täglichen Leben entnommen; sie haben nichts mit grauer Theorie zu tun, sondern bewährten sich in der Praxis. Meine Post enthält fortwährend neue Zeugnisse von Menschen, die durch das Beispiel anderer Männer und Frauen aufgemuntert wurden, ihre negativen Gedanken fallenzulassen und sich auf eine positive Lebenshaltung umzustellen.

Einer dieser Briefe stammt von einem Mann, der von seinem Vater erzählt: »Mein Vater war ein reisender Geschäftsmann. Einmal verkaufte er Möbel, dann wieder Textilien und ein andermal Lederwaren. Er wechselte die Branche fast jedes Jahr. Ich hörte einmal, wie er zu Mutter sagte, dies sei der letzte Tag, an dem er Lampen verkaufe. Er habe eine Firma gefunden, die Produkte vertreibe, die sich fast von alleine verkauften. Nächstes Jahr würde alles ganz anders sein. Mein Vater aber bekam nie ein Produkt, das sich verkaufte. Er befand sich ständig in einer nervösen Spannung; er war stets in Ängsten über seine Fähigkeiten.

Eines Tages erhielt er von einem Kollegen die Kopie eines kleinen Gebets mit der Anweisung, es jeweils vor dem Besuch eines Kunden zu wiederholen. Mein Vater wagte den Versuch, und die Ergebnisse grenzten ans Wunderbare. Seine Verkäufe steigerten sich von Woche zu Woche bis zu einem Prozentsatz von 95 Prozent erfolgreicher Besuche, und schließlich gelang es ihm, während 16 Wochen bei jedem Kundenbesuch eine Bestellung zu erhalten. Das Gebet lautete:

»Ich glaube, daß ich immer unter Gottes Führung stehe. Ich glaube, daß Er mir hilft, immer auf dem rechten Weg zu bleiben. Ich glaube, daß Gott immer wieder eine Türe öffnen wird.«

Der Leiter eines kleinen Geschäftes, das mit großen Schwierigkeiten zu kämpfen hatte, erzählte mir von einer Methode, die ihm sehr viel half, seine Probleme zu bewältigen. Er litt unter der schlechten Gewohnheit, kleine Schwierigkeiten aufzublasen und sie zu vergrößern; doch anderseits war er kritisch genug, um zu erkennen, daß seine Probleme nicht so überwältigend waren, wie er sie sich oft fälschlicherweise vorstellte.

Seine »Methode« bestand darin, daß er auf seinem Pult ein Kästchen einrichtete, welches er mit der großen Aufschrift versah: »Mit Gott lassen sich alle Probleme lösen.« Jedesmal, wenn ihm ein Schriftstück in die Hand kam, das ihn vor ein scheinbar schwieriges oder unlösbares Problem stellte, hörte er auf, sich den Kopf zu zerbrechen, und legte es in dieses Kästchen. Und dort verblieb es für einen oder zwei Tage. »Es war eigenartig, wie alle diese Probleme, wenn ich sie nach einigen Tagen wieder zur Hand nahm, viel einfacher und leichter zu lösen waren«, sagte er.

Durch dieses Vorgehen unterstrich er den Grundsatz, die Dinge in Gottes Hände zu geben. Sein Lohn bestand darin, daß er Distanz und Kraft gewann, seine Probleme zu überlegen und ohne Aufregung zu lösen.

Wenn sie dieses Kapitel abschließen, bitte ich Sie, die folgende Zeile laut und langsam zu lesen:

»Ich glaube an das Gelingen!«

Machen Sie diese Überzeugung zu einem festen Bestandteil Ihres Denkens, damit sie auch von Ihrem Unterbewußtsein Besitz ergreift.

Kapitel 9

Wie man sich von seinen Sorgen befreit

Niemand braucht in seinen Sorgen unterzugehen. Wenn wir die »Sorge« auf ihre einfachste Form zurückführen, so bleibt nichts anderes übrig als eine ungesunde und destruktive Geisteshaltung. Wir wurden aber nicht damit geboren, sondern haben sie uns im Laufe der Jahre angeeignet. Wir *können* Angst und Sorge aus unserem Geistesleben verbannen. Da aber nur die mutige, direkte Aktion zu einer wirksamen Säuberung unseres Geistes führt, gibt es nur einen einzigen Zeitpunkt, den Kampf gegen unsere Sorgen aufzunehmen: *jetzt!* Wir wollen darum mit unseren Sorgen sofort brechen.

Doch warum sollten wir unsere Sorgen so ernst nehmen? Sind sie wirklich so wichtig? Dr. Smiley Blanton, eine Kapazität auf dem Gebiete der Psychologie, sagt: »Sorgen sind *die* große moderne Plage.« Und ein anderer berühmter Psychiater bestätigt es mit den Worten: *»Angst ist der größte Feind der menschlichen Persönlichkeit.«* Ein bekannter Arzt sagt: *»Sorgen gehören zu den gefährlichsten Krankheiten der Menschheit.* Tausende von Menschen leiden an Krankheiten, die ihren Ursprung in irgendeiner Angst oder Sorge haben.«

Wenn jemand seine Finger um unseren Hals legen und mit aller Kraft zudrücken würde, um uns die Luft abzuschneiden, so wäre dies eine drastische Illustration dessen, was wir uns zufügen, wenn wir unser Lebtag unter Angst und Sorge leiden und uns nicht davon befreien.

Wir wissen heute, daß Sorgen sehr oft eine entscheidende Rolle bei Arthritis spielen. Ärzte und Wissenschaftler, die sich eingehend mit dieser Krankheit befassen, bestätigen, daß bei schweren Fällen fast immer einer der folgenden Faktoren im Spiele ist: Geldsorgen, Enttäuschungen, Spannungen, Einsamkeit, Kummer, der Wunsch nach Kranksein, die üble Gewohnheit ständiger Sorgen.

An einer Klinik wurden mit 176 Personen in führenden Stellungen und im Alter von über 40 Jahren interessante Versuche gemacht. Man stellte fest, daß die Hälfte unter zu hohem Blutdruck, Herzschwäche oder Geschwüren litt. In jedem Fall war es offenkundig, daß die Sorgen dieser Kranken eine wichtige Rolle spielten.

Wer sich sorgt, lebt weniger lang als Menschen, die mit ihren Sorgen fertig wurden.

Ein Wissenschaftler, der sich besonders mit der Dauer des menschlichen Lebens befaßt, untersuchte 450 Menschen, die ein Alter von 100 Jahren erreichten. Er fand heraus, daß die folgenden Gründe bei der langen Lebensdauer dieser Menschen eine große Rolle spielten:

Sie blieben bis ins hohe Alter tätig.
Sie nahmen die Dinge ruhig und ohne Hast.
Sie aßen leicht und einfach.
Sie waren fröhliche Naturen und genossen das Leben im guten Sinne.

Sie gingen früh zu Bett und standen früh auf.
Sie befreiten sich von Angst und Sorge; sie fürchteten den Tod nicht.
Sie hatten Gottvertrauen.

Es gibt Menschen, die sagen: »Meine Sorgen machen mich fast krank!« Doch lachend fügen sie bei: »Ich glaube aber kaum, daß jemand wegen seiner Sorgen schon gestorben ist.« Doch hier irren sie! Sorgen können uns ernstlich krank machen. Dr. George W. Crile, ein berühmter Chirurg, sagt: »Wir fürchten nicht nur mit unserem Geist, sondern auch mit unserem Herzen und Hirn. Die Folgen einer Sorge können in den Zellen, Venen und Organen des Körpers wissenschaftlich festgestellt werden.«

Der Neurologe Dr. Stanley Cobb sagt, Sorgen seien eng verbunden mit den Symptomen der rheumatisch bedingten Arthritis.

Ein Arzt sagte mir kürzlich, Amerika leide an einer Art Epidemie von Sorge und Unruhe. »Alle Ärzte behandeln Krankheiten, die ihren Ursprung in der Angst, in angesammelten Sorgen und in einem Gefühl ständiger Unsicherheit haben.«

Trotzdem brauchen wir uns deswegen keine grauen Haare wachsen zu lassen. Es gibt einen sicheren Weg, unsere Sorgen zu meistern. Und der erste Schritt besteht einfach im Glauben, daß es uns mit Gottes Hilfe gelingen wird, der Sorgen ledig zu werden.

Das folgende Mittel ist der zweite Schritt dazu: Wir müssen unseren Geist täglich von unseren Sorgen säubern. Am besten vor dem Schlafengehen, damit unsere Sorgen nicht zurückgehalten werden und in unser Unterbewußtsein eingehen können, denn während des Schlafs dringen unsere Sorgen viel tiefer in unser Unterbewußtsein als im wachen Zustand. Darum sind die fünf Minuten vor dem Einschlafen von besonderer Bedeutung für unser Geistesleben. Gerade während dieser Zeit ist unser Geist besonders aufnahmefähig für Vorstellungen und Einbildungen.

Der praktische Vorgang der Geistessäuberung ist von größter Bedeutung bei der Überwindung unserer Ängste und Sorgen. Erst dann können wir den göttlichen Strom der Kraft und des Vertrauens wirklich in uns aufnehmen und ihn während der Zeit körperlicher Ruhe wirken lassen.

Wir können uns auch mit allem guten Willen nicht immer von sorgenden und ängstigenden Gedanken freihalten. Sie werden aber keine Macht über uns gewinnen können, wenn wir sie täglich wieder aus unserem Geist entfernen. Um dies zu erreichen, müssen wir uns in einem spezifischen Vorgang schöpferischer Vorstellungskraft üben. Konzentrieren wir unsere Gedanken auf die Vorstellung, unsere sämtlichen Sorgen, Befürchtungen, Ängste und Nöte würden unser Bewußtsein verlassen. Stellen wir uns irgendein deutliches Bild vor, zum Beispiel eine Badewanne, bei der wir den Stöpsel herausziehen und deren trübes Wasser sich nun gurgelnd entleert. Je bildhafter und deutlicher wir uns den Vorgang vorstellen, um so wirksamer wird er sein. Sprechen wir dabei ruhig und langsam die Worte: »Gott hilft mir nun, mein Denken von allen Sorgen und Ängsten zu befreien.« Wiederholen wir diese oder ähnliche Worte mehrmals, und geben wir uns dann die vertrauende Versicherung: »Ich glaube, daß mein Denken nun völlig frei ist von allen Sorgen, Ängsten, Befürchtungen und Minderwertigkeitsgefühlen.« Danken wir Gott für die Befreiung, und schlafen wir dann ruhig ein.

Dieser geistige Vorgang sollte je einmal am Vormittag und am Nachmittag wiederholt werden. Dafür sollten wir einen stillen Platz aufsuchen, an dem wir uns für fünf Minuten auf die Reinigung unseres Denkens konzentrieren können. Wer mit Vertrauen diese Übung vollzieht, wird ihre wunderbaren Folgen bald verspüren.

Der Vorgang kann auch dadurch unterstützt werden, daß wir uns unsere Sorgen einzeln vergegenwärtigen und jede für sich aus unserem Denken entfernen, als ob wir sie eigens herausholen würden. Kinder können sich solche Vorgänge viel intensiver und bildhafter vorstellen. Schlagen sie den Kopf an, können ihre Tränen sofort versiegen, wenn die Mutter den Schmerz »wegküßt«. Dieser einfache Vorgang funktioniert, weil das Kind wirklich daran glaubt, daß der Schmerz dadurch verschwindet. Die Dramatisierung des Wegnehmens des Schmerzes wird zur Tatsache. Darum müssen wir auch wieder lernen, unsere Vorstellungskraft auf die effektive Entfernung unserer Sorgen zu konzentrieren.

Die Vorstellung ist eine Quelle der Angst, aber auch eine Quelle der Sicherheit und des Vertrauens. Sich etwas vorstellen heißt: *geistige Bilder benützen, um Realitäten zu erreichen.* Wir haben die Wahl, mit unserer Vorstellungskraft ein Bild der Angst oder der Befreiung von ihr zu gewinnen. Was wir uns beharrlich vorstellen, kann sich unversehens zur Tatsache entwickeln.

Die wiederholte Übung in der »Entleerung« unseres Denkens von negativen Gedanken wird dazu beitragen, daß sie niemals überhandnehmen und uns ernsthaften Schaden zufügen können.

Es genügt aber nicht, unser Denken zu entleeren, denn es kann niemals leer bleiben. Es muß neu gefüllt werden, aber nicht mit Angst und Sorgen, sondern mit Mut, Vertrauen und Hoffnung. Sprechen wir darum wenn möglich laut Worte wie: »Gott erfüllt mein Denken mit Mut, Frieden und innerer Sicherheit. Gott beschützt mich vor Angst und Sorge. Gott führt mich. Gott hilft mir, richtige Entscheidungen zu treffen. Gott hilft mir weiter.«

Wenn wir jeden Tag ein halbes Dutzend Mal unser Bewußtsein mit solchen positiven Gedanken versorgen, wird bald kein Platz mehr für negative Ideen vorhanden sein. Angst gehört zu den mächtigsten Gedanken, die es gibt – aber ein mächtigerer Gedanke ist das *Vertrauen.* Vertrauen besiegt die Angst immer, es ist *die* Kraft, der keine Angst der Welt widersteht. Wenn wir täglich Gedanken des Vertrauens in uns aufnehmen, werden Angst und Sorge verschwinden. Nie sollten wir die Tatsache vergessen, daß wir dank vertrauenden Gedanken stets in der Lage sind, die Herrschaft der Angst zu brechen.

Der praktische Vorgang besteht darin, unser Bewußtsein zu säubern, um es dann mit positiven, vertrauenden und hoffnungsvollen Gedanken zufüllen.

Der Zeitpunkt, diese Ratschläge praktisch anzuwenden, ist

jetzt da, denn Sie haben diese Zeilen gelesen und die Überzeugung gewonnen, daß positive Gedanken eine Macht sind.

Die Bedeutung der geschilderten geistigen Säuberung kann gar nicht genug betont werden. Jede Angst, die wir während einer kürzeren oder längeren Zeit in uns nähren, birgt die Gefahr der Verwirklichung in sich. Eine der schwerwiegendsten und in ihrer Wahrheit schrecklichsten Feststellungen der Bibel lautet: »*Denn was ich fürchte, das kommt über mich, wovor ich schaudere, das trifft mich.*« (Hiob 3,25)

Was wir ständig befürchten, schafft in und um uns Bedingungen, die seine Verwirklichung fördern und anziehen. In einer Atmosphäre der Entmutigung und der schlimmen Erwartungen können schlechte Entwicklungen wachsen und gedeihen.

Doch wir brauchen uns über diese düstere Prophezeiung keine Sorge zu machen. Die Bibel betont immer wieder eine *andere,* große Wahrheit: daß das, was wir wahrhaft glauben, Wahrheit und Wirklichkeit wird. Sie sagt uns, daß alles möglich wird, wenn wir glauben und vertrauen, und daß uns nach unserem Glauben gegeben wird. Sobald wir unsere negativen und von Angst durchtränkten Gedanken aus unserem Kopf verbannen, hören wir auch auf, an der Verwirklichung unserer Befürchtungen zu arbeiten. Gesunde, bejahende Gedanken werden anstatt »Früchte des Zorns« solche des Vertrauens hervorbringen.

Wer seine Sorgen wirksam bekämpfen will, muß sich an eine *überlegte und überlegene Strategie des Denkens halten.* Ein frontaler Angriff gegen unsere Hauptsorge, in der

Hoffnung, sie gleich auf den ersten Anhieb zu überrennen, kann sich als recht schwierig erweisen. Vielleicht braucht es ein planmäßiges Vorgehen, damit jede einzelne Außenfestung Schritt für Schritt und einzeln erobert werden kann.

In meinem Garten stand ein großer, alter Baum, der zu meinem Leidwesen gefällt werden mußte. Die Holzfäller rückten mit einer Motorsäge an, und ich erwartete, sie würden nun gleich den Stamm durchsägen und den Riesen zu Fall bringen. Doch sie stellten Leitern an, entfernten zuerst die kleinen, dann die großen Äste und schließlich die Baumkrone. Am Ende stand nur noch der nackte Stamm, und innert weniger Minuten lag der alte, starke Baum auf dem Erdboden.

Einer der Männer sagte: »Wenn wir den Baum einfach gefällt hätten, wären umstehende Bäume beschädigt worden. Je kleiner man einen Baum vor dem Fällen macht, um so leichter wird man damit fertig.«

Der große Sorgenbaum, der während vieler Jahre in uns gewachsen ist, kann am besten gefällt werden, wenn wir ihn systematisch verkleinern. Darum müssen wir *zuerst an die kleinen Sorgen und Nöte gehen.* Wir können, wie bereits gesagt, alle negativen Ausdrücke aus unserer Sprechweise entfernen, denn auch gedankenlose, negative Ausdrücke erzeugen nichts Positives. Wenn sich verneinende Gedanken unser bemächtigen wollen, ersetzen wir sie sofort durch solche der Bejahung, des Vertrauens und der Hoffnung. Wenn wir denken: »Ich befürchte, den Zug zu verpassen!«, dann tun wir gut, sogleich umzudenken auf: »Ich werde rechtzeitig am Bahnhof sein.« Je weniger wir uns sorgen und aufregen, um so schneller sind wir reisebereit, denn nur ein klarer Kopf handelt ruhig, systematisch und ohne Zeitverlust.

Mein Freund Dr. Daniel A. Poling spricht jeden Morgen, bevor er aufsteht, dreimal die Worte: *»Ich glaube!«* Dadurch erinnert er sich bereits am frühen Morgen an die Kraft des Glaubens und prägt sich ein, daß mit Glaube und Vertrauen alle Probleme zu lösen sind. Er beginnt den Tag mit vertrauenden und schöpferischen Gedanken. Er *glaubt,* und Menschen, die von Glauben erfüllt sind, verfügen über mehr Kraft und stärkeres Durchsetzungsvermögen.

Ich erwähnte einst Dr. Polings »Ich glaube« in einem Radiovortrag. Hierauf erhielt ich den Brief einer Frau, die mir ihr Leid klagte. Ihre Religion bot ihr – so schrieb sie – wenig Trost, und ihr Heim war eine Stätte des Ärgers, der Sorge und des Unglücks. Ihr Mann trank, saß den ganzen Tag herum und jammerte, weil er keine rechte Stellung finden konnte. Ihre Schwiegermutter lebte im gleichen Haushalt und klagte den lieben langen Tag über ihre Krankheiten und Gebrechen.

Die Frau schrieb mir weiter, daß ihr die Methode Dr. Polings Eindruck gemacht hätte, und am nächsten Morgen sprach sie sich ebenfalls mit den Worten »Ich glaube – ich glaube – ich glaube – ich glaube« Mut zu. Wörtlich schrieb sie: »Nach zehn Tagen kam mein Mann heim und berichtete, er hätte eine Arbeit gefunden, und er versprach mir auch aufrichtig, weniger zu trinken. Was mich aber noch mehr erstaunte, ist die Tatsache, daß meine Schwiegermutter mit ihrem Gejammer aufhörte. Mir kommt es vor, als ob in unserem Hause ein Wunder geschehen wäre. Meine Sorgen sind beinahe verschwunden.«

Dieser Brief scheint vielleicht etwas übertrieben, und doch passieren täglich solche »Wunder«, wenn Menschen es fertigbringen, ihre negative Geisteshaltung aufzugeben, positive Gedanken und Gewohnheiten zu pflegen und um sich zu verbreiten.

Selten kannte ich einen Menschen, der so erfüllt war von Lebensfreude wie mein guter alter Freund, der Kunstmaler H. Ch. Christy. Seine gute Laune und sein Optimismus wirkten ansteckend, wo er auch auftauchte.

In meiner Kirche besteht die Tradition, daß sich der amtierende Pfarrer während seiner Amtszeit porträtieren läßt. Das Bild hängt dann bis zu seinem Rücktritt oder Tod in seinem Haus und kommt später in eine Galerie zu seinen Vorgängern. Als ich H. Ch. Christy Modell saß, fragte ich ihn: »Howard, hast du eigentlich auch manchmal Sorgen?«

»Niemals!« sagte er bestimmt. »Ich halte nichts von Sorgen.«

»Nun«, sagte ich, »das scheint mir aber doch eine etwas allzu einfache Theorie zu sein. Ich kann nicht glauben, daß du dir wirklich nie Sorgen machst.«

Er antwortete: »Doch, ich versuchte es einmal. Ich stellte fest, daß sich jedermann über irgend etwas Sorgen machte, und dachte, ich würde vielleicht etwas verpassen. So beschloß ich, einen bestimmten Tag zu meinem Sorgentag zu erklären und mir über irgend etwas Sorgen zu machen – nur um herauszufinden, was es damit für eine Bewandtnis habe. Am Abend vor meinem Sorgentag ging ich früh zu

Bett, um vorher gut zu schlafen. Am Morgen stand ich auf und nahm zuerst ein gutes Frühstück zu mir. Mit leerem Magen kann man sich nicht richtig sorgen! Und dann gab ich mir alle Mühe, mir bis zum Mittagessen Sorgen zu machen. Doch trotz meiner Anstrengungen brachte ich es nicht fertig. Ich sah keinen Sinn darin und gab es vorzeitig auf.«

Howard schloß seine Erzählung mit einem ansteckenden, fröhlichen Lachen.

»Du mußt aber doch irgendeine Methode haben, um deine Sorgen zu überwinden«, insistierte ich. Und Howard hat eine Methode – vielleicht die beste von allen.

»Jeden Morgen verbringe ich eine Viertelstunde damit, meinen Geist ganz mit Gott zu erfüllen«, sagte er. »Wer von Gott erfüllt ist, hat keinen Platz für Sorgen.«

Howard Christy war nicht nur ein großer Künstler mit dem Pinsel, sondern er beherrschte auch die Kunst zu leben. Er setzte eine einfache, aber große Wahrheit in die Praxis um: Das Leben gibt uns *das* zurück, was wir hineinstecken. Unser Geist gibt uns das, was wir ihm geben. Erfüllen wir ihn mit Gott anstatt mit Angst und Sorge, so werden wir dadurch Mut und Vertrauen gewinnen. *Sich sorgen ist ein destruktiver Prozeß.* Wir quälen damit unser Bewußtsein mit Gedanken, die Gottes Liebe und Fürsorge entgegengesetzt sind. Wenn wir uns aber täglich mit Seiner Liebe, Güte und Kraft erfüllen, dann wird für unsere Sorgen, die nur ein Mangel an Vertrauen und Lebensmut sind, kein Raum bleiben. Es ist erstaunlich festzustellen, wie unsere schwierigsten persönlichen Probleme sehr oft einer einfachen und unkomplizierten Methode weichen.

Es genügt aber nicht zu wissen, was dagegen getan werden sollte, sondern wir müssen auch wissen, *wie* es getan werden muß.

Das Geheimnis liegt darin, eine individuelle Methode auszuarbeiten und dabei zu bleiben.

Eine der besten praktischen Methoden, die ich kenne, wurde durch einen mir bekannten Geschäftsmann entwickelt, der sich sein Leben durch ständige Sorgen verbittert hatte. Dadurch waren seine Nerven in einen Zustand geraten, den man ruhig als gefährlich bezeichnen darf. Seine »Spezialsorge« bestand darin, sich am laufenden Band über seine eigenen Worte und Taten Gedanken zu machen. Nach jeder Handlung oder Unterredung quälte er sich mit der Frage, ob er nun auch richtig gehandelt und richtig gesprochen habe. Er lebte ständig in der Vergangenheit und sorgte sich um Entscheidungen, die bereits gefallen waren. Der Mann besaß eine außerordentliche Intelligenz und hatte das Doktorat zweier Fakultäten mit Erfolg abgeschlossen. Ich riet ihm, eine einfache Methode auszuarbeiten und den abgeschlossenen Tag jeweils restlos fallenzulassen und die Vergangenheit über der Zukunft zu vergessen. Ich bemühte mich, ihm die hohe Wirksamkeit einfacher, in die Praxis umgesetzter Wahrheiten begreiflich zu machen.

Immer wieder habe ich feststellen können, daß wirklich große Geister die Fähigkeit besitzen, einfach und klar zu denken, d. h., einfache Wahrheiten praktisch anzuwenden. Und dieser Mann nutzte diese Fähigkeit, um seine Sorgen loszuwerden.

»Ich fand schließlich das Geheimnis«, erzählte er mir

später, »und es hat gewirkt.« Und er fügte bei, falls ich seine Methode kennenlernen wolle, lade er mich ein, eines Abends, kurz vor Geschäftsschluß, in sein Büro zu kommen. Wir kamen überein, miteinander das Nachtessen einzunehmen, und ich suchte ihn wenige Minuten vor Feierabend in seinem Büro auf. Er erzählte mir, er habe ein »kleines Ritual« erfunden, das er jeden Abend, bevor er das Geschäft verlasse, ausübe.

Wir nahmen unsere Hüte und Mäntel, und vor der Türe hielt mein Bekannter an. Dort stand ein Papierkorb, und darüber hing ein Tageskalender. Nicht einer jener Kalender, die eine Woche oder einen Monat zeigen, sondern ein richtiger Tageskalender, auf dem man nur ein einziges großgedrucktes Datum – und nur dieses – sehen konnte. »Nun will ich Ihnen die Methode demonstrieren, die mir geholfen hat, meine Sorgen loszuwerden.« Mit diesen Worten riß er ein Blatt vom Kalender, rollte es zwischen den Fingern langsam zu einer kleinen Kugel und ließ sie in den Papierkorb fallen. Dann schloß er die Augen, und ich verhielt mich still, da er offenkundig betete. –»Amen«, sagte er dann laut. »Dieser Tag ist *vorbei* – und nun wollen wir Feierabend machen.«

Als wir zusammen die Straße hinuntergingen, fragte ich: »Würden Sie mir sagen, welche Gedanken Sie in Ihr Gebet gelegt haben?«

Er lachte und sagte: »Ich glaube kaum, daß Ihnen mein Gebet zusagen wird.« Da ich aber weiter in ihn drang, sagte er: »Ich bete ungefähr wie folgt: Lieber Gott, Du hast mir diesen Tag gegeben. Ich habe ihn nicht verlangt, doch ich danke Dir dafür. Ich habe mit Deiner Hilfe das Beste daraus gemacht. Ich habe auch Fehler gemacht, dann nämlich, wenn ich Deinen Weg verlassen und Deine Ratschläge unbeachtet ließ. Ich bitte Dich, mir zu verzeihen. Der Tag brachte mir auch einige Erfolge, und ich danke Dir für Deine Führung. Jetzt aber ist der Tag vorbei, Erfolg hin oder Mißerfolg her, ich bin fertig mit ihm und gebe ihn Dir zurück.«

Dies ist zweifellos kein orthodoxes Gebet, aber es hat seine Wirksamkeit und seinen Segen erwiesen. Mein Freund hat das Ende des Tages in einer einfachen Form demonstriert und sich dann – in der Hoffnung, den nächsten Tag noch besser zu gestalten – der Zukunft zugewandt. Er hat sich ferner in Einklang mit den göttlichen Naturgesetzen begeben: Wenn ein Tag vorbei ist, breitet Gott den Mantel der Dunkelheit und der Ruhe aus. Durch seine einfache Methode hat mein Freund die richtige Geisteshaltung zu seinen Problemen gewonnen: Seine Fehler, Mißerfolge und Zweifel, die sonst an ihm klebenblieben, ihn quälten und aufwühlten, fielen von ihm ab. Was er tat, beschreibt die Bibel mit den Worten: »... Eines aber sage ich: *Ich vergesse, was hinter mir ist, strecke mich aber nach dem aus, was vor mir ist.«* (Philipper 3,13). Es gibt noch viele praktische Methoden, mit seinen Sorgen fertig zu werden. Wichtig ist, daß wir nie in der Theorie steckenbleiben, auch wenn wir noch so überzeugt sind davon. Eine scheinbar kleine, unbedeutende Handlung kann wirksamen Einfluß auf unsere Gedankenwelt ausüben.

Nun gebe ich Ihnen 10 Grundsätze, die mithelfen können, Ihre Sorgen *jetzt,* sofort zu brechen und den Weg zu einem glücklicheren Dasein zu ebnen:

1. Sagen Sie sich immer wieder, daß Sorgen nur eine schlechte Denkgewohnheit sind, eine falsche Geisteshaltung, von der wir uns mit Gottes Hilfe befreien können.

2. Wir sorgen uns, weil wir uns ständig darin üben. Wir können uns davon befreien, wenn wir uns beharrlich im gegensätzlichen Gedanken üben: im Vertrauen. Beginnen wir damit, uns unverzüglich im praktischen Gebrauch vertrauender und gläubiger Gedanken zu üben.

3. Beginnen wir jeden Tag mit den Worten: »Ich glaube – ich glaube – ich glaube!«

4. Beten wir ungefähr so: »Ich gebe diesen Tag, meine Arbeit, meine Lieben und alles, was ich habe, in Gottes Hand. Gott ist die allmächtige Güte. Was immer geschieht, ich bin in Gottes Hand, und was Gott beschließt, will ich als seine Weisheit annehmen.«

5. Üben wir uns in positiven Redewendungen. Vermeiden wir negative Sätze wie: »Ich glaube nicht – ich glaube kaum – ich befürchte ...« Versichern wir uns: »Dies wird ein guter Tag werden, und mit Gottes Hilfe werde ich meine Aufgaben erfolgreich bewältigen.« Sagen wir uns täglich: »Jeder Tag ist der beste des Jahres!«

6. Meide negative Gespräche mit andern Menschen. Wirf ein bejahendes, ermutigendes Wort in die Konversation. Menschen, die zusammensitzen und pessimistische Gedanken wälzen, können sich gegenseitig mit Verneinung

und negativen Erwartungen erfüllen. Anstatt herunterzureißen, können wir Gespräche aufbauend und positiv beeinflussen und alle Teilnehmer mit neuem Mut und Vertrauen erfüllen.

7. Wenn wir uns sorgen, ist unser Kopf mit Gedanken von Hast, Spannung und negativen Eindrücken erfüllt. Um diese Schädlinge loszuwerden, müssen wir sie durch gute und mutige Gedanken ersetzen. Dies erreichen wir, indem wir die Bibel lesen und dort alle Stellen, die von Glaube, Zuversicht und Vertrauen sprechen, anstreichen, um sie immer wieder zu lesen und unseren Geist von ihnen erfüllen zu lassen. Nach und nach werden diese positiven Gedanken nicht nur unser Denken, sondern auch unser Unterbewußtsein erfüllen. Anstatt Sorge und Angst werden Mut und Zuversicht in uns wachsen und gedeihen.

8. Pflege Freundschaften mit positiven und mutigen Menschen. Umgib dich mit Menschen, die bejahend denken, die Vertrauen haben – Vertrauen einflößen und wesentlich sind.

9. Sei hilfreich andern Menschen gegenüber. Gib ihnen Mut, Hoffnung und Zuversicht. Zeige ihnen die Kraft positiven Denkens. Hilf ihnen, ihre Sorgen zu überwinden. Damit wirst auch du zusätzliche Kraft und Vertrauen gewinnen.

10. Versichere dich ständig der Gemeinschaft mit Jesus Christus. Wenn er an deiner Seite ginge, hättest du dann

Sorge und Angst? Sage dir immer wieder: »Gott ist an meiner Seite«, und wenn Schwierigkeiten und Hindernisse auftauchen, erinnere dich daran.

Kapitel 10

Wie man persönliche Probleme erfolgreich löst

Ich möchte Ihnen von einigen glücklichen Menschen erzählen, die mit ihren Problemen erfolgreich fertig geworden sind. Sie befolgten einen einfachen, aber praktischen Plan, und in allen Fällen war das Ergebnis glückbringend. Alle diese Menschen sind nicht anders als Sie und ich. Sie hatten dieselben Probleme und Schwierigkeiten, aber *sie fanden einen Weg,* um damit fertig zu werden. Auch Sie können diesen Weg einschlagen.

Zuerst will ich von einem Ehepaar berichten, das seit langem zu meinen guten Freunden zählt. Jahrelang hatte Bill hart gearbeitet, bis es ihm gelungen war, eine Position zu erringen, die ihn in die unmittelbare Anwartschaft auf den Direktionsposten seiner Firma brachte. Er durfte mit Recht annehmen, daß mit dem Rücktritt des gegenwärtigen Direktors die Wahl auf ihn fallen würde, und es gab tatsächlich keinen vernünftigen Grund gegen eine solche Entwicklung. Durch seine Laufbahn, seine Erfahrung und seine Fähigkeiten war Bill durchaus prädestiniert für diesen Posten. Außerdem hatte man ihm deutlich zu verstehen gegeben, er sei dafür vorgesehen.

Trotzdem wurde Bill beim Rücktritt des alten Direktors übergangen. Ein Außenstehender wurde engagiert, und Bill blieb an seinem alten Platz.

Ich traf meine Freunde am selben Tag, da sie diese Entscheidung erfahren hatten. Mary, Bills Frau, befand sich in einem Zustand größter Erbitterung und Enttäuschung. Beim Nachtessen sagte sie, ihr größter Wunsch sei, »es ihnen zu geben«, und sie drängte Bill, er möge unverzüglich seine Arbeit niederlegen und sich nach einer andern Stellung umsehen.

Bill hingegen zeigte eine ruhige, wenn auch bedrückte Verfassung. Er trug seine Enttäuschung mannhaft, und sein gefestigter Charakter hielt ihn von Wutausbrüchen ab. Er wollte auf Marys Vorschlag nicht eingehen und sagte, vielleicht sei diese Lösung besser für ihn und er wolle lieber versuchen, mit dem neuen Direktor gut auszukommen und ihn zu unterstützen. Dies würde ihm zwar nicht leichtfallen, aber er habe nun so viele Jahre für die Gesellschaft gearbeitet, daß es ihm schwerfallen könnte, andernorts Fuß zu fassen. Außerdem sei klar, daß die Gesellschaft seine Arbeitskraft weiterhin gut brauchen könne.

Mary war mit dieser Haltung keineswegs einverstanden, und sie fragte mich nach meiner Meinung. Ich gestand ihr ohne weiteres zu, ich wäre nach einem solchen Entscheid ebenfalls enttäuscht und verletzt, doch ich würde versuchen, mir die Geschichte nicht in die Seele kommen zu lassen. Ressentiments – so erklärte ich ihr – würden nicht nur unser Gemütsleben schwer belasten, sondern auch unser Denken ungünstig beeinflussen.

Ich betonte, daß der Mensch in solchen Fällen der göttlichen Führung bedürfe. Bei starken Gemütsbewegungen sei es fast ausgeschlossen, objektiv und klar zu urteilen. Ich schlug deshalb vor, einige Minuten jede Konversation zu unterbrechen und in stiller Meditation an denjenigen zu denken, der einst sagte: »Denn wo zwei oder drei in meinem Namen versammelt sind, da bin ich mitten unter ihnen.« (Matthäus 18,20). In diesem Geiste würde uns Christus helfen, einen rechten Weg zu finden. Es war nicht leicht für Mary, sich diese Ideen zu eigen zu machen und sich zu beruhigen, doch ihr Verstand sagte ihr, es habe keinen Sinn, sich weiter zu ärgern, und sie begriff meinen Vorschlag.

Nach einigen still verbrachten Minuten schlug ich vor, obwohl wir in einem öffentlichen Lokal waren, unauffällig zu beten. Ich ergriff Bills und Marys Hände und sprach ein leises Gebet. Ich bat Gott, er möge meinen Freunden seine Führung nicht versagen, er möge sie beide beruhigen und ihnen helfen, ihre Enttäuschung zu überwinden. Ich ging noch weiter und bat Gott, dem neuen Direktor seinen Segen zu geben und eine ersprießliche und freundschaftliche Zusammenarbeit mit Bill zu ermöglichen.

Nach dem Gebet saßen wir noch eine Weile still, und schließlich sagte Mary nach einem tiefen Seufzer: »Ja, ich glaube auch, das ist der einzig richtige Weg, damit fertig zu werden. Als wir Sie zum Essen einluden, befürchtete ich, Sie würden uns beeinflussen, das Problem ›christlich‹ zu sehen, und offen gestanden, hatte ich dazu nicht die geringste Lust. Ich kochte innerlich, doch jetzt fühle ich instinktiv, daß die richtige Lösung des Problems in einer wahren Verständigung liegt. Ich will mein möglichstes dazu beitragen.« Sie lächelte etwas wehmütig, doch Haß, Ärger und Enttäuschung waren verschwunden.

Von Zeit zu Zeit erkundigte ich mich bei Mary und

Bill, wie die neue Zusammenarbeit vor sich gehe. Es ging nicht alles nach Wunsch, doch immer mehr zeigte es sich, daß wir doch den richtigen Weg eingeschlagen hatten. Je mehr sie ihre Bitterkeit überwanden, um so besser entwickelte sich das Verhältnis zum neuen Direktor. Bill gestand mir eines Tages, daß er für den neuen Mann Sympathien empfinde und ihm die Zusammenarbeit sogar zusage. Er erzählte mir, der neue Direktor rufe ihn sehr oft, um seinen Rat in wichtigen Fragen einzuholen. Was Mary betraf, so gab sie sich Mühe, mit der Frau des neuen Direktors Freundschaft zu schließen, und es entwickelte sich daraus eine erfreuliche Zusammenarbeit.

Nach zwei Jahren kam ich zufällig in Bills Stadt und rief ihn an. Mary nahm das Telefon ab und sagte: »Oh, ich bin so aufgeregt, daß ich kaum sprechen kann! Ich bin die glücklichste Frau der Welt! Denken Sie, Herr Soundso (der neue Direktor) wurde von einer andern Gesellschaft an einen sehr verantwortungsvollen Posten berufen und ... was geschah? Bill wurde zum neuen Direktor gewählt! – Kommen Sie doch sofort zu uns, damit wir es feiern können.« Als wir zusammensaßen, sagte Bill: »Ich beginne jetzt zu erkennen, daß die Grundsätze des Christentums keine leeren Theorien sind. Wir haben ein Problem nach klaren geistigen Prinzipien gelöst, und es graut mir, daran zu denken, was geschehen wäre, wenn ich mich hätte verleiten lassen, meine Arbeit einfach hinzuwerfen.«

»Wer in der Welt«, so fuhr Bill fort, »ist eigentlich für die falsche Meinung, Christentum habe nichts mit dem praktischen Leben zu tun, verantwortlich? In Zukunft werde ich alle Probleme in derselben Weise anpacken.«

Im Laufe der Jahre hatten Bill und Mary noch ganz andere Probleme zu bewältigen. In jedem Fall aber haben sie dieselbe Haltung eingenommen. Indem sie die Entwicklung der Dinge in Gottes Hände legten, lösten sich ihre Schwierigkeiten und Sorgen auf glückliche und natürliche Weise.

Eine andere wirkungsvolle Geisteshaltung besteht darin, Gott als Verbündeten in allen Fragen des Lebens anzunehmen. Eine der wichtigsten Lehren der Bibel liegt im Glauben, Gott sei immer und überall gegenwärtig. Dies ist eine Grundkonzeption des Christentums überhaupt. Christus erhielt bei seiner Geburt den Namen Immanuel, das heißt: »Gott mit uns.«

Das Christentum lehrt, daß in allen Schwierigkeiten und Nöten dieses Daseins Gott an unserer Seite ist. Wir können uns an ihn wenden, zu ihm sprechen, Halt und Hilfe suchen, und wir finden bei ihm Ruhe, Trost und neuen Mut. Irgendwie glauben die meisten Menschen, daß dem so ist, und viele haben es auch praktisch erfahren.

Wenn wir gute und brauchbare Lösungen für unsere Probleme finden wollen, müssen wir aber noch einen Schritt über den bloßen Glauben an diese Wahrheit hinausgehen. Die Gegenwart Gottes muß uns praktisch zum Bewußtsein kommen. Wir müssen uns Gott als eine Realität vorstellen, genauso wirklich wie unsere Frau, unsere Kinder, unsere Freunde. Wir müssen uns daran gewöhnen, unsere Probleme wirklich mit Gott zu besprechen und daran zu glauben, daß er uns Gehör und Aufmerksamkeit schenkt. Glauben wir daran, daß er uns innerlich erleuchten und uns Wege weisen kann, die wir ohne seinen Beistand nicht finden können! Wir dürfen die Gewißheit haben, daß seine Lösungen und Wege frei von Irrtümern sind. Er wird uns so führen, wie es zu unserem Besten dient.

An einer Veranstaltung wandte sich ein Teilnehmer an mich und erzählte mir, er habe einen Ratschlag aus einem meiner Zeitungsartikel befolgt und damit nicht nur eine andere Lebenshaltung gewonnen, sondern auch sein Geschäft vor dem Ruin gerettet.

Der Mann erzählte: »Ich hatte in meinem Geschäft mit den größten Schwierigkeiten zu kämpfen, ja ich stand vor der entscheidenden Frage, ob ich es überhaupt noch weiterführen könne oder nicht. Eine Reihe widriger Umstände, wie veränderte Marktverhältnisse, Produktionsschwierigkeiten und Umstellungen, hatte mich vollkommen aus der Bahn geworfen. In Ihrem Artikel vertraten Sie die Idee, in allen Unternehmungen ›Gott als Partner‹ zu betrachten.

Als ich den Artikel las, erschien er mir irgendwie als Hirngespinst. Wie konnte ein menschliches Wesen Gott als Partner betrachten? Immer hatte ich mir Gott als etwas Unnahbares und Unerreichbares vorgestellt – und nun kamen Sie und sprachen von ihm als einem ›Partner‹. War ich als Mensch nicht ein winziges Insekt im Vergleich zu seiner Größe? Der Gedanke schien mir absurd. Zufällig aber gab mir ein Freund in jenen Tagen eines Ihrer Bücher. Darin fand ich die Begründung und Weiterentwicklung dieser Gedanken. Sie berichten darin von vielen Menschen, die nach diesem Grundsatz leben. Obwohl es sich um durchaus vernünftige Leute handelte, konnte ich meine Zweifel nicht unterdrücken. Ich hatte den Eindruck, ein Pfarrer könne von Geschäft und beruflichen Schwierigkeiten nicht viel verstehen und betrachte die Dinge von einem idealistischen und weltfremden Standpunkt aus. Schließlich gab ich Sie auf!« sagte er mit einem Lächeln.

»Eines Tages aber hatte ich ein seltsames Erlebnis. Die Dinge hatten sich so zugespitzt, daß ich auf den Gedanken kam, das Beste wäre, mir eine Kugel in den Kopf zu jagen, um endlich Ruhe und Frieden vor meinen unzähligen unüberbrückbaren Sorgen zu finden. Und plötzlich erinnerte ich mich wieder an die Idee, Gott als Partner anzunehmen. Ich schloß die Türe meines Büros, setzte mich in einen Stuhl und legte Arme und Kopf auf mein Pult. Ich muß gestehen, daß ich seit Jahren kaum einmal gebetet hatte, doch sicherlich betete ich jetzt. Ich sagte Gott, ich hätte etwas davon gehört, ihn als ›Partner‹ zu betrachten, doch sei mir der Gedanke nicht ganz klargeworden. Ich klagte ihm mein Leid, sagte ihm, ich läge auf dem Boden, mein Geist sei ausgepumpt und meine Kräfte seien am Ende, ich sei entmutigt, verzweifelt und ratlos. Ich sagte: ›Lieber Gott, ich wüßte nicht, was ich Dir als Partner bieten könnte, aber ich bitte Dich, mich nicht zu verlassen und mir Deinen Beistand zu leihen. Ich weiß nicht, wie mir geholfen werden kann, aber ich bitte um Deine Hilfe. Ich lege mich selbst, meine Familie, mein Geschäft und mein Schicksal in Deine Hand. Was Du willst, werde ich ausführen. Ich bin gewillt, auf Deinen Rat zu hören und danach zu handeln.‹ – So ungefähr betete ich«, fuhr er fort, »und nachdem ich fertig war, blieb ich still an meinem Pult sitzen. Vielleicht erwartete ich irgendein Wunder – doch nichts geschah. Trotzdem fühlte ich mich irgendwie freier und ruhiger. Während des Tages und der Nacht passierte nichts Außergewöhnliches, doch am nächsten Morgen war mir, als hätte ich etwas neue Kraft gewonnen. Ein unbestimmtes Gefühl der inneren Sicherheit sagte mir, es werde sich alles noch zum Guten wenden. Ich weiß nicht, warum ich plötzlich so fühlte, denn die Tatsachen hatten sich keineswegs geändert, aber ich selbst hatte mich geändert, mindestens ein klein wenig.

Dieses Gefühl der Ruhe und Sicherheit hielt an, und langsam fühlte ich meine Kräfte wachsen. Ich betete täglich und setzte meine Gespräche mit meinem ›Partner‹ fort. Sicherlich waren es keine kirchlichen Gebete, eher eine Aussprache von ›Mann zu Mann‹. Eines Tages kam mir urplötzlich eine neue Idee, die mich ihrer Originalität wegen selbst überraschte. Obschon ich bisher nie an diese Möglichkeit gedacht hatte, wußte ich instinktiv, daß sie das Richtige sei. Warum ich früher nie auf den Gedanken gekommen war, ist mir rätselhaft. Mein Geist muß zu angespannt und übermüdet gewesen sein, um überhaupt noch richtig funktionieren zu können.

Es handelte sich auch nicht bloß um irgendeine Idee, sondern hier hatte unzweifelhaft mein ›Partner‹ gesprochen – dessen war ich sicher. Ich machte mich unverzüglich daran, seine Anweisungen in die Tat umzusetzen, und die Dinge nahmen ihren Lauf. Neue Ideen kamen, und trotz schwieriger Umstände gewann ich geschäftlich wieder an Boden, und heute bin ich der Misere glücklich entronnen.«

Dann fügte er bei: »Ich verstehe nichts von einer Predigt oder von der Art Bücher, die Sie schreiben, doch wenn immer Sie Gelegenheit haben, Geschäftsleute zu sprechen, dann sagen Sie ihnen, sie würden durch eine Partnerschaft mit Gott mehr gute Ideen gewinnen als durch irgend etwas anderes in der Welt. Sagen Sie ihnen auch, daß die Verbindung mit Gott der einzig richtige Weg ist, Probleme erfolgreich zu lösen.«

Dieses Beispiel ist nur eines von vielen. Das Gesetz der göttlich-menschlichen Zusammenarbeit in praktischen Fragen unseres Daseins ist erwiesen. Ich kann seine Wirksamkeit nicht genug betonen.

Bei der praktischen Lösung unserer Probleme ist es vor allem wichtig, sich stets bewußt zu sein, daß die Kraft dazu in uns selber liegt. Ferner ist unbedingt notwendig (not-wendend), einen Plan zu ihrer Überwindung auszuarbeiten und ihn in die Tat umzusetzen. Planlosigkeit in unserem Gemüts- und Geistesleben ist der Hauptgrund für die Unfähigkeit vieler Menschen, ihre persönlichen Probleme zu meistern.

Menschen, die ein aktives, gläubiges Vertrauen entwikkeln, erwecken schlummernde Kräfte zum Leben; sie entwickeln sich im Verhältnis zum wachsenden Vertrauen – und hier liegt auch das Geheimnis, warum es Menschen gibt, welche im Alltag Energien entwickeln, die andern erst bei außergewöhnlichen Ereignissen zur Verfügung stehen. Es gelingt ihnen, auch in normalen Zeiten jene Kräfte zu aktivieren, die in der Regel erst unter dramatischen Umständen erwachen.

Nehmen wir an, es zeigten sich in Ihrem Leben plötzlich unerwartete Sorgen und Schwierigkeiten. Sind Sie darauf innerlich vorbereitet? Besitzen Sie einen Plan, um ihnen erfolgreich zu begegnen, oder gehören Sie zu jenen Menschen, die es einfach darauf ankommen lassen, die alles auf eine Karte setzen, die von vornherein damit rechnen, zu gewinnen oder zu verlieren, und die – leider – meistens verlieren?

Ich kann nicht genug die Notwendigkeit betonen, in solchen Fällen *planmäßig* alle unsere schlummernden Kräfte zu entwickeln und unseren Schwierigkeiten entgegenzusetzen.

Neben der praktischen Anwendung des Gebets und der Errichtung einer »Partnerschaft« mit Gott, neben der systematischen Planung unseres Vorgehens gibt es noch etwas anderes, das für unsere ganze Haltung und innere Bereitschaft von größter Bedeutung ist: die systematische Pflege vertrauender und positiver Gedanken.

Ich habe die Bibel viele Jahre studiert, bis mir endlich klar wurde, welch große Bedeutung sie dem *Vertrauen* beimißt. Immer wieder macht sie uns darauf aufmerksam, daß wir alle Sorgen, alle Schwierigkeiten, alle Hindernisse, alle Probleme, jede auch noch so schwierige und scheinbar ausweglose Lage, ja jede Niederlage überwinden können, wenn wir nur Vertrauen haben könnten! Der Tag, da mir dies so richtig zum Bewußtsein kam, war einer der wichtigsten meines Lebens.

Unter den Lesern dieses Buches werden sich viele befinden, die noch nie die Kraft des Vertrauens im täglichen Leben verspürt haben, doch ich hoffe, sie werden von nun an diesen großen inneren Helfer nie wieder vergessen. Vertrauen ist einer der machtvollsten Faktoren glücklicher Lebensführung.

Immer wieder betont die Bibel diese Wahrheit: »... *Wenn ihr Glauben habt wie ein Senfkorn ... und nichts wird euch unmöglich sein.«* (Matthäus 17,20). Die Bibel meint dies absolut, faktisch und buchstäblich. Es handelt sich weder um eine Illusion noch um Phantasie. Es ist auch nicht als Illustration, Symbol oder als Beispiel gemeint, sondern als absolute Tatsache. Vertrauen, auch nur so groß wie ein Senfkorn, kann alle unsere Probleme lösen, wenn wir nur daran glauben und unseren Glauben ins praktische Leben hineintragen. *»Euch geschehe nach eurem Glauben.«* (Matthäus 9,29)

Was uns not tut, ist Glaube und Vertrauen. Im direkten Verhältnis dazu werden wir Kraft gewinnen und Lösungen erzielen. Kleiner Glaube ergibt kleine Resultate; mittlerer Glaube erzielt mittlere Ergebnisse; *großes Vertrauen und starker Glaube aber erzielen große Ergebnisse.* Doch Gott ist großzügig und gütig: Wenn wir nur so viel Vertrauen haben, wie durch ein Senfkorn symbolisiert wird, können wir gewaltige Fortschritte bei der Lösung unserer Probleme erzielen.

Um unsere Sorgen und Probleme meistern zu können, schlage ich die folgenden zehn praktischen Grundsätze vor:

1. Glaube, daß jedes Problem gelöst werden kann.

2. Bleibe ruhig und gelassen. Jede Spannung beeinträchtigt den natürlichen Strom unserer Gedanken.

3. Versuche niemals, eine Lösung zu erzwingen. Halte deinen Geist entspannt, damit du bereit bist, eine sich zeigende Lösung zu erkennen und aufzunehmen.

4. Vergegenwärtige dir alle Tatsachen unparteiisch, unpersönlich und ohne Vorurteile.

5. Notiere diese Tatsachen auf ein Stück Papier. Dies hilft, unser Denken zu klären und System in die Angelegenheit zu bringen. Indem wir die Tatsachen vor uns sehen, gewinnen sie an Objektivität.

6. Bitte Gott, er möge dich erleuchten und dir helfen, die Dinge klar zu sehen, sei aber auch bereit, seine Gaben entgegenzunehmen.

7. Glaube an die göttliche Führung und an das Versprechen des 73. Psalms: »... Du leitest mich nach Deinem Ratschluß und nimmst mich hernach in die Herrlichkeit.«

8. Vertraue der Kraft der Einsicht und der Intuition.

9. Lasse dein Unterbewußtsein ruhig an der Lösung deiner Probleme weiterarbeiten. Schöpferisches Denken führt zu schöpferischen Antworten und Lösungen.

10. Wenn wir diese Schritte bewußt und vertrauend unternehmen, entwickelt sich in unserem Denken die Antwort auf unsere Probleme, oder sie lösen sich von selbst. In jedem Fall aber wird es die *richtige* Antwort sein.

Kapitel 11

Glaube – und werde gesund!

Kann der religiöse Glaube bei der Heilung von Krankheiten mithelfen? Ja, viele Erfahrungen sprechen dafür.

Der Glaube ist ein machtvoller Faktor bei der Überwindung von Krankheiten und bei der Wiederherstellung der Gesundheit. Diese Überzeugung wird durch die Ansichten und Erfahrungen vieler Ärzte unterstützt.

Der berühmte Wiener Chirurg Dr. Hans Finsterer, der vom Internationalen Chirurgischen Kollegium die höchste Auszeichnung erhielt, glaubte, daß »die unsichtbare Hand Gottes« mithilft, eine Operation erfolgreich zu gestalten.

Dieser Professor der Universität Wien hat in seinem Leben über 20000 große Operationen, darunter 8000 schwierige Magenoperationen, ausgeführt und dabei lediglich Lokalanästhesie angewandt. Finsterer sagte, daß trotz der gewaltigen Fortschritte auf den Gebieten der Medizin und der Chirurgie der glückliche Ausgang einer Operation bei weitem noch nicht gesichert ist. In vielen Fällen, die vom Chirurgen als »einfach« bezeichnet werden, stirbt der Patient, während anderseits gefährliche und fast aussichtslose Operationen erfolgreich ausgehen.

»Viele meiner Kollegen«, so sagte Dr. Finsterer, »sind der Ansicht, es handle sich hier um nicht voraussehbare

Zufälle, während andere der Meinung sind, in diesen schwierigen Fällen sei ihre Arbeit durch die unsichtbare Hand Gottes geleitet worden. Leider haben in den letzten Jahren viele Patienten und Ärzte die Überzeugung verloren, daß alle Dinge in Gottes Hand liegen. Wenn wir wieder von der hohen Bedeutung der göttlichen Hilfe bei all unserem Tun überzeugt sind, speziell bei der Behandlung von Krankheiten, dann erst werden wir wahre Fortschritte bei der Wiedergewinnung der Gesundheit erringen.«

Das war die Ansicht eines großen Chirurgen, der seine Wissenschaft mit dem Glauben verband.

Ich sprach einst auf einer Tagung einer bedeutenden Industrievereinigung und war überrascht, als mich einer der führenden Männer nach einer langen Diskussion über Steuern und geschäftliche Probleme unvermittelt fragte: »Glauben Sie an die Heilkraft des Glaubens?«

Ich sagte: »Es gibt eine große Anzahl verbürgter Beispiele von Heilungen, die durch den Glauben erzielt worden sind. Ich bin allerdings der Meinung, wir sollten eine Heilung nicht ausschließlich unserem Glauben überlassen, und ich glaube an die Zusammenarbeit Gottes mit der Wissenschaft. Meiner Meinung nach sind sowohl die medizinische Wissenschaft wie auch die Wissenschaft des Glaubens entscheidende Faktoren im Heilungsprozeß.«

»Ich möchte Ihnen eine Geschichte erzählen«, sagte er. »Vor einigen Jahren litt ich an einer Krankheit, die als eine Knochenerweichung im Kiefer diagnostiziert wurde. Die Ärzte sagten mir, sie sei praktisch unheilbar. Sie können sich vielleicht vorstellen, wie mir zumute war. Voller Verzweiflung suchte ich nach irgendeiner Hilfe. Obschon ich die Kirche regelmäßig besuchte, war ich kein besonders gläubiger Mensch. Die Bibel kannte ich praktisch nur vom Hörensagen. – Eines Tages überkam mich plötzlich der Wunsch, in der Bibel zu lesen.

Ich begann zu lesen, und eigenartigerweise beruhigte sich mein Gemüt. Meine Mutlosigkeit schwand, und ich faßte wieder etwas Hoffnung. Während mehrerer Tage setzte ich die Lektüre fort, und ich fühlte, wie sich irgend etwas in meiner Verfassung änderte. Meine Befürchtungen und Ängste bekamen ein anderes Gesicht, und zuerst dachte ich, ich würde mir dies nur einbilden. Bald aber gewann ich die Überzeugung, daß dem tatsächlich so war.

Eines Tages, als ich wieder in der Bibel las, überkam mich ein eigenartiges Gefühl der inneren Wärme und Glückseligkeit. Ich hatte es schon längst aufgegeben, für diese Empfindung eine Erklärung zu suchen, doch von diesem Zeitpunkt an machte ich rapide Fortschritte. Ich begab mich wiederum in die Behandlung der Ärzte, die mich früher betreut hatten. Eine sorgfältige Untersuchung ergab eine offensichtliche Besserung meiner Krankheit. Man warnte mich jedoch vor großen Hoffnungen, da es sich lediglich um eine vorübergehende Erscheinung handeln könne.

Später, bei neuerlichen Untersuchungen, zeigte sich jedoch, daß die Symptome der Krankheit restlos verschwunden waren. Trotzdem warnten mich die Ärzte weiter vor einem Wiederaufflackern der Krankheit. Diese Befürchtungen aber berührten mich nicht mehr. Ich war meiner endgültigen Heilung gewiß.

»Wie viele Jahre sind seither verflossen?« fragte ich.

»Vierzehn«, war die Antwort.

Vor mir stand ein gesunder, kräftiger und erfolgreicher Mann, und seine ganze Haltung zeigte mir, daß er nicht die geringsten Zweifel an seiner endgültigen Heilung hegte. Wie sollte er auch! Hatte er doch die Krankheit überwunden und durch seinen Glauben Gesundheit und Lebenskraft wiedergefunden.

Wie kam diese Heilung zustande? Offensichtlich durch die sorgfältige Arbeit der Ärzte *und* durch einen geistigen Prozeß. Solche Heilungen gibt es viele, und nachdem unzählige davon durch kritische und objektive Ärzte bestätigt worden sind, glaube ich, wir sollten die Kranken auf die Kraft des Glaubens aufmerksam machen. Ich bin überzeugt, daß unser Glaube bei der Heilung von Krankheiten »Wunder« vollbringen kann, die in Tat und Wahrheit Ergebnisse geistiger Gesetze sind.

Wir stellen heute immer mehr fest, daß eine religiöse Geisteshaltung Heilungen sowohl des Körpers als auch der Seele hervorrufen kann. Der moderne Mensch litt lange unter der falschen Vorstellung, die praktische Anwendung der christlichen Lehre lasse sich nicht mit den modernen medizinischen Erkenntnissen vereinen. Die Heilkraft des Glaubens ging fast gänzlich unter in der materiellen Wissenschaft. Glücklicherweise erkennt man heute immer mehr die tiefe Verbindung zwischen Glaube und Gesundheit.

Der bekannte Schriftsteller Harold Sherman wurde von einer Radiogesellschaft zur Mitarbeit eingeladen, mit dem Versprechen, er würde später als Autor fest angestellt. Nachdem er einige Monate gearbeitet hatte, stellte man ihn auf die Straße und benützte seine Manuskripte, ohne ihn dafür zu bezahlen.

Dadurch geriet Sherman in eine moralische und finanzielle Krise. Diese Ungerechtigkeit und Unkorrektheit erbitterten ihn dermaßen, daß er gestand, zum erstenmal in seinem Leben Mordgedanken gehegt zu haben. Seine Erbitterung und sein Haß wurden so groß, daß er krank wurde. Die Ärzte konstatierten eine Mykose, die sich in einer Art Pilz äußerte und seine Stimmbänder angriff. Die besten Ärzte befaßten sich mit dem Fall, doch zur Heilung brauchte es noch etwas Zusätzliches. Als Harold Sherman seinen Haß aufgab und vergessen und verzeihen konnte, ging seine Krankheit schrittweise bis zur völligen Heilung zurück. Medizinische Hilfe *und* Änderung der Geisteshaltung führten zur Gesundung.

Anläßlich einer Versammlung kam ich mit neun Männern zusammen, darunter war ein Arzt, der kürzlich aus dem Militärdienst entlassen worden war und seine private Praxis wiederaufgenommen hatte. »Nach meiner Rückkehr aus der Armee«, erzählte er, »stellte ich in bezug auf die Sorgen meiner Patienten eine wesentliche Veränderung fest. Ein hoher Prozentsatz braucht weniger eine Medizin als eine andere Geisteshaltung. Ihre Körper sind nicht so krank wie ihre Gedanken und Empfindungen. Alle leiden an irgendwelchen Minderwertigkeits-, Schuld- und Angstgefühlen, und viele von ihnen sind erfüllt von Ressentiments gegen andere Menschen. Immer mehr muß ich ebenso Psychiater wie Arzt sein, doch auch wenn ich sämtliche Behandlungsmethoden anwende, fehlt mir immer noch etwas. In vielen Fällen ist das Grundübel geistiger

Natur, und ich begann damit, meinen Patienten die Bibel zu empfehlen. Heute ›verschreibe‹ ich immer mehr die Lektüre religiöser Bücher, speziell solcher, die dem modernen Menschen zeigen, wie er die Probleme des Lebens *geistig* meistern kann.«

Und indem er sich direkt an mich wandte, fuhr er fort: »Es wird langsam Zeit, daß sich unsere Seelsorger der Bedeutung bewußt werden, die sie bei der Heilung vieler Krankheiten haben. Natürlich läßt sich die Arbeit des Arztes dadurch nicht ausschalten, doch wir bedürfen einer vertrauensvollen Zusammenarbeit, um den Menschen ihre körperliche und geistige Gesundheit zurückgeben zu können.«

Ein Arzt schrieb mir einen Brief, worin er ausführte: »Sechzig Prozent der Bewohner meiner Stadt sind krank, weil ihre Geistesverfassung und ihr Gemütsleben nicht in Ordnung sind. Die Krankheit der Seele des modernen Menschen hat einen Grad erreicht, der sich auch organisch auswirkt.«

Vor Jahren machte mich Dr. Clarence W. Lieb auf die große Bedeutung der körperlichen Gesundheit bei der Behandlung von seelischen und geistigen Konflikten aufmerksam. Es wurde mir klar, welch eminent wichtige Rolle die Gefühle von Angst, Schuld, Haß und Ressentiment bei den mir dargelegten Lebensproblemen spielten. Sehr oft standen sie in engem Zusammenhang mit einem körperlichen Leiden. Dr. Lieb war von seiner Ansicht so überzeugt, daß er zusammen mit andern Ärzten eine religiös-psychiatrische Klinik eröffnete, wo schon sehr viele Menschen Heilung gefunden haben.

Zusammen mit befreundeten Ärzten ist es mir gelungen, vielen Menschen neue Hoffnung, Gesundheit und neue Lebensfreude zu bringen. Dr. Rebecca Beard sagt: »Zu hoher Blutdruck ist sehr oft bedingt durch eine unbestimmte, unterdrückte Angst vor irgend etwas, das eintreten könnte – also eine Angst vor Dingen, die gar nicht real sind. Bei Diabetikern verbrauchen Kummer und Enttäuschung so viele Energien, daß gewisse Drüsen mit dem Nachschub von Insulin nicht mehr nachkommen.

Die Medizin ist durchaus fähig, den Blutdruck zu senken oder zu erhöhen, doch nicht auf die Dauer. Sie kann durch neue Zufuhr von Insulin mehr Zucker in Energie verwandeln lassen, doch auch hier handelt es sich niemals um eine dauernde Heilung, sondern nur um vorübergehende Besserung. Das Übel muß an der Wurzel gepackt werden. Verdrängte, ungelöste seelische Konflikte müssen erkannt und dann gelöst werden. Um sie zu überwinden und eine gesunde Geisteshaltung zu entwickeln, gibt es einen Weg: *Selbsterkenntnis, Verständnis für unser Gefühls- und Seelenleben und die Rückkehr zu religiösem Glauben und Vertrauen.* In der Verbindung dieser existentiellen Haltung mit der medizinischen Wissenschaft liegt das große Versprechen endgültiger Hilfe. Die Antwort«, so schloß Dr. Beard, »liegt in den Lehren von Jesus Christus.«

Während langer Zeit habe ich von meinen Lesern, Radiohörern und von Gemeindemitgliedern Berichte über Heilungen erhalten, die durch den Glauben zustande gekommen sind. Ich habe alle diese Beispiele peinlich genau überprüft, um mich ihrer Wahrheit zu versichern. Dadurch wollte ich mir auch die Unterlagen verschaffen, um den ewig Ungläubigen und den Zynikern beweisen zu können, daß nur Menschen, die krank bleiben *wollen,* weil ihr Unterbewußtsein den Willen zur Krankheit entwickelt, die großen Möglichkeiten der Heilung durch den Glauben verneinen und ignorieren können.

Die Kirchen haben nach meiner unmaßgeblichen Meinung auf diesen wichtigen Punkt der christlichen Lehre viel zuwenig Bedeutung gelegt. Das Christentum hat uns in bezug auf die Heilung von Krankheiten aber viel zu sagen. Nicht umsonst wurde zum Ausgleich dieses Mangels eine große Zahl anderer Organisationen und Sekten begründet, die besonders *diesen* Teil der christlichen Lehre pflegen. Das aber ist kein Grund, warum nicht alle Kirchen damit beginnen sollten, die Bedeutung der christlichen Lehre, des Glaubens und des Vertrauens für die körperliche und geistige Gesundheit des Menschen zu betonen und aufgrund unwiderlegbarer Tatsachen (wie auch auf dem Boden der Heiligen Schrift) der Menschheit die Wege aufzuzeigen, die uns Jesus Christus gewiesen hat.

Bei allen erfolgreichen Fällen der Heilung, die ich beobachtet habe, stellte ich gewisse Faktoren fest.

Erstens, die vollkommene Bereitschaft, sich in Gottes Hände zu begeben.

Zweitens, die absolute Trennung von allen Irrtümern und Fehlern in jeder Form und der feste Wunsch, reinen Herzens zu werden.

Drittens, Glaube und Vertrauen in die vereinigte Therapie der medizinischen Wissenschaften und der Heilkraft Gottes.

Viertens, der aufrichtige Wille, Gottes Entscheidungen

anzunehmen, wie immer sie auch ausfallen mögen, ohne jede Auflehnung oder Bitterkeit gegen seinen Willen.

Fünftens, ein unabänderlicher und vertrauender Glaube an die Heilkraft Gottes.

Bei allen mir bekannten Heilungen zeigte sich ein nicht näher zu beschreibendes Gefühl von Wärme und Licht, mit dem bei den Leidenden die innere Erkenntnis der sich anbahnenden Heilung geweckt und gestärkt wurde, ein Gefühl der Entspannung, des Friedens, der Freude und der Zuversicht. Manchmal vollzog sich die Heilung plötzlich, in anderen Fällen war es der Beginn einer schrittweisen Besserung.

In allen Fällen, die ich überprüfte, habe ich eine genügend lange Zeit verstreichen lassen, um sicherzugehen, daß es sich nicht bloß um eine vorübergehende Besserung, sondern um eine Dauerheilung handelte.

Als Beispiel sei hier ein Erlebnis erwähnt, das mir von einer Frau mitgeteilt wurde, deren Wahrheitsliebe und Zuverlässigkeit außer jedem Zweifel stehen. Der Fall ist außerdem wissenschaftlich dokumentiert. Die Patientin litt an einem bösartigen Geschwür, dessen sofortige operative Entfernung von den Ärzten angeordnet wurde. Sie schrieb mir wörtlich: »Alle Behandlungsmethoden hatten versagt. Ich lebte in einer schrecklichen Angst, denn es war mir klar, daß meine Krankheit jeder weiteren Behandlung trotzen würde. Ich sah keine Hoffnung mehr und wandte mich in meiner Ratlosigkeit an Gott. Im vereinten Gebet mit einem gläubigen und gottvertrauenden Menschen bat ich um den wahren Glauben in die göttliche Heilkraft. Es gelang mir, meinen eigenen Willen ganz in demjenigen Gottes aufgehen zu lassen, und ich gewann größtes Vertrauen in Seine Stärke. Eines Morgens, nachdem ich wie immer um göttliche Hilfe gebetet hatte und meiner Hausarbeit nachging, wurde ich gewahr, wie die Küche plötzlich von einem hellen Licht durchflutet war, und an meiner Seite fühlte ich einen Druck, als ob ein Mensch ganz nahe bei mir stünde. Auch andere Menschen waren durch Gebete geheilt worden, und ich begriff, daß sich die heilende Hand Gottes auf mich gelegt hatte. Ich wartete bis zum andern Tag, um festzustellen, ob sich die Symptome der Krankheit nicht wieder zeigten. Am nächsten Morgen war der Fortschritt so deutlich, und ich fühlte mich so befreit und wohl, daß ich meine Freundin anrief und ihr mitteilte, ich sei davon überzeugt, geheilt zu sein.

Das Erlebnis dieser Heilung ist heute noch so lebendig in mir wie damals. Es sind seither fünfzehn Jahre verflossen, und ich fühle mich noch heute ausgezeichnet.«

In vielen Fällen von Herzkrankheiten hat sich die Therapie des Glaubens (ein ruhiges, sicheres Gefühl des Vertrauens in Jesus Christus) als äußerst hilfreich erwiesen. Menschen, die eine Herzattacke erlitten und durch das Erlebnis der Krankheit zu einem gläubigen Gottvertrauen geführt wurden und zugleich die Anordnung der Ärzte genau befolgen, verzeichnen erstaunliche Fortschritte. In vielen Fällen können solche Patienten einen Gesundheitszustand erringen, der *besser* ist als zuvor, weil sie ihre Möglichkeiten und Grenzen besser erkennen und dadurch neue Kraftreserven gewinnen.

Außerdem haben solche Menschen das wichtigste Gesetz des menschlichen Wohlbefindens erkannt: die

Einordnung des Menschen in die göttliche Lebensordnung.

Ein mitten im Berufsleben stehender, erfolgreicher Mann erlitt im Alter von 35 Jahren eine Herzattacke, und man sagte ihm, er werde nie mehr arbeiten können. Die ärztlichen Verordnungen lauteten auf absolute Bettruhe, und es machte den Anschein, als ob der Patient den Rest seiner Tage größtenteils liegend zubringen müsse.

An einem frühen Morgen griff er nach seiner Bibel, und durch einen Zufall (war es Zufall?) öffnete er das Buch beim Brief an die Hebräer und las im 13. Kapitel den 8. Vers: »Jesus Christus ist gestern und heute derselbe und in Ewigkeit.« Er überlegte sich, daß Christus *damals* Menschen heilen konnte, und er stellte sich die Frage: »Warum sollte Jesus nicht auch *heute* noch heilen können? Warum sollte er nicht auch mich heilen können?« Und er faßte Vertrauen.

In seinen Gebeten bat er Gott um Hilfe, und er vermeinte die Stimme Jesu zu hören, der ihn fragte: »Glaubst du, daß ich dich heilen kann?« Und er antwortete: »Ja, Herr, ich glaube.« Er schloß die Augen und »glaubte, die heilende Hand Gottes auf seinem Herzen zu spüren«.

Während des ganzen Tages fühlte er sich ruhig, und in der folgenden Zeit spürte er deutlich eine Stärkung seines kranken Herzens. Eines Tages betete er: »Herr, wenn es Dein Wille ist, stehe ich morgen auf, kleide mich an, und in einigen Tagen will ich meine Arbeit wieder aufnehmen. Ich gebe mich ganz in Deine Hände. Wenn ich morgen infolge meiner neuen Anstrengungen sterbe, danke ich Dir für alle guten Tage, die ich in meinem Leben hatte. Mit

Deiner Hilfe aber will ich den morgigen Tag beginnen, und ich bitte Dich, an meiner Seite zu bleiben. Ich glaube, daß meine Kräfte ausreichen werden, sollte ich aber versagen und sterben, dann werde ich an Deiner Seite in die Ewigkeit eingehen.«

In dieser ruhigen Sicherheit verstärkte er am kommenden Tag seine Aktivität, und im selben Geist verblieb er während der nächsten dreißig Jahre nach seiner Herzattacke. Mit 75 Jahren zog er sich zurück, und ich habe wenige Menschen gekannt, die sich ihre körperlichen und geistigen Kräfte so gut erhalten haben. Jeden Tag nach dem Essen legte er sich zu einer Ruhepause nieder, und nie gestattete er sich irgendeine Aufregung. Er ging früh zu Bett und stand früh auf, und die disziplinierte Anwendung gesunder Lebensregeln sicherte ihm eine ausgezeichnete Gesundheit und Leistungsfähigkeit bis ins hohe Alter.

Bei all seinem Tun fehlte jegliche Hast, jegliche Sorge und jegliche Spannung. Er arbeitete viel, aber gelöst und ohne Krampf. Die Ärzte sagten, ohne diese entscheidende Wendung in der geistigen Haltung zu seiner Arbeit wäre er früh gestorben oder zum mindesten ein invalider Mann geblieben. Die Diagnosen der Ärzte führten ihn an *den* Punkt, wo die heilende Kraft Gottes eingreifen konnte. Ohne diese Herzattacke wäre der Mann für eine geistige und seelische Heilung nicht reif geworden.

Sollten wir selbst oder einer unserer Lieben erkranken, so dürfen wir neben der ärztlichen Betreuung und der praktischen Anwendung der wissenschaftlichen Erkenntnisse nie eine der größten Quellen der Heilung vergessen: *das Vertrauen in die Heilkraft Gottes.*

Dabei mögen uns die nachfolgenden acht Grundsätze einen praktisch begehbaren Weg aufzeigen:

1. Befolge den Rat eines prominenten Arztes, der sagte: »Wenn du krank wirst, rufe nicht nur den Arzt, sondern auch den Seelsorger!« Damit wollte er sagen: Vergiß nicht, daß deine Geisteshaltung ebenso wichtig ist wie die korrekte medizinische Behandlung.

2. Bete für deinen Arzt. Denke daran, daß Gott menschliche Helfer hat, und erinnere dich an die Worte eines Arztes, der sagte: »Wir behandeln die Patienten, und Gott heilt sie.« Bitte darum, dein Arzt möge dir unter Gottes Führung Heilung bringen.

3. Was immer auch geschieht, lasse keine ängstlichen und negativen Gedanken in dir aufkommen. Du weckst damit destruktive Kräfte, sowohl bei dir selbst als auch bei andern Menschen. Kranke brauchen vermehrt positive, vertrauende und gläubige Gedanken.

4. Erinnere dich daran, daß Gott seine großen Gesetze nicht verläßt. Unsere menschlichen Ordnungen und Erkenntnisse sind nur unvollkommene Abbilder der göttlichen Gesetze, die das Universum beherrschen. Gott bietet uns zwei Wege der Heilung: durch die materialistische Anwendung der Wissenschaft *und* durch das Gesetz des Geistes. Das letztere wird erweckt durch Glaube und Vertrauen.

5. Gib dich und deine Lieben ganz in Gottes Hand. Durch deinen Glauben kannst du auch andere Menschen in den Genuß göttlicher Kraft bringen. Auch darin liegt eine gewaltige Kraft, die zwar schwer zu erklären und zu verstehen ist. Wenn sich aber unser gläubiges Vertrauen mit dem aufrichtigen Willen des Patienten vereint, sich ganz unter den Schutz Gottes zu begeben, werden große heilende Kräfte geweckt.

6. Es ist von großer Wichtigkeit, daß der Kranke mit seiner Familie in geistiger Harmonie lebt. Denken wir an die bedeutungsvollen Worte der Heiligen Schrift: »Denn wo zwei oder drei versammelt sind in meinem Namen, da bin ich mitten unter ihnen.« (Matthäus 18,20). Wie auch: *»Wenn zwei von euch auf Erden darin übereinstimmen werden, irgendeine Sache zu erbitten, so wird sie ihnen zuteil werden von meinem Vater im Himmel.«* (Matthäus 18,19). Disharmonie und Krankheit sind eng verbunden miteinander.

7. Stelle dir ein Bild des Kranken (oder falls du selber krank bist, deiner selbst) vor, das ihn bei guter Gesundheit zeigt. Sieh ihn als einen Menschen, der Verbindung mit Gott hat und Seiner Liebe und Güte teilhaftig wird. Unser Bewußtsein mag gefangen sein in Krankheit und Tod, doch neun Zehntel unseres Geistes bestehen aus dem Unterbewußtsein. Lassen wir darum das erschaute Bild der Gesundheit und Lebenskraft tief in unser Unterbewußtsein eindringen, und dieser kraftgeladene Teil unseres Geistes wird Ströme der Energie und der Lebenskraft entwickeln. Was

wir in unserem Unterbewußtsein glauben und erwarten, wird uns in der Regel teilhaftig. Wenn unser Vertrauen in unserem Unterbewußtsein nicht vorherrscht, werden wir niemals gute Ergebnisse erzielen, denn es gibt immer nur das zurück, was unsere Gedanken ihm geben. Wenn unsere tiefsten Gedanken negativ sind, wird auch das Resultat negativ sein. Sind unsere Gedanken aber wirklich gläubig und lebensbejahend, dann wird das Ergebnis Heilung und Gesundheit sein.

8. Sei natürlich! Bitte Gott um Heilung deiner selbst oder deiner Lieben – denn das ist es, was du dir von ganzem Herzen wünschst. Bitte ihn aber nicht fortwährend, wandle dein Flehen viel eher in Dankbarkeit für Seine Liebe und Güte. Dieses dankbare und zuversichtliche Vertrauen wird dich beruhigen und mit einer tiefen, inneren Freude erfüllen, und Freude allein ist schon heilende Kraft an sich.

Kapitel 12

Wie wir verlorene Vitalität wiedergewinnen können

Ich hörte von einer Frau, die in eine Apotheke ging und eine Flasche psychosomatische Medizin verlangte ...

Eine solche Arznei ist jedoch nicht in Pillen oder Tropfen erhältlich, doch gibt es trotzdem eine Form psychosomatischer Medizin, und viele von uns bedürfen ihrer. Das Rezept enthält: Gebete, Vertrauen und schöpferisches Denken.

Es ist vielfach festgestellt worden, daß 50 bis 75 Prozent der Menschen unserer Generation krank sind, weil sich ihre Geisteshaltung ungünstig auf Gemüt und Körper auswirkt. Viele dieser Menschen könnten ihren Zustand verbessern, wenn sie sich neben der ärztlichen Hilfe die Grundsätze des positiven Denkens zu eigen machten.

Der Verkaufschef einer großen Firma, der für seine Vitalität und seinen scheinbar unerschöpflichen Ideenreichtum bekannt war, begann plötzlich in seinen Leistungen nachzulassen. Die guten Ideen blieben aus, und bald stellte man auch eine sinkende Verkaufskurve fest. Die Geschäftsleitung sandte ihn zum Arzt und gewährte ihm einen längeren Ferienaufenthalt, damit er sich entspannen und erholen könne, doch blieben diese Maßnahmen ohne jeden Erfolg.

Sein Arzt sandte ihn zu mir. Auch die Geschäftsleitung

legte ihm diesen Schritt nahe, doch der Betroffene war sehr ärgerlich, weil man glaubte, ihn »zur Kirche« senden zu müssen.

»Ist es nicht lächerlich, einen Geschäftsmann zu einem Pfarrer zu schicken?« fragte er nach unserer Begrüßung, und spöttisch fügte er bei: »Ich nehme an, Sie wollen mit mir beten und die Bibel lesen?«

»Warum nicht?« sagte ich. »Manchmal liegen unsere Schwierigkeiten auf Gebieten, wo die Macht des Gebets und die Weisheit der Bibel gute Erfolge zeitigen können.«

Unsere Unterredung verlief unerfreulich, und es gelang mir nicht, seine innere Abneigung zu überwinden. Schließlich war ich gezwungen zu sagen: »Ich will Ihnen offen gestehen, daß Sie besser täten, mir Vertrauen zu schenken und mit mir zusammenzuarbeiten, wenn Sie nicht entlassen werden wollen.«

»Wer hat Ihnen das gesagt?« fragte er erschrocken. »Ihr Chef«, sagte ich. »Er sagte mir, Ihre Entlassung sei unumgänglich, wenn es nicht gelänge, Ihren Zustand zu ändern.«

»Was glauben Sie, daß ich tun sollte?« fragte der Mann erstaunt und unsicher geworden.

»Manchmal geraten Menschen in einen ähnlichen Zustand«, sagte ich, »wenn ihr Geistesleben von irgendwelchen Befürchtungen, Spannungen, Ressentiments, Schuldgefühlen oder einer Kombination aller zusammen erfüllt ist. Wenn diese Empfindungen eine gewisse Stärke erlangen, ist unsere Persönlichkeit nicht länger in der Lage, sie zu ertragen, und gibt auf. Die normalen Quellen geistiger und physischer Erneuerung sind verstopft, und solche

Menschen verlieren rasch an Gesundheit und Geisteskraft. – Ich kenne Ihre Sorgen nicht, doch ich schlage Ihnen vor, mich als einen aufrichtigen Freund zu betrachten, dem Sie absolutes Vertrauen schenken können.«

Ich betonte, es sei von größter Wichtigkeit, mir nichts zu verheimlichen, und gab ihm den Rat, er möge sich vollkommen über alle seine Empfindungen, wie immer sie geartet seien, aussprechen, und ich versicherte ihn meiner strikten Verschwiegenheit.

»Alles, was Ihre Arbeitgeber wollen, ist Ihre Rückkehr in die Firma und die Wiederaufnahme Ihrer früheren, erfolgreichen Tätigkeit.«

Die Quellen seiner Sorgen kamen ans Licht. Er hatte eine Reihe von Verfehlungen begangen, durch die er in ein Lügennetz verstrickt worden war. Er lebte in ständiger Angst vor der Entdeckung, und sein ganzes Innenleben war ein Knäuel von Befürchtungen, düsteren Erwartungen und Schuldgefühlen.

Es war sehr schwierig, ihn zum Sprechen zu bringen, da er ein feinfühliger Mensch mit ausgeprägtem Schamgefühl war. Ich machte ihm aber begreiflich, daß diese »Operation« ausgeführt werden *müsse* und zu ihrer erfolgreichen Durchführung eine restlose »Entleerung« und Befreiung des Geistes unumgänglich sei.

Ich werde seine Reaktion nie vergessen, als alles vorbei war. Er stand, wippte auf den Fußspitzen, streckte seine Arme gegen die Zimmerdecke und tat einen tiefen Atemzug. »Mein Gott«, sagte er, »ich fühle mich besser!« Dadurch brachte er eindrücklich seine innere Befreiung und die Erlösung von einer schweren Belastung zum Ausdruck.

Ich schlug ihm vor, zu beten und Gott um Verzeihung und um inneren Frieden zu bitten.

»Meinen Sie, ich sollte *laut* beten?« fragte er unsicher. »So etwas habe ich mein Lebtag nicht getan.«

»Dann tun Sie es eben *jetzt*«, sagte ich, »es wird Ihnen guttun und Ihnen neue Kraft verleihen.« Er sprach ein einfaches Gebet, und in meiner Erinnerung blieb es ungefähr wie folgt haften: »Lieber Gott, ich habe schwere Fehler begangen, und ich bereue sie. Ich habe meinem Freund alles gestanden, und ich bitte Dich, mir zu verzeihen und mir meine Ruhe wiederzuschenken. Stärke mich, damit ich nie wieder solche Fehler mache, und hilf mir, ein sauberes und ehrliches Leben zu führen.«

Am selben Tag ging er in sein Büro zurück, und kein Mensch sprach je mehr über die Angelegenheit. Es war auch nicht nötig, denn von dieser Stunde an erfüllte er seine Arbeit wieder in alter Frische und Tatkraft, und er zählte wieder zu den besten Verkaufschefs seiner Stadt.

Später traf ich seinen Arbeitgeber. »Ich weiß nicht, was Sie mit Bill gemacht haben, aber er ist besser als je«, sagte er.

»Ich habe nichts gemacht«, sagte ich, »Gott hat es getan.«

»Ich verstehe«, sagte er, »jedenfalls ist Bill wieder der alte.«

Dr. Franklin Ebaugh von der Medizinischen Fakultät der Universität Colorado erklärt, von den in den allgemeinen Spitälern behandelten Krankheiten sei ein Drittel rein organischer Natur, das zweite Drittel bestehe aus einer Kombination organischer und psychischer Krankheit und das letzte Drittel sei rein psychisch bedingt. Und Dr. Flanders Dunbar, der Autor des Buches »Körper und Seele«, sagt: *»Die Frage ist nicht, ob eine Krankheit körperlich oder seelisch bedingt ist, sondern wieweit das Körperliche oder das Seelische daran beteiligt ist.«*

Wer die ganze Frage objektiv beurteilt, muß zugeben, daß die Ärzte recht haben, wenn sie Angst, Neid, Ressentiments, Haß, Eifersucht und Ärger als *direkt krankheitsfördernd* bezeichnen. Wie oft zeigen sich die Folgen eines Ärgers in Magen- und Darmstörungen. Durch irgendeinen Gefühlsausbruch spielen sich im Körper chemische Prozesse ab, deren Resultat organische Störungen sind. *Ergibt sich aber eine unaufhörliche Kette solcher Empfindungen und ihrer Reaktionen, so muß das Allgemeinbefinden des Körpers Schaden nehmen.*

Als ich mich mit einem Arzt über einen gemeinsamen verstorbenen Bekannten unterhielt, bemerkte er, der Patient sei an »Neiditis« gestorben. Der Arzt wollte damit sagen, seine Reserven seien durch ein lange gehegtes Haßgefühl aufgezehrt worden. »Dadurch fügte er seinem Körper solchen Schaden zu, daß er keine Widerstandskraft mehr hatte, als er von einer Krankheit befallen wurde.«

Dr. Charles Miner Cooper schrieb in einem Artikel über Herzbeschwerden: »Wir müssen lernen, unsere Gefühle im Zaum zu halten. Ich hatte einen Patienten, dessen Blutdruck ganz bedeutend hinaufkletterte, wenn er sich ärgerte. Daraus können wir ermessen, welche Folgen solche Reaktionen auf das Herz haben müssen.« Dr. Cooper schrieb, Menschen, die stets bereit seien, für irgendein Mißgeschick *andere* anzuklagen, würden besser tun, sich in Dinge zu schicken, die nicht mehr zu ändern seien. Der schottische Arzt John Hunter, der an einem Herzfehler litt und die Bedeutung der Gemütsverfassung in dieser Beziehung sehr wohl kannte, sagte, sein Leben liege praktisch in der Hand von Leuten, die ihn aufregen und ärgern könnten. In der Tat starb Dr. Hunter trotz seines Wissens um die Gefährlichkeit von Gefühlserregungen an einer Herzattacke, die er sich bei einem Wutausbruch zuzog, als er seine Selbstbeherrschung verloren hatte. Dr. Cooper gibt uns den Rat, beim Auftauchen irgendeines geschäftlichen oder persönlichen Problems, das uns beunruhigt oder in Aufregung zu versetzen droht, uns vollkommen zu entspannen. Das hilft mit, den inneren Aufruhr zu besänftigen. *Unser Herz braucht Menschen, die mit Überlegenheit, Ruhe, Zuversicht und Intelligenz ihre Gefühlserregungen zu zügeln verstehen.*

Wenn wir uns irgendwie unter Druck befinden, ist es ratsam, eine *rücksichtslose Selbstanalyse* vorzunehmen. Wir müssen uns fragen, ob wir uns in irgendeinem versteckten Ressentiment, in einer Verärgerung, in einer Enttäuschung oder in Neid und Mißgunst verfangen haben, und wenn wir in aufrichtiger Selbstprüfung ein solches Übel entdeckt haben, müssen wir es rücksichtslos über Bord werfen. *Solche Gefühle gegen andere Menschen schaden niemandem außer uns selbst.*

Jede Desorientierung unseres Gemüts nagt an unserer Lebenskraft, zerstört unsere Energie und vermindert unsere Leistungsfähigkeit. Außerdem zerstört ein ungesundes Gemütsleben unsere körperliche Gesundheit und damit auch unser Lebensglück.

Wir wissen heute, daß unser Geistes- und Gemütszustand direkten Einfluß auf unsere Gesundheit hat. Wir wissen ferner, daß Menschen durch Neid, Mißgunst, Ärger und Ressentiments krank werden können. Wir wissen auch, daß irgendwelche Schuld- oder Angstgefühle die verschiedensten Krankheitssymptome hervorrufen können, und es ist bewiesen, daß die Heilung ihren Anfang nahm, nachdem eine geistige Umstellung eingeleitet worden war.

Ein Arzt erzählte mir den Fall einer jungen Frau, die mit allen Anzeichen einer akuten Arthritis in seine Klinik eingeliefert wurde. Die Frau hatte sehr hohes Fieber, und ihre Gelenke waren stark geschwollen. Um den Fall genau abzuklären, gab ihr der Arzt keine Arznei außer einem leichten Schmerzmittel. Nach zwei Tagen fragte die Patientin den Arzt: »Wie lange wird dieser Zustand dauern, und wie lange muß ich im Spital verbleiben?«

Der Arzt antwortete: »Ich glaube, daß Sie etwa sechs Monate hierbleiben müssen.«

Die Unterredung hatte am Abend stattgefunden. Am andern Morgen war die Temperatur der Patientin normal, und die Schwellungen in ihren Gelenken waren verschwunden. Der Arzt fand für diese plötzliche Heilung keine Erklärung, beobachtete die Frau noch einige Tage und schickte sie dann nach Hause.

Einen Monat später wurde sie erneut in das Spital eingeliefert: hohes Fieber, geschwollene Gelenke. Die nähere Abklärung ihrer Lebensumstände ergab, daß ihr Vater sie zu einer Heirat mit einem Mann, der ihm geschäftlich große Vorteile bieten konnte, veranlassen wollte. Die junge Frau liebte ihren Vater und hätte seinen Wunsch gern erfüllt, aber sie konnte nicht einen Mann heiraten, den sie nicht liebte. So kam ihr das Unterbewußtsein zu Hilfe und versah sie mit einer akuten Arthritis und Fieber …

Der Arzt sprach mit dem Vater und warnte ihn, seine Tochter zu dieser Heirat zu zwingen, da er ihr damit gesundheitlich schweren Schaden zufügen könne. Als der Vater Vernunft annahm und die Tochter erfuhr, er habe seinen Wunsch aufgegeben, stellte sich die Heilung plötzlich und dauernd ein.

Das will nun nicht heißen, jedermann, der an Arthritis leide, sei mit dem falschen Partner verheiratet. Dieser Fall soll lediglich die ungeheuren Einflüsse unseres Gemütslebens auf den Körper verdeutlichen.

Ein Psychologe schrieb, Kinder könnten vom »Virus« der Angst viel leichter angesteckt werden als durch Masern oder irgendeine andere Kinderkrankheit. Der Bazillus der Angst dringt tief in ihr Unterbewußtsein ein und kann dort während eines ganzen Lebens verharren. »Glücklicherweise«, so fügt er bei, »können aber Kinder ebensoleicht Liebe, Güte und Vertrauen in sich aufnehmen und dadurch gesunde und normale Menschen bleiben.«

Dr. Ewald Weiß ist der Ansicht, wir sollten Ärger, Haß und Nachträglichkeit gegen andere Menschen ebensosehr als Bakterien betrachten wie andere Krankheitserreger, weil sie genauso Krankheiten und körperliche Schmerzen hervorrufen können wie wissenschaftlich feststellbare Bazillen.

Eine Frau besuchte ihren Arzt wegen eines Ausschlags an den Händen, der als ein Ekzem diagnostiziert wurde.

Da es durch die klassische medizinische Behandlung nicht heilen wollte, ermutigte der Arzt die Frau, von ihren Problemen zu erzählen, und es zeigte sich, daß sie einen strengen und unerbittlichen Charakter hatte. Die Patientin litt zudem auch an Rheuma. Der Doktor sandte sie zu einem Psychiater, der feststellte, daß die Frau an schweren inneren Konflikten litt, die sie nun in Form eines Ekzems nach außen transponierte.

Schließlich fragte sie der Psychiater: »Was frißt innerlich an Ihnen? Irgend etwas bedrängt und bedrückt Sie, nicht wahr?« Die Patientin fuhr zusammen und verließ das Sprechzimmer, ohne ein Wort zu sagen. Der Psychiater wußte, daß er den Nagel etwas zu genau auf den Kopf getroffen hatte, doch nach einigen Tagen zwang sie der Zustand ihres Ausschlages erneut zu einem Besuch. Sie war bereit, sich helfen zu lassen, selbst auf die Gefahr hin, einen lange gehegten und gepflegten Haß aufzugeben.

Der ganze Hintergrund bestand aus einem Testament, das – nach Meinung der Patientin – zu ihren Ungunsten und zugunsten ihres Bruders aufgestellt worden war. Als sie sich mit den Tatsachen abgefunden und mit ihrem Bruder reinen Tisch gemacht hatte, verschwand das Ekzem innert 24 Stunden.

Selbst zwischen gewöhnlichen Erkältungen und Gemütskonflikten besteht ein direkter Zusammenhang. Dr. L. Saul von der Universität Pennsylvania hat sich eingehend mit diesem Problem befaßt.

Er schreibt: »Gemütserregungen und -konflikte beeinträchtigen die Blutzirkulation in Nase und Hals. Sie können auch die Drüsenfunktionen direkt beeinträchtigen;

dadurch wird die Empfindsamkeit der Schleimhäute auf Ansteckungen stark gesteigert.«

Dr. E. P. Fowler schreibt: »Erkältungen sind oft feststellbar bei Studenten, die vor ihrem Examen stehen, oder bei Menschen, die eine Reise vorhaben oder von einer Reise zurückkehren. Auch der bevorstehende Besuch einer Schwiegermutter kann bei Hausfrauen Erkältungen auslösen, die in vielen Fällen mit der Abreise wieder verschwinden.« (Dr. Fowler sagt nicht, ob sich solche Erscheinungen auch bei der Schwiegermutter selbst zeigen – vielleicht geht es ihr ebenso!)

Dr. Fowler erzählt den Fall einer fünfundzwanzigjährigen Verkäuferin. Als sie in seine Sprechstunde kam, hatte sie eine verstopfte Nase, die durch Blutstauungen gerötet war; sie litt außerdem an Kopfweh und leichtem Fieber. Diese Symptome waren seit Wochen unverändert, und eine nähere Befragung ergab, daß sie wenige Stunden nach einem heftigen Streit mit ihrem Verlobten aufgetaucht waren.

Lokale Behandlungen brachten die Erscheinungen zum Verschwinden, doch nach einigen Wochen kam die Patientin erneut in die Sprechstunde wegen der gleichen Krankheit. Diesmal war sie nach einer Auseinandersetzung mit ihrem Metzger davon befallen worden. Wieder war die ärztliche Behandlung erfolgreich, doch das Mädchen erlitt immer neue Erkältungsanfälle, und jedesmal hingen sie irgendwie mit einem Ärger zusammen. Es gelang dem Arzt, sie zu überzeugen, daß ihr unfreundliches und ungezügeltes Temperament dafür verantwortlich sei. Als sie lernte, die Dinge ruhiger zu nehmen und sich nicht wegen jeder

Kleinigkeit aufzuregen, verschwand ihr chronischer Schnupfen.

Trotzdem gibt es noch Menschen, die der Ansicht sind, es sei ein »theoretischer Ratschlag«, wenn die Bibel uns vor Aufregungen und Zorn warnt! Die Bibel aber ist nicht theoretisch: sie ist voller praktischer Ratschläge für unser Leben und unsere Gesundheit. Ärger, Haß und Schuld führen zur Krankheit.

Die Erkenntnisse der modernen Wissenschaft beweisen, daß die Heilige Schrift, die von so vielen Menschen noch nicht beachtet wird, ein hochaktuelles Buch und ein praktischer Wegweiser zu unserem persönlichen Wohlbefinden ist. Die Bibel zeigt uns nicht bloß unsere Fehler und Schwächen, sondern sie weist uns auch den Weg zu ihrer Überwindung und Heilung.

Dr. Fowler macht uns auch auf die gemütsbedingten »Erkältungen« bei Kindern aufmerksam. Chronische Erkältungen zeigen sich oft bei Kindern, deren Heim in die Brüche ging. Er berichtet von einem neunjährigen Buben, der einen sehr strengen, diktatorischen Vater und eine nachgiebige, weiche Mutter hatte. Der Konflikt zwischen der übermäßigen Strenge des einen Elternteils und der Nachgiebigkeit des anderen irritierte das Kind. Während vieler Jahre litt es an immer wiederkehrendem Husten und Schnupfen. Es war interessant festzustellen, wie diese Erscheinungen verschwanden, sobald der Junge mit den Pfadfindern in ein Camp auszog und nicht mit seinen Eltern in Berührung kam.

Wenn Ärger, Unsicherheit, Spannungen, Ressentiments und Mißgunst so machtvoll sind, was ist der logische Schluß, den wir aus diesen Tatsachen zu ziehen haben? *Wir müssen unseren Geist und unser Gemüt mit Gedanken und Gefühlen des guten Willens, der Güte und Liebe, der Verzeihung, der Großzügigkeit, der Toleranz und der Gelassenheit erfüllen.* Und wie können wir dies erreichen?

Denke daran, daß Ärger eine Erregung ist. Erregungen sind warm, vielfach sogar heiß. Um sie zu dämpfen, müssen sie abgekühlt werden. Aber wie? Wenn sich jemand aufregt und ärgert, wollen sich die Fäuste ballen, die Stimme wird laut und steigt, die Muskeln spannen sich, und der Körper wird verkrampft. (Physisch gesehen, machen wir uns zum Kampf bereit.) Stellen wir darum der Hitze innere Gelassenheit und Kühle entgegen. Lassen wir sie einfrieren! Durch einen Akt des Willens entspannen wir unsere Hände, senken Tonfall und Lautstärke unserer Stimme. Lassen wir uns in einen Stuhl fallen oder besser: Legen wir uns nieder. Wer liegt, hat Mühe, die Selbstbeherrschung zu verlieren.

Sage zu dir selber: »Sei kein Narr! Aufregung führt nirgends hin. Darum Schluß damit!« Vielleicht hast du Mühe, gerade jetzt zu beten. Versuche es aber trotzdem. Stelle dir Jesus Christus vor! Könnte er sich so gebärden wie du? Niemals! Das wird dir helfen, dich zu beruhigen.

Eine gute Methode, um Erregungen abzukühlen, besteht in der Gewohnheit, langsam bis zehn zu zählen. *Besser aber* sind die ersten zehn Worte des »Vaterunsers«. Wenn du dich aufregst, sage ruhig den ersten Satz des Gebets vor dich hin, und deine Erregung wird viel von ihrer Macht über dich verlieren.

Ärger und Verdruß sind gewöhnlich der Ausdruck vieler kleiner Unannehmlichkeiten, die Macht gewannen, weil sich ein Steinchen zum andern fügte, bis das Ganze schließlich groß und gewichtig wurde. Es lohnt sich daher, eine Aufstellung aller kleinen Dinge zu machen, die uns bedrücken und irritieren. Es spielt gar keine Rolle, wenn es sich dabei um scheinbar unbedeutende Dinge handelt; schreibe sie trotzdem auf! Dadurch werden wir uns der vielen kleinen Bächlein bewußt, die sich schließlich zum reißenden Strom des Kummers vereinen.

Befasse dich mit jeder einzelnen deiner kleinen Bedrängungen im Gebet. Erringe über jede einen besonderen Sieg. Anstatt alle deine Sorgen auf einmal zu überwinden, was eine allzu große Kraftanstrengung erfordert, nimm sie dir einzeln vor. Auf diese Weise wirst du die Kraft deiner gesamten Ärgernisse schwächen und schließlich ganz damit fertig werden.

Sobald du fühlst, wie dich irgendein Verdruß in die Krallen nimmt, sage dir: »Lohnt es sich wirklich, mich deswegen aus der Ruhe bringen zu lassen? Will ich wirklich einen Narren aus mir machen? Soll ich dadurch die Zuneigung und Freundschaft anderer Menschen verlieren?« Sage dir auch jeden Tag die Worte: »Es gibt nichts, für das sich eine Aufregung lohnt.«

Wenn du verletzt worden bist, tue sofort etwas dagegen. Schleiche nicht als »beleidigte Leberwurst« herum, und lasse keine Selbstbemitleidung in dir aufkommen. Handle so, als ob du dich in den Finger geschnitten hättest: einige Tropfen geistiges »Jod« in Form eines Gebets. Sei nicht nachtragend, verzeihe! Dein Ressentiment schadet niemandem außer dir selbst!

Übe deinen Geist in der Kunst der Reinigung und des Vergessens. Das heißt: Öffne die Kammern deines Hirns, und lasse alle Gedanken des Ärgers und des Verdrusses ausfliegen. Suche einen Menschen auf, dem du vertrauen kannst. Sprich mit ihm, erleichtere dich. Trenne dich von allen Resten negativer Gedanken – und vergiß sie.

Wenn dich jemand verletzt hat, bete für ihn. Das hilft nicht immer sofort, aber auf die Dauer hilft es *sicher*. Bete so lange, bis alle Gefühle der Abneigung und des Ärgers in dir verschwunden sind.

Sprich das folgende kleine Gebet: »Möge mein Herz von der Liebe Jesu erfüllt werden.« Und füge bei: »Möge Gottes Liebe für (füge hier den Namen des betreffenden Menschen ein) auch mein Herz erfüllen.« Bitte darum, daß dieser Wunsch dein aufrichtiger Wille werde.

Nimm den Rat Jesu wörtlich: Vergib siebzigmal siebenmal! Um es genau zu nehmen: Das ist vierhundertneunzigmal. Bevor du jemandem so oft vergeben hast, wirst du frei von Verdruß und nicht mehr nachtragend sein.

Deine Aufregungen, dein Ärger, dein Verdruß, dein Haß – das alles kann einzig und allein zum Verschwinden gebracht werden, wenn Jesus Christus selbst die Kontrolle darüber ausübt. Bete wie folgt: »So wie Du einen Menschen vom Schlechten zum Guten führen kannst, so bitte ich Dich, meinen Nerven Deine Ruhe und Deinen Frieden zu schenken. So wie Du Macht gibst über die Sünden des Fleisches, schenke mir Macht über die Sünden des Geistes und des Gemüts. Stelle meine Gefühle unter Deinen Schutz. Gib meinen Nerven und meiner Seele Deinen Frieden.«

Wenn du erneut von Ärger und Verdruß befallen wirst, erinnere dich an dieses Gebet. Wiederhole es täglich dreimal. Schreibe es auf! Hefte es über dein Pult oder deinen Küchentisch, oder lege es in deine Taschenagenda.

Kapitel 13

Neue Gedanken erneuern dein Leben

William James, einer der weisesten Männer, sagte: »*Die größte Entdeckung unserer Generation besteht darin, daß der Mensch fähig ist, sein Leben zu ändern, indem er seine Gedanken ändert.*«

Wie du denkst, so wirst du sein. Darum fort mit allen veralteten, müden, ausgetragenen und negativen Gedanken! Fülle deinen Geist mit neuen, frischen Gedanken der Liebe, der Güte, des Vertrauens und des Glaubens. Dadurch kannst du tatsächlich dein Leben erneuern.

Und wo finden wir solche Gedanken der inneren Erneuerung?

Ich kenne einen führenden Geschäftsmann, bescheiden, aber einer jener erstaunlichen Persönlichkeiten, die nicht zu schlagen sind. Es gibt keine Probleme, keine Niederlagen, keine Rückschläge, keine Opposition, die er nicht überwindet und zum Guten wendet. Allen Hindernissen tritt er mit innerer Sicherheit und gläubigem Vertrauen entgegen, und irgendwie verwandeln sie sich auf seltsame Weise immer zu seinen Gunsten. Er scheint in allen Dingen eine »glückliche Hand« zu haben, die niemals versagt.

Diese hervorstechenden Eigenschaften haben stets mein Interesse erweckt, denn ich war der Überzeugung, es müsse dafür eine ganz bestimmte Erklärung geben. Da er aber ein sehr bescheidener und zurückhaltender Mensch ist, war es nicht leicht, ihn zum Sprechen zu bringen. Eines Tages, als er gerade in der richtigen Stimmung war, gab er mir sein Geheimnis preis. Ich besuchte seine Fabrik, ein hochmodernes Werk, ausgerüstet mit den neuesten Maschinen und einer maximalen Produktionskapazität. Die Arbeitsbedingungen sind vorbildlich und die menschlichen Beziehungen im Betrieb ausgezeichnet. Ein Geist des guten Willens scheint die ganze Organisation zu beherrschen.

Das Büro meines Bekannten ist ultramodern eingerichtet. Mein Erstaunen war groß, auf dem Pult eine Bibel zu entdecken, und zwar ein altes, abgegriffenes Exemplar. Das Buch war wohl der einzige alte Gegenstand in diesem Raum.

»Dieses Buch«, bemerkte mein Bekannter, »ist das Modernste, was Sie in meiner Fabrik finden können. Inneneinrichtungen und Maschinen können überholt werden, doch die Bibel steht so hoch über allem, daß sie nie veralten kann.

Als mich meine Eltern ins College schickten, übergab mir meine gläubige Mutter diese Bibel mit dem Hinweis, ich würde mit allen Schwierigkeiten des Lebens fertig werden, wenn ich mich an ihre Lehren halten würde. Ich dachte damals, meine Mutter sei eine liebe alte Frau (obschon sie noch keineswegs alt war), und um ihr eine Freude zu machen, nahm ich die Bibel an mich. Während vieler Jahre schaute ich sie praktisch nie an, denn ich glaubte, sie nicht nötig zu haben. Nun, ich war ein Dummkopf. Mein Leben entwickelte sich keineswegs günstig. Alles ging schief. Und was war der Grund? Ich selbst war ›schief‹, dachte falsch, handelte falsch, hatte nirgends Erfolg, aber überall Mißerfolg. Heute weiß ich, daß mein Hauptfehler in meiner unrichtigen Denkweise bestand. Ich dachte negativ, mißgünstig und voreingenommen. Niemand brauchte mir etwas vorzumachen, wußte ich doch alles besser. Im Grunde genommen fühlte ich mich allen anderen Menschen überlegen. Kein Wunder, daß mich niemand mochte.«

Und er fuhr fort: »In einer Nacht, als ich allerlei Schriftstücke ordnete, kam mir die längst vergessene Bibel in die Hände. Sie rief alte Erinnerungen in mir wach, und ich begann darin zu lesen. – Es ist eigenartig, wie oft kleine Dinge große Bedeutung erlangen. Irgendeinmal im Leben geht einem plötzlich ein Licht auf, und alles bekommt ein anderes Gesicht. Als ich las, stieß ich auf einen Satz, der buchstäblich mein Leben von Grund auf veränderte. Und wenn ich sage ›veränderte‹, so ist es wirklich so! Von der Minute an, da ich diesen Satz gelesen hatte, wurde alles ganz anders.«

»Wie heißt dieser Satz?« fragte ich gespannt, und er sagte ihn langsam und nachdenklich: *»Der Herr ist mein Licht und mein Heil ... ich bleibe getrost.«* (Psalm 27,1–3)

»Ich wußte damals nicht«, fuhr er fort, »warum gerade diese Worte mir so großen Eindruck machten. Heute weiß ich, daß ich trotz meiner Überheblichkeit ein Defätist war, negativ und ohne Glaube und Vertrauen. Irgend etwas ging in meinem Inneren vor. Wahrscheinlich das, was man als ›geistiges Erlebnis‹ bezeichnet. Meine Denkweise verließ das Negative und wandte sich dem Positiven zu. Ich beschloß, Vertrauen in Gott zu haben und im übrigen mein Bestes zu tun und die Grundsätze der Bibel zu befolgen. Damit änderte sich meine ganze Geisteshaltung von Grund auf. Meine alten, negativen Gedanken verschwanden, und neue, bejahende Ideen erschienen.«

Diese Geschichte illustriert eine wichtige Tatsache der menschlichen Natur: Wir können durch unser Denken zu Mißerfolg und Unglück oder zu Glück und Erfolg geführt werden. Die Welt, in der wir leben, ist keineswegs vorausbestimmt durch äußere Bedingungen und Umstände, sondern durch die Gedanken, die unsern Geist beherrschen. Erinnern wir uns immer wieder an die weisen Worte des römischen Kaisers Marc Aurel, der zu den größten Denkern der Antike gehört und der sagte: *»Das Leben eines Mannes ist das, was seine Gedanken daraus machen.«*

Ralph Waldo Emerson sagte: »Ein Mann ist das, was er den ganzen Tag denkt.« Und ein berühmter Psychologe erklärte: »Die menschliche Natur ist von der zwingenden Tendenz erfüllt, das zu werden, was sie sich vorstellt.«

Gedanken sind dynamische Kräfte. Wir können uns tatsächlich in eine Situation »hineindenken« und uns auch aus ihr »herausdenken«; unsere Gedanken können uns krank oder gesund machen. Umstände werden weit mehr durch Gedanken bestimmt als Gedanken durch Umstände.

Wer Verhältnisse ändern will, muß zuerst sein Denken ändern. Nie dürfen wir passiv irgendwelche Bedingungen einfach hinnehmen, die uns nicht befriedigen. *Formen wir im Geist ein Bild der Verhältnisse, wie sie sein sollten! Halten wir dieses Bild fest, bauen wir es bis in alle Einzelheiten aus, glauben wir daran, beten wir dafür, arbeiten wir dafür. Das ist der Weg zu seiner Verwirklichung.*

Das ist eines der größten Gesetze unseres Lebens. Ich würde mich glücklich schätzen, wenn ich es als junger Mensch entdeckt hätte, doch ich stieß erst in späteren Jahren darauf. Trotzdem bleibt es, neben meinem Glauben an Gott, die größte Entdeckung meines Daseins. Und in einem tieferen Sinne ist dieses Gesetz auch ein Faktor des Gottesglaubens, denn es öffnet dem Menschen den Weg zu den göttlichen Kräften.

Lege deine Probleme in Gottes Hand. Erhebe deine Gedanken *über* deine Sorgen, so daß du *diese von oben,* nicht von unten betrachten kannst. Prüfe das, was du anstrebst, genau, ob es im Einklang mit Gottes Willen steht. Versuche nie, eine schlechte Sache zum Erfolg zu führen. Sei sicher, daß dein Streben moralisch, geistig und ethisch sauber ist. Irrtümer und Fehler ergeben nie gute Resultate. *Ist unser Denken falsch, dann ist auch das Ergebnis falsch. Darum müssen wir von der Sauberkeit und Rechtlichkeit unserer Wünsche überzeugt sein.*

Erst dann dürfen wir sie ruhig in Gottes Hand geben und uns vom Endergebnis ein geistiges Bild machen. Alle auftauchenden negativen Gedanken müssen sofort durch positive ersetzt werden, damit der schöpferische Prozeß des Erschauens, Glaubens und Verwirklichens nicht unterbrochen wird.

Henry J. Kaiser erzählte mir, wie er einmal einen Flußdamm erbauen mußte, der durch einen großen Sturm mitten in der Arbeit wieder zerstört wurde. Die Bagger waren über und über mit Schlamm bedeckt, und als er den Schaden besichtigte, standen die Arbeiter mutlos vor ihren halb im Schlamm versunkenen Maschinen.

»Warum macht ihr so lange Gesichter?« fragte er lächelnd.

»Sehen Sie nicht, was passiert ist?« sagten sie schlecht gelaunt. »Unsere Maschinen sind über und über mit Schlamm bedeckt.«

»Was für Schlamm?« fragte Kaiser.

»Was für Schlamm?« wiederholten sie erstaunt. »Blikken Sie doch um sich!«

»Ich sehe keinen Schlamm«, sagte er lachend. »Ich sehe über mir blauen Himmel, und dort gibt es keinen Schlamm, nur Sonnenschein, und ich kenne keinen Schlamm, der der Sonne widerstehen könnte. Bald wird er trocknen, und dann werden wir die Maschinen wieder in Gang bringen.«

Dieses Beispiel gilt für alle Probleme. Richten wir unsere Augen abwärts in den Schlamm, bleiben wir entmutigt und ohne Hoffnung. Blicken wir aber gläubig und vertrauend auf zu den positiven Mächten unseres Daseins, dann werden wir auch Kraft gewinnen, unsere Sorgen zu überwinden.

Einer meiner Freunde, der ganz unten anfangen mußte und der heute in seinem Beruf eine hervorragende Stellung einnimmt, hat sich vom schüchternen Landbuben zum erfolgreichen Mann entwickelt, und es wunderte mich immer, wie er das fertiggebracht hatte.

Eines Tages verriet er mir sein »Geheimnis«: »Alles hängt davon ab, wie wir über unsere Probleme denken«, sagte er.

»Ich greife jedes Problem an und zerlege es kraft meines Verstandes in seine Einzelteile.

Zweitens vertraue ich auf eine gute Lösung.

Drittens mache ich mir ein geistiges Bild von seiner erfolgreichen Überwindung.

Viertens frage ich mich, ob mein Tun gut, anständig und richtig sei. Nichts geht gut aus, das in seinem Grund falsch oder schlecht ist.

Fünftens: Ich gebe alles, was ich habe, um damit fertig zu werden. Das Wichtigste aber bleibt die geistige Haltung. Wenn wir negativ denken, müssen wir sofort damit aufhören und neue, bejahende und vertrauende Gedanken in uns aufnehmen. Das ist das erste und Wichtigste bei der Überwindung irgendwelcher Schwierigkeiten.«

Beim Lesen dieses Buches werden Sie ohne Zweifel schöpferische Ideen und positive Gedanken aufnehmen. Wenn Sie diese pflegen, stärken und weiterentwickeln, wird es Ihnen gelingen, Ihre Geld- und Geschäftsprobleme besser zu lösen als zuvor. Ihre Unternehmungen werden sich ersprießlich gestalten, und Ihr ganzes Leben wird sich dank einer neuen, bejahenden Lebenshaltung verändern.

Es gab eine Zeit, da ich der irrigen Meinung war, *Glaube* und *Wohlstand* ließen sich nicht vereinen. Ich war der Ansicht, Religion sollte nie mit geschäftlichen Dingen verbunden werden, sondern sich einzig und allein auf moralische, ethische und soziale Probleme beschränken. Heute habe ich längst eingesehen, daß ein solcher Gesichtspunkt die göttlichen Kräfte und die Entwicklung des Menschen einschränkt. Die Religionen lehren, das Universum sei von einer gewaltigen Kraft erfüllt, die sich auch auf den Menschen übertragen könne. *Es ist tatsächlich eine Macht, die jede Niederlage überwinden und den Menschen weit über alle seine Sorgen hinausheben kann.*

Wir wissen heute um die gewaltigen Kräfte des Atoms. Dieselben Energien wohnen im menschlichen Geist, und es gibt auf der Welt keinen mächtigeren Faktor als die Geisteskraft des Menschen. Der Mensch ist weit größerer Leistungen fähig, als er sich je bewußt geworden ist.

Das gilt für uns alle! Wenn wir wirklich lernen, die in uns schlummernden Kräfte und Energien zu wecken, dann wird es uns gewissermaßen an nichts fehlen. Unser Leben kann frei und glücklich werden, wenn wir die uns von Gott gegebenen Kräfte richtig anwenden. Nichts ist unmöglich! Alles, was wir glauben und erschauen, wofür wir beten und arbeiten, kann sich verwirklichen. Blicke tief in dein Inneres: es ist voller Wunder. Wenn man menschliches Versagen bis in seine letzten Tiefen analysiert, stößt man immer auf eine falsche Denkweise. Die Irrtümer unserer Gedanken müssen zuerst berichtigt werden. Wenn der 23. Psalm sagt: *»… er leitet mich auf rechtem Pfade«*, so heißt das auch auf dem Weg *des rechten Denkens.* Und wenn Jesaja sagt: *»Der Gottlose lasse seinen Weg und der Frevler seine Gedanken …«* (Jesaja 55,7), so will das auch besagen, eine Änderung der Gedanken vom Falschen zum Richtigen, vom Irrtum zur Wahrheit sei notwendig.

Das große Geheimnis eines glücklichen Lebens besteht in der fortwährenden Verminderung unserer inneren Irrtümer und Fehler und im Anwachsen der Wahrheit in uns selber. Ein ständiger Zustrom neuer, gesunder Gedanken wirkt sich in allen Lebensumständen schöpferisch aus, denn die

Wahrheit bewirkt richtige Taten, und richtige Taten bewirken gute Ergebnisse.

Vor Jahren kannte ich einen unglücklichen jungen Mann, der fast in allem Mißerfolg hatte, was immer er in die Hand nahm. Obschon er eine angenehme Erscheinung war, versagte er immer wieder. Es kam vor, daß er von jemandem mit Begeisterung angestellt wurde, doch bald darauf verlor er die Stelle wieder. Der junge Mann versagte sowohl als Persönlichkeit wie auch als Angestellter. Es wollte ihm einfach nichts richtig gelingen, und oft fragte er sich: »Woran liegt es denn, daß immer alles schiefgeht?«

Er verfügte über eine gute Portion Selbstbewußtsein und Überheblichkeit und hatte die Gewohnheit, alles und jedes für seine Mißerfolge verantwortlich zu machen, nur nicht sich selber. Bei jeder Firma, die ihn anstellte, war irgend etwas nicht in Ordnung; immer hatte er etwas auszusetzen, doch nie kam es ihm in den Sinn, einmal tiefer in sich selbst nach den Fehlern zu suchen. Eines Abends wollte er mich sprechen, und da ich mit dem Auto ungefähr 150 Kilometer weit fahren mußte, um einen Vortrag zu halten, begleitete er mich auf dem Weg hin und zurück. Auf dem Heimweg, ungefähr um Mitternacht, hielten wir irgendwo an, um eine Tasse Kaffee zu trinken und ein Brötchen zu essen. Plötzlich rief mein Begleiter aus: »Ich habe es!«

»Was hast du?« fragte ich erstaunt.

»Ich habe die Antwort gefunden. Ich weiß nun, was mit mir los ist und warum alles schiefgeht! – Weil ich selber nicht in Ordnung bin!«

Ich legte meine Hand auf seine Schulter und sagte:

»Mein Lieber, endlich siehst du etwas ein!«

»Es ist mir alles sonnenklar«, sagte er, »ich habe ständig falsche Gedanken gepflegt – und dabei konnte nichts Gutes herauskommen.«

Wir standen im Mondschein neben dem Wagen, und ich sagte zu ihm: »Harry, du mußt noch einen Schritt weitergehen und Gott bitten, er möge dir helfen, richtig zu denken.« Ich zitierte eine Stelle aus der Bibel: *»Und ihr werdet die Wahrheit erkennen, und die Wahrheit wird euch frei machen.«* (Johannes 8,32). Die Wahrheit muß in unseren Geist eingehen, und wir werden frei von Mißerfolg.

Mein junger Freund wurde ein begeisterter Anhänger von Jesus Christus. Durch gläubiges Vertrauen und eine radikale Änderung seiner Denkweise entwickelte er auch eine richtige Lebenshaltung. Und nachdem sich diese Wandlung seines Denkens vollzogen hatte, ergab sich auch eine Änderung seiner Stellung im praktischen Leben.

Die folgenden sieben Grundsätze führen vom negativen zum positiven Denken. Wer sie anwendet, wird schöpferische Kräfte freimachen, sich vom Irrtum lösen und der Wahrheit zustreben.

1. Sprechen Sie während der nächsten 24 Stunden positiv und hoffnungsvoll über alles: über Ihre Arbeit, Ihre Gesundheit und Ihre Zukunft. Reden Sie bejahend über alles. Das wird vielleicht nicht einfach sein, besonders dann, wenn Sie bisher negative Gedanken gepflegt haben. Davon müssen Sie sich losreißen, auch wenn es Sie eine energische Willensanstrengung kostet.

2. Wenn Sie 24 Stunden lang eine zuversichtliche und hoffnungsvolle Sprechweise durchgehalten haben, bleiben Sie gleich noch eine Woche länger dabei! Dann können Sie es sich leisten, für einen oder zwei Tage »realistisch« zu sein. Sie werden dann entdecken, daß das, was Sie vor einer Woche unter »realistisch« verstanden, etwas ganz anderes geworden ist, nämlich das *Aufdämmern neuer, positiver Ausblicke.* Die meisten Menschen vergessen, daß das Positive mindestens so realistisch ist wie das Negative.

3. Unser Geist bedarf, wie der Körper, der Nahrung; und wenn er gesund bleiben will, bedarf er auch der *gesunden Nahrung!* Beginnen Sie heute, Ihren Geist anstatt negativ *positiv* zu »ernähren«. Lesen Sie das Neue Testament, und unterstreichen Sie jeden Satz, der von Glaube und Vertrauen spricht. Setzen Sie die Lektüre beharrlich fort, bis Sie jeden solchen Satz bei Johannes, Matthäus, Markus und Lukas angestrichen haben. Lesen Sie besonders das 11. Kapitel Markus mit den Versen 22, 23 und 24. Sie können als Beispiele dienen für andere Stellen, die Sie unterstreichen und in sich aufnehmen sollen.

4. Lernen Sie die unterstrichenen Stellen auswendig. Jeden Tag einen Satz. Das braucht Zeit, doch erinnern Sie sich daran, daß Sie viel mehr Zeit dazu verschwendet haben, ein negativer Denker zu werden! Es braucht etwas Energie und Zeit, um umzulernen.

5. Notieren Sie sich die Namen der Menschen in Ihrem Bekanntenkreis, die zu den bejahend und positiv Denken-

den gehören, und suchen Sie ihre Gesellschaft. Wenden Sie sich nicht ab von Ihren pessimistischen und negativ denkenden Freunden, doch suchen Sie für die nächste Zeit *vermehrten Umgang mit positiven Menschen,* so lange, bis Sie selbst etwas von ihrer bejahenden Denkweise angenommen haben. Dann können Sie wieder Ihre negativen Freunde aufsuchen und ihnen bejahende Gedanken zuführen, ohne sich von ihrer negativen Art beeinflussen zu lassen.

6. Vermeiden Sie negative Diskussionen. Wenn jemand pessimistische und verneinende Gedanken äußert, setzen Sie positive, zuversichtliche Gedanken entgegen.

7. Beten Sie viel, und danken Sie Gott für die vielen wundervollen Möglichkeiten, die er uns gibt. Gott kann uns nichts Besseres schenken als die Gnade des Vertrauens und des Glaubens. *»Euch geschehe nach eurem Glauben.«* (Matthäus 9,29)

Das Geheimnis eines besseren und glücklicheren Lebens liegt in der radikalen Säuberung des Geistes von veralteten, ungesunden und toten Gedanken. Statt ihrer benötigen wir lebendige, dynamische Gedanken des Vertrauens und des Glaubens. Sie können sich darauf verlassen: Solche Gedanken werden Sie selbst und Ihr Leben erneuern.

Kapitel 14

Entspanne dich – und gewinne neue Kraft!

»Das amerikanische Volk braucht jede Nacht über sechs Millionen Schlaftabletten.«

Diese erstaunliche Tatsache erfuhr ich anläßlich einer Tagung von einem Chemiefabrikanten. Obwohl die Zahl unglaublich erscheint, haben mir auch andere kompetente Leute versichert, sie sei nicht übertrieben.

Von anderer Seite hörte ich sogar, die Amerikaner nähmen täglich 12 Millionen Schlaftabletten zu sich. Das kommt einem Quantum gleich, mit dem man jeden 12. Bürger einschläfern könnte. Statistiken beweisen, daß der Verbrauch an Schlaftabletten in den letzten Jahren um 1000 Prozent gestiegen ist.

Welch unerhörte Situation! Schlaf ist das natürliche Mittel zur Kräftegewinnung, und jedermann sollte fähig sein, nach seiner Tagesarbeit Ruhe und Frieden zu finden. Es scheint aber, daß die modernen Menschen zum großen Teil auch die Kunst zu schlafen verlernt haben. Die Leute sind so aufgezogen, daß sie – als Pfarrer kann ich dies beurteilen – nicht einmal mehr bei einer Predigt einschlafen können! Tatsächlich habe ich seit Jahren keinen schlafenden Zuhörer mehr in der Kirche gesehen, und das ist meiner Meinung nach bedenklich.

Ein Politiker, der es liebt, mit Zahlen zu jonglieren,

sagte mir, jeder Amerikaner habe durchschnittlich fünfzigmal Kopfweh pro Jahr.

Ich weiß nicht, wie der Mann auf diese Zahl kommt, aber kurze Zeit später erfuhr ich, die chemische Industrie habe während eines Jahres 11 Millionen Pfund Aspirin verkauft. Nicht zu Unrecht hat ein Schriftsteller unsere Zeit als »Aspirin-Ära« bezeichnet.

Von kompetenter Stelle verlautet: Jedes zweite Spitalbett in den Vereinigten Staaten ist von einem Patienten besetzt, der weder verunfallt noch organisch krank ist, sondern der *nicht fähig ist, seine Gefühle und sein Gemütsleben in Ordnung zu halten.*

In einer Klinik wurden 500 Patienten untersucht, und man stellte fest, daß 386 davon, also 77 Prozent, mit psychosomatischen Schwierigkeiten zu kämpfen hatten. Alle diese Menschen waren vorwiegend körperlich krank geworden als Folge eines ungesunden Geistes- und Gemütslebens.

Ein anderes Spital überprüfte viele Fälle von Geschwüren und kam zu dem Schluß, nahezu die Hälfte der Krankheiten sei nicht körperlich bedingt, sondern hätte ihre Ursache in Sorge, Haß, Schuld und anderen inneren Spannungen.

Der Chef einer Klinik ist der Ansicht, die Medizin könne trotz aller Fortschritte nicht einmal die Hälfte aller Fälle heilen, mit denen sie in Berührung komme. Er erklärt, viele Patienten würden mit ihren kranken Gedanken ihren Körper immer aufs neue vergiften, vor allem durch die verschiedensten inneren Spannungen und Befürchtungen.

Dies erhellt die Notwendigkeit wissenschaftlicher geistiger Analysen, die zur Selbsterkenntnis und damit zur inneren Befreiung führen.

Einer meiner Freunde, ein Geschäftsmann, der auf verschiedenen Gebieten wichtige Interessen vertritt, scheint immer ruhig und überlegen zu sein. Alles, was er tut, geschieht ruhig, rasch und bestimmt, doch läßt er sich nie in eine Aufregung hineintreiben. Nie sieht man auf seinem Gesicht jenen gequälten und nervösen Ausdruck, der diejenigen zeichnet, die weder ihre Zeit noch ihre Arbeit beherrschen. Ich fragte ihn einst, wie er das fertigbringe, und er verriet mir sein »Geheimnis«: »Oh, es ist absolut kein Geheimnis«, sagte er, »ich versuche einfach, in Harmonie mit Gott zu leben. Das ist alles. Jeden Morgen nach dem Frühstück verbringe ich mit meiner Frau im Wohnzimmer eine Weile in stiller Meditation. Eines von uns liest einige Sätze aus irgendeinem guten Buch, um die Stimmung der Meditation zu fördern. Hierauf bleiben wir ruhig sitzen, jedes geht seinen eigenen Gedanken nach und betet auf seine Weise, und zum Abschluß versichern wir uns des Glaubens, daß uns Gott mit Ruhe und genügend Kraft versorgt, um den Anforderungen des Tages gewachsen zu sein. Diese Viertelstunde der inneren Besinnung ist ein fester Bestandteil unseres Tages, und wir lassen uns durch nichts davon abhalten. Wir könnten sie auch gar nicht mehr missen; sie ist uns ein wahres Lebensbedürfnis geworden und gibt mir so viel Energie, daß ich stets das Gefühl habe, mehr davon zu besitzen, als ich überhaupt brauche.«

Ich kenne noch viele Männer und Frauen, die auf ähnliche Art und Weise innere Spannungen und Nervosität überwinden und damit guten Erfolg haben.

An einem Februarmorgen eilte ich durch die lange Veranda eines Hotels in Florida, wo ich meine Winterferien zubrachte, um mein Zimmer aufzusuchen. Unter dem Arm hielt ich die soeben eingetroffene Post, die ich mir täglich nachsenden ließ und die mich für einige Stunden in Anspruch nehmen würde. Plötzlich wurde ich durch einen Bekannten aufgehalten, der in einem der bequemen Liegestühle saß und seinen Hut halb über die Augen gezogen hatte. »Wohin so eilig, Doktor?« sagte er. »Wer wollte sich auch unter der Sonne Floridas dermaßen beeilen?! Kommen Sie, setzen Sie sich etwas zu mir, und helfen Sie mir, mich in einer der größten Künste zu üben.«

»Was meinen Sie damit?« fragte ich erstaunt.

»Eine Kunst, die leider ausstirbt«, sagte er. »Die wenigsten Menschen verstehen noch etwas davon.«

»Ich weiß nicht, was Sie sagen wollen«, mußte ich gestehen. »Soviel ich sehe, tun Sie überhaupt nichts.«

»Das ist es eben!« gab er zur Antwort. »Ich pflege die Kunst des Nichtstuns. Ich sitze einfach hier und lasse mich von der Sonne bescheinen. Sie wärmt, die Luft ist herrlich – und ich fühle mich wundervoll ruhig dabei.« Nach einer kleinen Pause sagte er: »Haben Sie auch schon über die Sonne nachgedacht? Sie beeilt sich nie; sie regt sich nicht auf; sie macht keinen Lärm, beantwortet keine Telefonanrufe, läßt keine Glocken läuten, *sie scheint einfach,* und doch vollbringt sie in einem Augenblick *mehr,* als wir in hundert Jahren fertigbrächten: sie läßt Blumen und Bäume wachsen, erwärmt die Erde, läßt Korn und Früchte reifen und schenkt uns Wärme und Zufriedenheit. Immer, wenn ich mir Zeit nehme, ein wenig in der Sonne zu sitzen, spüre ich, wie mir ihre Strahlen neue Energien vermitteln. – Werfen Sie Ihre Post in eine Ecke!« sagte er. »Und setzen Sie sich in einen dieser Stühle!«

Ich befolgte seinen Rat, und als ich später auf mein Zimmer ging, war meine Post in kürzester Zeit erledigt. Es verblieb mir noch genügend Zeit, um auszuspannen und noch etwas in der Sonne zu sitzen.

Ich habe allerdings viele Menschen gekannt, die ihr Lebtag »in der Sonne sitzen« und nie etwas Rechtes geleistet haben. Es besteht aber ein wesentlicher Unterschied zwischen einem bewußten Nichtstun und gewöhnlichem Müßiggang.

Wenn wir uns wirklich entspannen und unsere Gedanken einer höheren Welt zuwenden, wenn wir ruhen und stille sind, um in Harmonie mit dem Unendlichen zu gelangen, dann werden wir tatsächlich neuer Kräfte und Energien teilhaftig, und zwar solcher Kräfte, die wir beherrschen, nicht etwa solcher, die uns beherrschen.

Das Geheimnis liegt in einer ruhigen Geisteshaltung. Alle Reaktionen der Hast müssen vermieden werden, und wir tun gut, unsere eigene, wirkungsvolle Methode auszuarbeiten, um uns zu entspannen und dadurch neue Kräfte zu gewinnen. Eine der besten Ideen dazu verdanke ich Captain Eddie Rickenbacker, der es trotz seiner hohen Arbeitsproduktivität versteht, jederzeit über ausreichende Kraftreserven zu verfügen.

Eines Tages mußte ich mit ihm zusammen eine Fernsehsendung aufnehmen lassen. Es war abgemacht, die Arbeit so schnell wie möglich hinter uns zu bringen, damit Eddie wieder seinen andern Verpflichtungen nachgehen konnte. Und es war uns möglich, die Aufnahmen weit unter der dafür vorgesehenen Zeit zu erledigen. Es fiel mir auf, daß mein Freund überhaupt nie irgendwelche Zeichen der Ungeduld oder der Nervosität äußerte. Statt dessen schien er sich ganz dem Augenblick zu widmen. Im Studio standen einige Stühle herum, und Eddie ließ sich in äußerst bequemer und entspannter Weise in einem davon nieder. »Wie bringst du es nur fertig, unter allen Umständen eine solche Ruhe zu bewahren?« fragte ich unwillkürlich.

Er lachte und sagte: »Ganz einfach, ich *tue* das, was du predigst. Komm, setz dich neben mich, es geht weit besser so.«

Ich holte einen anderen Stuhl und versuchte ebenfalls, mich etwas zu entspannen. »Eddie«, sagte ich, »ich weiß, daß du irgendeine besondere Methode hast, deine außergewöhnliche Ruhe zu bewahren. Wie bringst du das nur fertig?«

Mein Freund ist ein bescheidener Mensch, und erst auf mein wiederholtes Drängen erzählte er mir davon. Heute wende ich seine »Methode« selber regelmäßig an, und ich habe die besten Erfahrungen damit gemacht. Hier ist sie:

Erstens: Entspanne dich körperlich vollkommen. Stell dir irgend etwas dabei vor, zum Beispiel einen prallvollen Kartoffelsack. Nimm ein Messer, und schneide ihn auf, so daß sämtliche Kartoffeln herauskollern. Denke, du seiest der Sack! Was könnte entspannter sein als ein leerer Sack?

Zweitens: Entleere deinen Geist! Mehrmals täglich

muß unser Kopf gründlich gesäubert werden von allen Befürchtungen, Ängsten, Ressentiments, Enttäuschungen und Ärgernissen. Wer das nicht regelmäßig tut, wird in seinem Kopf so viele negative und unselige Gedanken anhäufen, daß er eines Tages unweigerlich damit überfüllt ist. Halte deinen Geist frei von allen Schranken, die dir den Zustrom neuer Energien versperren könnten.

Drittens: Halte den Kopf über dem Nebel! Das heißt, wende dich in regelmäßigen Abständen immer wieder Gott zu. Zumindest dreimal am Tag »erhebe deine Augen zu den Bergen«. Dadurch wirst du die Verbindung mit Gott aufrechterhalten und deinen inneren Frieden bewahren. Ich habe diese drei Punkte während mehrerer Monate beobachtet und festgestellt, daß sie uns viel helfen können, eine ruhige Geisteshaltung zu bewahren.

Von einem anderen Freund, einem New Yorker Arzt, habe ich viel gelernt in bezug auf eine entspannte Arbeitsmethode. Wenn er das Wartezimmer voller Patienten hat und ständig von Telefonanrufen geplagt wird, unterbricht er seine Arbeit plötzlich, um ein einfaches und natürliches Gespräch mit Gott zu führen. Seine Art zu beten gefällt mir besonders gut: »Lieber Gott, so geht es nicht weiter. Ich lasse mich allzusehr antreiben. Wie soll ich meinen Patienten raten können, sich zu beruhigen, wenn ich selber voller Nervosität stecke? Ich muß wieder ruhig werden. Bitte, gib mir Deinen Frieden und Deine Ruhe. Schenke mir Stärke und inneren Halt, beruhige meine Nerven, und gib mir Kraft, damit ich meinen Patienten helfen kann.«

Er verharrt ein oder zwei Minuten in völliger Ruhe,

dankt Gott für seine Hilfe und geht dann entspannt und gelöst erneut an seine Arbeit.

Auf Krankenbesuchen in der Stadt kommt es oft vor, daß mein Freund in eine Verkehrsstockung gerät. Anstatt nervös und ungeduldig zu werden, stellt er den Motor ab, läßt sich in seinen Sitz zurückfallen, legt den Kopf auf das Polster, und es kommt nicht selten vor, daß er dabei einschläft. Und er macht sich nichts daraus, wenn er beim Wiederanrollen des Verkehrs durch die ungeduldigen Hornsignale anderer Automobilisten geweckt wird.

Obschon diese Ruhepausen inmitten des lärmenden Verkehrs nur ein oder zwei Minuten dauern, tragen sie doch viel dazu bei, Körper und Geist neue Kräfte zuzuführen. Es ist überhaupt erstaunlich, wie viele Minuten, oder auch nur Bruchteile davon, wir täglich in dieser Weise positiv nutzen können. *Es ist nicht die Dauer einer Entspannung, die zählt, sondern ihre Intensität.*

Wenn Dale Carnegie besonders beschäftigt und mit Arbeit überhäuft war, verließ er sein Büro in New York City, um eine in der Nähe liegende Kirche aufzusuchen. Dort verharrte er eine Viertelstunde in stillem Gebet. Auf diese Weise gelingt es uns, unsere Zeit selbst zu beherrschen, ohne von ihr bedrängt zu werden.

Im Nachtzug von Washington nach New York traf ich einmal einen Bekannten, der in seiner Eigenschaft als Kongreßmitglied unterwegs war, um in seinem Distrikt in einer Versammlung von Wählern zu sprechen. Es handelte sich um eine Versammlung von Leuten, die *gegen* ihn eingestellt waren. Obwohl es sich um eine kleine Minderheit handelte, wollte er sich der Aufgabe nicht entziehen, ihr

Rede und Antwort zu stehen. »Es handelt sich um meine Mitbürger, und sie haben ein Recht darauf, meine Ansicht zu hören«, sagte er.

»Sie scheinen sich deswegen keine großen Sorgen zu machen«, bemerkte ich.

»Nein«, sagte er, »wenn ich das tue, dann rege ich mich auf, und wenn ich mich aufrege, werde ich die Situation nicht beherrschen.«

»Haben Sie irgendeine spezielle Methode, um in solchen Lagen Ruhe zu bewahren?« fragte ich.

»Gewiß«, antwortete er, »ich werde einer lärmenden Menge gegenüberstehen, doch ich habe meine eigene Art und Weise, solche Spannungen zu überwinden. *Ich atme tief, spreche ruhig, offen, freundlich und respektvoll. Ich halte mein Temperament im Zügel und vertraue auf Gott.* Ich habe gelernt, daß man in jeder Lage entspannt, ruhig und freundlich bleiben muß. Im übrigen heißt es: Vertrauen haben und sein Bestes geben. Auf diese Weise gelingt es meistens, alles zum Guten zu wenden.«

Auf meiner Farm beobachtete ich einst einen Bauarbeiter an einem Sandhaufen. Es war eine wahre Freude, ihm bei der Arbeit zuzuschauen. Mit entblößtem Oberkörper schwang er seine Schaufel in vollkommenem Rhythmus. Er stieß sie in den Sand, und mit einem ausgeglichenen, kraftvollen Schwung beförderte er den Sand in den Schubkarren. Ohne Unterbruch schwang die Schaufel zurück, wurde wieder in den Sand gestoßen, und man bekam den Eindruck, der Mann arbeite so leicht und beschwingt, daß er dazu singen könnte. Und als ich näher trat, bemerkte ich, daß er tatsächlich ein Lied summte.

Es wunderte mich nicht, vom Vorarbeiter zu vernehmen, daß es sich um einen der besten Arbeiter des Trupps handle: immer gut aufgelegt, humorvoll, freundlich und ein Meister in der Kunst des gelösten und ausgeglichenen Arbeitens.

Entspannung beruht auf Erholung, und der Prozeß der Erholung sollte permanent sein. Der Mensch kann *ständig* des göttlichen Zustroms neuer Kraft teilhaftig werden, wenn er in Harmonie mit dem Unendlichen lebt.

Hier sind zehn Grundsätze, mit denen wir unsere Arbeit von Spannung und Druck befreien können. Ihre Anwendung wird Sie in die Lage setzen, Ihre Tätigkeit *leichter zu* vollbringen und doch viel zu leisten; sie werden Ihnen zudem helfen, sich innerlich zu entspannen und dadurch jene neue Kraft zu gewinnen, die wir brauchen, um leicht und gelöst zu arbeiten.

1. Befreie dich vom Gedanken, die ganze Welt liege auf deinen schwachen Schultern! Nimm dich nicht allzu ernst, und löse dich von jeder verkrampften Haltung.

2. Entschließe dich, deine Arbeit zu lieben. Auf diese Weise verliert sie den Charakter der Sklaverei und wird zur Freude. Es ist nicht immer nötig, eine *andere* Arbeit zu suchen, um glücklich zu werden. Ändere lieber deine Einstellung, und deine Arbeit wird sich ebenfalls ändern.

3. Plane deine Arbeit, und befolge den Plan. Wer ohne System arbeitet, »schwimmt« und wird nervös. Er hält den Kopf nicht über dem Nebel.

4. Versuche nie, alles auf einmal zu erledigen. Halte dich an den weisen Rat der Bibel: »Alles zu seiner Zeit.«

5. Bemühe dich um eine gesunde Geisteshaltung. Denke daran, daß es ganz von deiner Vorstellungskraft abhängt, ob eine Arbeit leicht oder schwer ist. Betrachtest du sie als schwer und ermüdend, so wird sie dir auch schwerfallen. Betrachtest du sie als leicht, wird sie viel von ihrer Schwere verlieren.

6. Stehe *über* deiner Arbeit. Beherrsche sie, *bilde dich.* Wer mehr kann, arbeitet besser.

7. Übe dich in völliger Entspannung. Alles geht besser ohne Druck und Aufregung. Immer mit der Ruhe!

8. Was du heute tun kannst, ohne zu hetzen, das verschiebe nicht auf morgen. Unerledigte Arbeiten bedeuten Unruhe und inneren Druck.

9. Bete für deine Arbeit. Dadurch wirst du neue Kraft gewinnen.

10. Denke an den »unsichtbaren Partner«, und vertraue auf ihn. Gott ist sowohl in deinem Büro, deiner Fabrik, deiner Küche als auch in den Kirchen. Er weiß mehr über deine Arbeit als du. Sein Beistand wird dir alles erleichtern.

Kapitel 15

So gewinnst du Freunde!

Wir dürfen es ruhig zugeben: Wir wünschen uns Menschen, die uns schätzen und lieben. Es gibt zwar Leute, die sagen: »Es ist mir gleichgültig, ob man mich gern hat oder nicht.« Doch wenn wir diesen Ausspruch hören, dürfen wir ihn ruhig unbeachtet lassen und annehmen, der Sprecher sage nicht die Wahrheit.

William James bezeichnet den Wunsch des Menschen, Anerkennung zu finden, als eine der stärksten Triebkräfte der menschlichen Natur. Die Sehnsucht, geliebt und geschätzt zu werden und in der Erinnerung anderer einen Platz einzunehmen, ist tief in uns verwurzelt.

Unter Studenten wurde eine Rundfrage veranstaltet über das Thema: »Was wünschen Sie sich am meisten?« – Die überwiegende Mehrheit erklärte: *beliebt und populär zu sein!*

Auch ältere Menschen sind vom gleichen Streben beseelt, und es ist höchst fraglich, ob überhaupt jemand ganz frei vom Wunsch wird, geachtet zu sein und die Zuneigung seiner Mitmenschen zu besitzen. Die Kunst, beliebt zu sein, liegt vor allem in einem natürlichen Wesen. Wer krampfhaft nach Popularität hascht, wird sie nie erreichen. Trotz unseres tiefen Wunsches, beliebt zu sein, werden wir nie alle Menschen dazu bringen können, uns gern zu haben. Dies scheint in der menschlichen Natur selbst zu liegen.

Sogar die Bibel erwähnt diese unglückliche Tatsache: *»Ist es möglich, soviel an euch liegt, so haltet mit allen Menschen Frieden.«* (Römer 12,8). Die Heilige Schrift ist ein sehr realistisches Buch; sie kennt sowohl die Möglichkeiten als auch die Schwächen der Menschen. So werden zum Beispiel die Jünger angewiesen, ihr Bestes zu tun, um den Menschen die neue Lehre begreiflich zu machen. Sollte ihnen dies aber trotz ihres ehrlichen Bemühens nicht gelingen, durften sie den Staub des Dorfes von ihren Füßen schütteln ... *»Und wo immer sie euch nicht aufnehmen, ziehet aus jener Stadt weiter und schüttelt den Staub von euren Füßen, zum Zeugnis wider sie!«* (Lukas 9,5)

Dies wollte ich erwähnen, damit Sie es nicht allzusehr zu Herzen nehmen, wenn es Ihnen nicht gelingt, die Sympathien aller Menschen zu erwerben.

Trotzdem gibt es gewisse Grundsätze und Handlungsweisen, die viel dazu beitragen können, die Zuneigung anderer Menschen zu erwerben. Sie können damit gute persönliche Beziehungen schaffen, selbst wenn Sie ein etwas schwieriger Mensch sind, schüchtern, zurückgezogen oder ungesellig veranlagt sind.

Es liegt vor allem an uns selber, natürliche und erfreuliche Beziehungen zu anderen Menschen zu schaffen.

Ich kann die Bedeutung guter menschlicher Beziehungen nicht genug betonen, denn es gibt kein wirklich wahres Lebensglück, wenn man sie mißachtet. Mißerfolg auf diesem Gebiet hat seine schwerwiegenden psychologischen Folgen.

Das Gefühl, weder erwünscht zu sein noch benötigt zu werden, gehört zu den bedenklichsten menschlichen Empfindungen. Viele Menschen ziehen sich aus irgendeinem Gefühl der Selbstverteidigung in sich selbst zurück und verpassen so die natürliche Entwicklung der menschlichen Persönlichkeit, die sich auch nach außen entfalten muß. Wenn wir nicht aus uns heraustreten und für andere Menschen von Wert und Bedeutung sein können, werden wir krank. Das Gefühl, unerwünscht zu sein oder nicht benötigt zu werden, führt zu vorzeitigem Altern, Krankheit und Lebensüberdruß. Wer das Gefühl hat, von niemandem gebraucht zu werden, sollte sich ernsthaft damit befassen, etwas dagegen zu unternehmen. Es geht hier nicht nur um ein erschütternd trauriges Leben, sondern auch um seine ernsten psychischen Folgen.

Bei einem Mittagessen saßen zwei Ärzte an einem Tisch: der eine ein älterer Mann, der sich vor einigen Jahren zurückgezogen hatte, der andere ein junger, sehr beliebter Arzt. Dieser setzte sich mit einem Seufzer an den Tisch und sagte: »Ach, wenn ich nur mein Telefon abstellen könnte! Ich habe kaum mehr eine freie Minute, unaufhörlich werde ich verlangt ...«

Der ältere Arzt sagte: »Ich kenne das, Jim, doch sei froh, daß dein Telefon noch läutet. Sei dankbar, daß dich die Leute verlangen.« Und dann fügte er resigniert hinzu: »Mich verlangt niemand mehr. Ich wäre glücklich, mein Telefon würde noch läuten. Doch bei mir ist das alles vorbei ...«

Wir alle, die wir am Tische saßen und die wir manchmal fast zuviel von unserer Arbeit bekommen, machten uns unsere Gedanken über diese vielsagenden Worte des alten Arztes.

Eine Frau mittleren Alters klagte mir ihr Leid; sie fühlte sich unzufrieden und unglücklich. »Mein Mann ist gestorben, meine Kinder sind erwachsen, und nirgends finde ich einen Platz, wo ich mich glücklich fühle. Die Leute sind zwar nett zu mir, aber ich spüre ihre Interesselosigkeit. Alle haben ihre eigenen Interessen, und niemand braucht mich. Liegt es wohl daran, daß ich so unzufrieden bin?« – Das allerdings war Grund genug für ihren Zustand.

Ich erinnere mich auch an ein Gespräch mit einem Geschäftsmann, der eben 70 Jahre alt geworden war und sich aus dem von ihm gegründeten Betrieb zurückgezogen hatte: »Warum schreiben Sie nicht ein Buch über die Kunst, sich von der Arbeit zurückzuziehen?« fragte er mich. »Das möchte ich gerne lesen. Zuerst dachte ich, es müsse herrlich sein, einmal Ruhe zu haben und die Verantwortung auf meinen Sohn abzuwälzen. Jetzt aber sehe ich, daß sich kein Mensch mehr für meine Meinung interessiert. Wenn ich in den Betrieb komme, begrüßt mich jedermann freundlich, doch das ist auch alles. Ich könnte geradesogut überhaupt wegbleiben. Mein Sohn macht seine Arbeit ausgezeichnet, doch ich hatte gehofft, man würde mich doch auch noch ein wenig benötigen.«

Menschen dieser Art machen eine schwere Zeit durch. Ihr tiefster Wunsch ist, im Denken anderer noch einen Platz einzunehmen, und er wird nicht erfüllt. Sie möchten weiterhin geschätzt und benötigt werden, denn jede Persönlichkeit verlangt Achtung und Zuneigung. Doch besteht dieses Problem nicht nur bei Menschen, die sich aus dem Berufsleben zurückziehen. Ein einundzwanzigjähriges Mädchen erzählte mir, sie sei unerwünscht gewesen seit dem Tag ihrer Geburt. Irgendwer hatte ihr gesagt, sie sei ein unerwünschtes Kind gewesen, und dieser Gedanke hatte sich tief in ihr Unterbewußtsein eingegraben. Dadurch entwickelten sich starke Gefühle der Minderwertigkeit und der Selbstbemitleidung. Sie wurde scheu und zog sich immer mehr in sich selbst zurück. So wuchs das Gefühl der Einsamkeit und der inneren Unzufriedenheit, und ihre Persönlichkeit hatte keine Möglichkeit mehr, sich weiterzuentwickeln. Nur durch eine neue Denkweise gelang es, ihre gefangene Persönlichkeit zu befreien, und nach einiger Zeit wurde aus dem unglücklichen Mädchen ein glücklicher und beliebter Mensch.

Unzählige, die nicht eigentlich an schweren psychologischen Konflikten leiden, haben es nie fertiggebracht, beliebt zu werden. Sie versuchen es zwar hartnäckig, gehen manchmal sogar zu weit und tun Dinge, die sie gar nicht verantworten können – alles nur wegen ihres starken Verlangens, Zuneigung und Wertschätzung anderer zu erringen.

Tatsächlich kann man aber die Sympathien anderer Menschen durch einige ganz einfache, leicht anzuwendende Grundsätze erringen. Wer die folgenden Regeln umsichtig anwendet, wird dies sehr bald feststellen können.

Erstens: Sei zugänglich und umgänglich. Mache es dem andern nicht schwer, sich dir zu nähern. Gehöre nicht zu den Leuten, von denen man sagt: »Man kommt nie ganz an ihn heran.« Schaffe keine künstlichen Barrieren. Umgängliche Menschen verhalten sich natürlich und freundlich; kurz und gut, man fühlt sich wohl bei ihnen, so, als ob man einen alten Hut, einen bequemen Mantel oder ein Paar gut eingelaufene Schuhe trüge. Steife Menschen hingegen distanzieren sich immer etwas. Man weiß denn auch nie so genau, wie man sie nehmen soll oder wie sie reagieren.

Es ist wichtig, eine natürliche Persönlichkeit und eine gewisse Großzügigkeit zu entwickeln. Kleinlichkeit verträgt sich selten mit der Sympathie unserer Mitmenschen.

In der Psychologieklasse einer Universität wurde die Frage untersucht, warum gewisse Leute beliebt und andere unbeliebt sind. Dabei wurden *einhundert Eigenschaften* sorgfältig analysiert, und man kam zu dem Schluß, es brauche *sechsundvierzig angenehme Eigenschaften,* um beliebt zu sein. Diese hohe Zahl könnte einen allerdings eher entmutigen.

Das Christentum hingegen lehrt, daß es *eine* Grundeigenschaft gibt, mit der wir uns die Zuneigung unserer Mitmenschen erwerben können: aufrichtiges Interesse und Liebe für die andern. Wenn wir diese Eigenschaft entwickeln, ergeben sich die andern fast von selbst.

Wenn Sie der Überzeugung sind, nicht zu den Menschen zu gehören, die es im Verkehr mit andern leicht haben, dann schlage ich Ihnen vor, Ihre Persönlichkeit scharf unter die Lupe zu nehmen, mit dem Ziel, nach und nach diejenigen Eigenschaften, Hemmungen, Verklemmungen und Hindernisse zu beseitigen, die Ihnen den Weg zu

Ihren Mitmenschen versperren. Denken Sie nicht, der Grund, warum andere Sie nicht gern haben, könnte bei diesen liegen. Suchen Sie zuerst bei sich selber. Das bedingt absolute Ehrlichkeit gegen sich selbst, und vielleicht brauchen Sie auch die Mithilfe von Menschen, die von diesen Dingen etwas verstehen. Was immer auch die bewußten und unbewußten charakterlichen und seelischen Hindernisse sind, die Sie bedrücken, sie können durch Selbsterkenntnis, Umwandlung und Erneuerung beseitigt werden.

Manchmal hört man den Einwand, es falle schwer, gewisse Leute gern zu haben. Sicherlich gibt es Menschen, denen wir unsere Sympathie leichter entgegenbringen als anderen. Wenn man sich aber die Mühe nimmt, vermehrt auf einen Menschen einzugehen, wird man fast immer irgendeine liebens- oder bewundernswerte Eigenschaft entdecken.

Ich kannte einen Mann, dem die meisten Menschen seiner Umgebung irgendwie auf die Nerven gingen, und einige davon konnte er überhaupt nicht ausstehen. Er war aber gewillt, diese Eigenschaft energisch zu bekämpfen, und er wurde damit fertig, indem er von allen Leuten, gegen die er unfreundliche Gefühle empfand, eine Liste anlegte und mit gutem Willen und sorgfältig alle erfreulichen und guten Eigenschaften notierte, die er an ihnen entdecken konnte. Täglich führte er diese Liste nach, und schließlich war er selbst überrascht, wie viele gute Seiten er an Menschen entdeckte, »die er nicht ausstehen konnte«. Und eines Tages war es soweit, daß er vor allem die guten Eigenschaften und Qualitäten dieser Menschen sah, und seine Antipathie war verschwunden. Selbstverständlich rief diese innere Umstellung auch bei seinen Mitmenschen andere Gefühle gegen ihn selbst hervor, und er erntete die Früchte einer positiven Denkweise.

Ein wichtiger Faktor im Umgang mit andern ist die Achtung, die wir ihnen entgegenbringen. In jedem Menschen steckt ein durchaus natürliches Gefühl für Selbstachtung.

Wenn wir das »Ich« eines Menschen verletzen, so wird selbst dann, wenn er darüber lacht oder wenn er uns verzeiht, ein Stachel zurückbleiben. Auch wenn es sich um einen feinen und überlegenen Menschen handelt, der uns nichts nachträgt, wird er uns doch nicht ausgesprochen schätzen und lieben.

Bringen wir aber einem Menschen Achtung entgegen, zeigen wir ihm unseren Respekt vor seiner Persönlichkeit, dann erhöhen wir sein natürliches Selbstgefühl, und er wird uns für diese Förderung und Wertschätzung dankbar sein.

Ich erinnere mich an eine Begebenheit, die mir unvergeßlich ist. Anläßlich meiner Doktorierung hatten wir ein Bankett, an dem auch Dr. John W. Hoffmann, der ehemalige Rektor der Ohio-Wesleyan-Universität, teilnahm. Nach dem Essen bat er mich, ihn zu seinem Haus zu begleiten.

Es war eine wundervolle Mondnacht im Juni, und auf dem Heimweg sprach er von der Größe der vor mir liegenden Aufgabe und von den wundervollen Möglichkeiten, die uns die Welt bietet. Als wir bei seiner Haustüre angelangt waren, legte er mir die Hand auf die Schulter und sagte: »Norman, ich habe dich immer gern gehabt, und ich vertraue auf dich. Du hast große Möglichkeiten, und ich werde immer stolz auf dich sein. In dir steckt etwas.«

Natürlich hat er mich überschätzt, aber die Wirkung seiner Worte war sicherlich unendlich besser, als wenn er mich entmutigt hätte. Es war eine laue Juninacht, und die Anstrengungen der Prüfungen hatten mich etwas hergenommen. Es fiel mir schwer, meine Gefühle zu beherrschen, und ich hatte Mühe, meine Tränen zurückzuhalten, als ich mich von ihm verabschiedete. Viele Jahre sind seither vergangen, doch ich habe die Worte meines guten alten Freundes nie vergessen, und ich habe ihm stets Verehrung und Liebe entgegengebracht.

Dr. Hoffmann hat auch zu andern Jungen und Mädchen, die seither Männer und Frauen geworden sind, ähnliche Bemerkungen gemacht. Sie alle lieben ihn deswegen wie ich. Warum? Weil er ihnen Achtung entgegengebracht und sie damit gefördert hat. Auch während der späteren Jahre schrieb er seinen Studenten von Zeit zu Zeit einige Worte oder eine Gratulation, wenn er irgend etwas von ihnen hörte. Und eine Anerkennung von seiner Seite bedeutete viel! Kein Wunder, besitzt dieser verehrungswürdige Erzieher und Freund der Jugend die Zuneigung Tausender, die mit ihm in Berührung kamen.

Fördere so viele Menschen wie möglich. Tue das selbstlos; tue es, weil jeder Mensch Möglichkeiten hat, die er entwickeln kann. Hilf mit, sie zu entdecken und zu entfalten. Wenn du das tust, wird es dir nie an wahren Freunden fehlen. Bringe deinen Mitmenschen aufrichtiges Interesse entgegen, tue Gutes für sie, und du kannst ihrer Zuneigung gewiß sein.

Obschon diese elementaren Regeln im Umgang mit Menschen einfach und fast selbstverständlich sind, habe ich einige Grundsätze aufgestellt, die mithelfen können, uns die Sympathien anderer Menschen einzubringen:

1. Lerne, Namen zu merken. Der Name eines Menschen bedeutet ihm viel. Wenn du dich nicht daran erinnerst, verrätst du deine Interesselosigkeit.

2. Sei umgänglich. Mache es andern nicht unnötig schwer, mit dir zu verkehren. Sei nicht steif!

3. Übe dich in der Kunst, die Dinge natürlich und nicht zu schwer zu nehmen. Reibe dich nicht an ihnen auf.

4. Sei kein Egoist. Hüte dich davor zu zeigen, daß du alles besser weißt. Gib dich natürlich.

5. Entwickle die Eigenschaft, Interesse an andern zu nehmen. Die Menschen werden sich freuen, mit dir zu verkehren und Anregung von dir zu empfangen.

6. Gib dir Mühe, die scharfen »Ecken« deines Charakters abzuschleifen.

7. Trachte aufrichtig im Sinne des Christentums danach, jedes Mißverständnis im Verkehr mit andern Menschen

aus der Welt zu schaffen. Trenne dich von allen Ressentiments.

8. Übe dich in der Fähigkeit, andern Menschen Sympathie entgegenzubringen. Übe dich so lange, bis du für sie aufrichtiges Verständnis empfindest.

9. Verpasse keine Gelegenheit, ein anerkennendes Wort über den Erfolg anderer zu sagen. Vergiß auch nicht, entmutigte und sorgenvolle Menschen deiner Anteilnahme zu versichern.

10. Mache diese Überlegungen zu einem starken und tiefen Bestandteil deiner Geisteshaltung. Gib den Menschen das, was ihnen not tut: Mut, Zuversicht, Kraft, um das Leben besser zu meistern. Achte ihre Persönlichkeit. Ermutige sie, und sie werden dir dafür Zuneigung und Sympathie entgegenbringen.

Kapitel 16

Der sicherste Weg aus Kummer und Leid

»Verschreiben Sie mir ein Mittel gegen Kummer!« Dieser Ausspruch stammt von einem Mann, dessen Arzt ihm mitgeteilt hatte, sein Unvermögen sei nicht physischer Natur, sondern läge in der Unfähigkeit, über seinen Sorgen zu stehen. Der Arzt hatte ihm psychische Behandlung angeraten. »Gibt es ein geistiges Mittel«, fragte er, »das mein konstantes inneres Leiden zum Verschwinden bringen kann? Mir scheint, jedermann habe seine Sorgen und auch ich müßte damit fertig werden. Doch trotz meiner Bemühungen finde ich keinen Frieden.« Und mit einem müden Lächeln wiederholte er seine Bitte: »Verschreiben Sie mir ein Mittel gegen meinen Kummer!«

Es gibt tatsächlich ein Rezept gegen Kummer. Eines seiner Elemente heißt: *geistige Aktivität.* Wir müssen die Versuchung, uns hinzusetzen und »Trübsal zu blasen«, überwinden. Wir brauchen ein wohlüberlegtes Programm, das uns hilft, sinnloses Grübeln auszumerzen und die innere Spannung zu überwinden. Ein anderes Mittel besteht in *körperlicher Aktivität,* indem wir uns reichlich Bewegung verschaffen.

Ein weiser, alter Anwalt, der sich eine gesunde Lebensphilosophie erworben hatte, sagte einer kummervollen Frau, das beste Mittel gegen ein »gebrochenes Herz« bestehe darin, eine Putzbürste zu ergreifen und auf den Knien den Boden zu fegen. »Für Männer gibt es in solchen Fällen nichts Besseres«, erklärte er, »als eine Axt zu nehmen und so lange Holz zu spalten, bis man todmüde ist.« Obschon dies keine Allerweltsmittel gegen gebrochene Herzen sind, können sie doch viel zur Verminderung eines Kummers beitragen.

Was immer die Ursache unseres Kummers sei, einer der ersten Schritte zu seiner Bekämpfung ist der, die eigenen depressiven Vorstellungen aufzugeben und auf den Boden des normalen Lebens zurückzukehren. Das heißt, wir müssen uns wieder in den Strom des pulsierenden, aktiven Daseins begeben, alte Verbindungen wieder aufnehmen und neue anknüpfen; wir müssen uns körperlich reichlich Bewegung verschaffen und durch Arbeit, Sport oder Spiel unseren Blutkreislauf tüchtig anregen. Am besten tun wir, uns selber über irgendeiner guten und erstrebenswerten Sache zu vergessen und unsere Tage mit schöpferischer Tätigkeit zu erfüllen. Wir müssen eine gesunde und lebendige Tätigkeit entfalten, doch sie muß wirklich sinnvoll und aufbauend sein!

Wer sich lediglich in eine fieberhafte, aber sinnlose Geschäftigkeit oder in Zerstreuungen stürzt, kann vielleicht vorübergehend eine kleine Erleichterung erfahren, doch auf die Dauer wird er dadurch seinen Zustand nur verschlimmern. Ein gesunder Weg, seinen Kummer loszuwerden, ist auch der, ihn gründlich auszuweinen. Es ist sinnwidrig zu glauben, man müsse seinen Kummer unbedingt verbergen und es sei beschämend, den erlösenden Tränen freien Lauf zu lassen. Damit verneinen wir ein Naturgesetz. Tränen sind eine natürliche Erscheinung bei Kummer und Schmerz, sie sind der Ausdruck einer inneren Entspannung, und es ist nicht einzusehen, warum wir sie mit Gewalt unterdrücken sollten.

Der geheime, streng gehütete und eingesargte Kummer ist der gefährlichste. Auch wenn wir unsere Tränen – wie jede andere Funktion unseres Körper- und Nervensystems – unter Kontrolle haben sollten, dürfen wir ihnen in besonderen Fällen ruhig einmal freien Lauf lassen. Dabei sollten wir uns bewußt bleiben, daß auch diese natürliche Erleichterung nicht zur Gewohnheit und damit krankhaft werden darf. Jede Unmäßigkeit ist ungesund.

Ich erhalte oft Briefe von Menschen, die einen lieben Angehörigen durch den Tod verloren haben. Diese Leute schreiben mir, es sei für sie außerordentlich schwer, Orte oder Menschen aufzusuchen, die früher zum gemeinsamen Lebenskreis gehört hätten, weil sie dadurch vermehrt an ihren Verlust erinnert würden. Aus diesem Grund meiden sie sowohl ihre gewohnte Umgebung als auch alte Freunde.

Ich halte dies für einen schweren Fehler. Eines der Geheimnisse, seinen Kummer zu heilen, besteht in der Wiederaufnahme einer möglichst normalen Tätigkeit. Das hat nichts mit Untreue oder Mangel an Pietät zu tun, sondern es ist einfach notwendig, um *einen abnormen Zustand zu* überwinden.

Das wahre Mittel aber, um unseren Kummer zu überwinden, besteht im Vertrauen auf Gott. Ihm dürfen wir unser Herz ausschütten und unsere Klagen darbringen. Unsere Generation, die vielleicht mehr Kummer erlitten hat als manche andere vor ihr, muß wieder lernen, was viele weise Männer aller Zeiten immer wieder betont haben: daß allein die Gnade des Glaubens und des Vertrauens wahre Heilung von menschlichem Kummer und Leid bringt.

Es ist nicht ratsam, die Bürde von Kummer und Sorge ohne Gottes Hilfe auf sich zu nehmen, denn ihr Gewicht ist für den Menschen allein meist zu schwer. Das einfachste und wirkungsvollste Mittel gegen Kummer besteht im Erfassen der Allgegenwart Gottes. Dadurch schließt sich die Wunde, die unserem Herzen geschlagen wurde, und die Heilung greift um sich. Männer und Frauen, die Schwerstes durchgemacht haben, bestätigen dies.

Ein anderer wichtiger Faktor besteht in der Entwicklung einer gesunden Glaubenshaltung in bezug auf Leben, Tod und Unsterblichkeit. Was mich betrifft, so habe ich die Gewißheit gefunden, daß jedes Leben unteilbar ist, daß es keinen Tod gibt und daß dieses Leben mit der Ewigkeit untrennbar verbunden ist. Es gibt nichts, das mir so viel beglückende innere Ruhe gegeben hat wie diese Erkenntnis.

Diese Überzeugung gründet auf gesunden Überlegungen. Ich bin der Meinung, die Bibel gebe uns eine Reihe von tiefen und – dies ist beweisbar – wissenschaftlich exakten Antworten auf die große Frage: »Was geschieht, wenn der Mensch diese Welt verläßt?« Die Bibel sagt uns, daß der Glaube die Antwort offenbart. Der Philosoph Bergson schreibt, der sicherste Weg zur Wahrheit bestehe in der geistigen Wahrnehmung, im intuitiven Erkennen. Wohl können wir mit unserem Denken in die Nähe der Wahrheit gelangen, doch dann kommt ein Punkt, an dem wir sie nur noch intuitiv erschauen können, jener wunderbare Augenblick, da wir nicht mehr grübeln, sondern »einfach wissen«. Auf diesem Weg habe auch ich Antwort und Gewißheit errungen.

Ich bin absolut, aus ganzem Herzen und ohne den geringsten Zweifel von der Wahrheit dessen überzeugt, was ich hier schreibe. Ich habe sie mir schrittweise erarbeiten müssen, bis sie mir eines Tages in ihrer ganzen Größe klar wurde.

Durch diese Erkenntnis wird zwar der Kummer nicht vermieden, der uns beschleicht, wenn einer unserer Lieben diese Welt verlassen muß, aber sie wird ihn heilen und überwinden helfen. Sie wird unseren Geist mit einem tiefen Verständnis für unabänderliche Dinge und mit der Gewißheit erfüllen, daß wir Menschen, die »gestorben« sind, nicht verloren haben. Wer in diesem Glauben lebt, wird den Frieden des Herzens finden und jedes Leid überwinden.

Denken wir immer wieder an einen der schönsten Texte der Bibel: *»Was kein Auge gesehen und kein Ohr gehört hat und in keines Menschen Herz gekommen* ist, *hat Gott bereitet denen, die ihn lieben.«* (1. Korinther 2,9)

Das will heißen, du hast nie das erschaut – was immer du auch auf dieser Welt Wunderbares gesehen hast –, was Gott *denen* bereitet, die ihn lieben und die ihm vertrauen. Und du hast keine Vorstellung von den Wundern, die Gott an denen vollzieht, die ihm folgen und in seinem Geiste leben. Du hast es weder gesehen noch gehört, und du kannst es auch nicht ahnen! Dieser Satz verspricht allen, die Gott zum Mittelpunkt ihres Daseins machen, wahres Glück und Sieg über den Tod.

Weil ich seit vielen Jahren die Bibel studiere und da ich mit Hunderten von Menschenschicksalen in Berührung gekommen bin, kann ich aus voller Überzeugung sagen: Dieses biblische Versprechen beruht auf Wahrheit! *Es gilt nicht nur für eine andere, sondern auch für diese Welt.* Menschen, die wirklich auf einer christlichen Basis leben, erfahren die erstaunlichsten Dinge.

In diesem Zusammenhang wollen wir uns auch der Existenzfrage derjenigen zuwenden, die diese Welt schon verlassen haben, und den Beziehungen der Lebenden zu denen, die die Barriere, die wir als »Tod« bezeichnen, bereits durchschritten haben.

Wenn ich das Wort »Barriere« gebrauche, so geschieht es, weil wir uns immer eine scharfe Trennung zwischen Leben und Tod vorgestellt haben. Die Wissenschaft arbeitet aber heute intensiv auf den Gebieten der Parapsychologie, Telepathie, der Voraus- und Hellsichtigkeit, alles Begriffe, die früher als Hokuspokus mißbraucht wurden, die nun aber auf wissenschaftlicher Basis gründlich studiert werden. Es gibt ernsthafte Wissenschaftler, die davon überzeugt sind, daß die Seele keine Grenzen in bezug auf Raum und Zeit kennt. Wir stehen tatsächlich am Anfang einer der größten Entdeckungen aller Zeiten.

Während vieler Jahre habe ich Erfahrungen gesammelt, die in mir die Uberzeugung reifen ließen, daß wir in einem dynamischen Universum leben, worin nicht der Tod, sondern das *Leben* das tragende Element ist. Ich vertraue den Menschen, die mir die nachfolgenden Experimente beschrieben. Ich glaube daran, daß dadurch in eine Welt vorgestoßen wird, die mit der unsrigen in Verbindung steht, und daß der menschliche Geist auf beiden Seiten des »Todes« lebt. Die Lebensbedingungen auf der andern Seite des Todes können nicht mit denjenigen dieses Lebens verglichen werden. Es handelt sich zweifellos um eine höhere Entwicklungsstufe, die ganz andere Einsichten gewährt als die unsere.

William James, einer der größten Gelehrten Amerikas, sagte nach einem Leben voll intensiver Studien und Erfahrungen, er sei überzeugt davon, daß unser Geist nur ein Medium für die Existenz der Seele sei und daß er dereinst ersetzt werde durch etwas anderes, das uns erlaube, die Grenzen unserer jetzigen Einsichten zu sprengen und in weite, unberührte Gebiete vorzudringen. So wie unser irdisches Leben sich wandelt von der Jugend bis zum Alter, so wie wir Erfahrungen sammeln und uns entwickeln und immer neue Einsichten gewinnen, so bedeutet der Tod nur den Eintritt in eine größere und erweiterte Welt. Euripides und Sokrates, die zu den größten Geistern der Antike gehören, waren von der Größe und Herrlichkeit eines nachfolgenden Lebens überzeugt. Nicht umsonst sprach Sokrates die trostreichen Worte aus: »Weder in diesem noch in einem kommenden Leben kann einem guten Menschen Böses widerfahren.«

Natalie Kalmus, wissenschaftliche Expertin, erzählt über den Tod ihrer Schwester das folgende Erlebnis. Ich betone, daß es sich um eine wissenschaftlich geschulte Frau handelt.

»Meine im Sterben liegende Schwester sagte: ›Natalie,

versprich mir, daß man mir keine schmerzstillenden Mittel verabreicht. Ich weiß, man wird versuchen, meine Schmerzen zu lindern, doch ich möchte den Tod bei vollem Bewußtsein erleben. Ich bin überzeugt, vor einem herrlichen Erlebnis zu stehen.‹

Ich versprach es und bewunderte ihren Mut. Spät in der Nacht, als ich mich schlaflos im Bett wälzte, wurde mir klar, daß das, was für mich trostlos und traurig war, für meine Schwester einen inneren Triumph bedeutete.

Zehn Tage später nahten ihre letzten Stunden. Ich saß seit langem bei ihr. Wir hatten über viele Dinge gesprochen. Wieder bewunderte ich ihr ruhiges Wesen und ihr Gottvertrauen, das sie in ihrem Leben stets ausgezeichnet hatte. Nie gelang es den physischen Schmerzen, ihren Geist zu trüben. Selbst Ärzte waren darüber erstaunt. ›Lieber Gott, schenke mir einen klaren Geist, und gib mir Deinen Frieden‹, flüsterte sie immer wieder während ihrer letzten Tage.

Wir hatten so lange gesprochen, daß sie müde wurde und einschlief. Ich ließ sie allein mit einer Krankenschwester, um mich etwas auszuruhen. Einige Minuten später hörte ich meine Schwester nach mir rufen. Rasch kehrte ich in ihr Zimmer zurück: sie lag im Sterben.

Ich saß an ihrem Bett und hielt ihre heiße Hand. Plötzlich erhob sie sich und sagte: ›Natalie! So viele von ihnen sind da … hier ist Fred … und Ruth … was tun sie da? Oh, ich verstehe!‹

Diese Worte durchfuhren mich wie ein elektrischer Schlag. Sie hatte den Namen *Ruth* ausgesprochen. Ruth war ihre Cousine, die vergangene Woche plötzlich gestorben war, *doch wir hatten meiner Schwester von ihrem Tod nichts mitgeteilt.*

Ein Schauer nach dem anderen überlief mich. Ich fühlte die Wirklichkeit eines machtvollen, ja furchterregenden Wissens. Ihre Stimme war erstaunlich klar, als sie sagte: ›Es ist so aufregend. So viele von ihnen!‹ Plötzlich streckte sie die Arme aus, wie um mich zu begrüßen. ›Ich steige empor‹, sagte sie.

Dann ließ sie ihre Arme um meinen Hals fallen und ruhte in meinen Armen. Ihr Geist hatte die Agonie in Entzücken verwandelt. Als ich sie auf ihr Kissen zurücklegte, lag ein glückliches, seliges Lächeln auf ihrem Gesicht.«

Die Erwähnung der Cousine des sterbenden Mädchens und die Tatsache, daß sie Ruth sehen konnte, ist ein Phänomen, das in vielen ähnlichen Fällen, die ich kenne, wiederkehrt. Die Erfahrung, daß Sterbende die Gesichter Verstorbener sehen und ihre Namen rufen, kehrt immer wieder, so deutlich, daß man daraus auf die effektive Anwesenheit des Geschauten schließen darf.

Wo sind sie? Wie sehen sie aus? Wo leben sie? Die Antwort auf diese Fragen ist schwer. Der Gedanke einer andern, uns unbekannten Dimension liegt nahe. Es gibt zum Beispiel Schwingungen, die erst bei gesteigerter Frequenz sichtbar werden. Wir wissen nicht, welche Veränderungen unsere Existenz bei ihrem Eintritt in eine andere Welt durchmacht.

Ein berühmter Neurologe berichtet von einem Patienten, der im Sterben lag. Er saß an seinem Bett und notierte die Namen, die der Sterbende sagte. Der Arzt kannte diese Namen nicht, und nach dem Tode des Mannes fragte er dessen Tochter: »Wer sind diese Menschen? Ihr Vater sprach von ihnen, als ob er sie sehen könnte.«

»Es sind alles Verwandte, die schon seit längerer Zeit nicht mehr leben.«

Der Arzt erklärt, er glaube daran, daß der Sterbende diese Menschen wirklich gesehen habe.

Ich kannte ein Ehepaar, Herrn und Frau William Sage, das ich oft besuchte. Will, so nannte Frau Sage ihren Mann, starb zuerst. Nach einigen Jahren lag auch Frau Sage im Sterben. Plötzlich bekam ihr Gesicht einen äußerst erstaunten und freudigen Ausdruck, und sie sagte: »Aber da ist ja Will!« – Daß sie ihren Mann erblickte, war für alle an ihrem Sterbebett Anwesenden klar.

Arthur Godfrey, ein bekannter Radiomann, erzählt, wie er im Ersten Weltkrieg auf einem Zerstörer in seiner Koje schlief. Plötzlich stand sein Vater neben ihm, streckte die Hand aus und sagte: »Leb wohl, mein Sohn.« Godfrey antwortete im Schlaf: »Leb wohl, Vater!«

Als er erwachte, erhielt er ein Telegramm, worin ihm der Tod seines Vaters gemeldet wurde. Die angegebene Todeszeit fiel in den Zeitraum, da Godfrey jene Erscheinung gehabt hatte.

Mary Margaret McBride, eine bekannte Radiosprecherin, litt sehr unter dem Tod ihrer Mutter, die sie innig geliebt hatte. Eines Nachts erwachte sie und saß in ihrem Bett. Plötzlich hatte sie das Gefühl – um ihre eigenen Worte zu gebrauchen –, daß »Mutter bei mir war«. Sie konnte ihre Mutter weder sehen noch hören, doch von diesem Augenblick an wußte sie, daß Mutter nicht tot, sondern in ihrer Nähe war.

Der verstorbene Rufus Jones, der zu den bedeutendsten geistigen Persönlichkeiten unserer Zeit gehört, berichtet über seinen Sohn Lowell, der im Alter von zwölf Jahren starb. Der Junge war des Vaters Augapfel. Er erkrankte, als sich Dr. Jones auf der Überfahrt nach Europa befand. In der Nacht, bevor das Schiff Liverpool anlief, überkam den Vater plötzlich ein unsägliches und bisher nie gekanntes Gefühl der Traurigkeit. Er erzählte, damals den bestimmten Eindruck gehabt zu haben, Gott besonders nahe zu sein. Die Traurigkeit wandelte sich in ein unbeschreibliches Gefühl der Geborgenheit in Gott und tiefer Verbundenheit mit seinem Sohn.

Nach der Landung in Liverpool wurde ihm die Nachricht vom Tode seines Sohnes übergeben. Der Junge war genau zur selben Zeit gestorben, da sein Vater jenes unerklärliche Gefühl von Gottes Nähe und der unzerstörbaren Verbindung mit seinem Kind empfunden hatte.

Ein Mitglied meiner Kirche, Frau Bryson Kalt, erzählte mir von ihrer Tante, deren Mann mit ihren drei Kindern bei einem Brand umkam. Die Frau selbst hatte schwere Brandwunden erlitten, lebte aber noch drei Jahre. Als sie im Sterben lag, hellte sich ihr Gesicht plötzlich auf, und sie sagte: »Alles ist so herrlich! Sie kommen, mich zu holen. Richtet mir meine Kissen, und laßt mich schlafen.«

H. B. Clark, ein alter Freund von mir, der den Beruf eines Ingenieurs in der ganzen Welt ausübte, war einer jener Techniker, die keinen großen Sinn für Dinge haben, die nicht durch Tatsachen belegt werden können. Eines Nachts wurde ich von seinem Arzt angerufen, der mir mitteilte, mein Freund habe nur noch wenige Stunden zu leben. Sein

Herz arbeite schwach, der Blutdruck sei tief. Er habe keine Hoffnung mehr, sein Leben zu erhalten.

Ich begann für ihn zu beten, und auch andere gedachten seiner im Gebet. Am anderen Tag öffnete er die Augen, und einige Tage später konnte er wieder sprechen. Herz und Blutdruck begannen wieder normal zu arbeiten, und nachdem er etwas Kraft gewonnen hatte, sagte er: »Während meiner Krankheit erlebte ich etwas höchst Eigenartiges, das ich kaum erklären kann. Ich hatte das Gefühl, weit weg zu sein, und was ich sah, gehört zum Schönsten, was meine Augen je erblickten: herrliche Lichter, abgeklärte, gütige Gesichter; ich fühlte mich glücklich. In Tat und Wahrheit habe ich mich nie in meinem Leben so glücklich gefühlt. – Dann überkam mich der Gedanke, ich müsse sterben, und ich fragte mich, ob ich bereits gestorben sei. Fast hätte ich laut gelacht beim Gedanken, warum ich mein ganzes Leben lang den Tod gefürchtet habe, wo er doch gar nichts Schreckliches an sich hat.«

»Was hast du empfunden?« fragte ich ihn. »Wolltest du gerne ins Leben zurückkehren? Wolltest du weiterleben, obwohl der Arzt gesagt hatte, du seiest dem Tode nahe?«

Er lächelte und sagte: »Ich glaube, ich hätte es vorgezogen, in jener herrlichen Umgebung zu verbleiben.«

Einbildung, Traum, Vision? Ich glaube es nicht. Ich habe zu lange und zu oft mit Menschen gesprochen, die »am Rande« standen und einen Blick »hinüber« getan haben. Alle haben von »Schönheit, Licht und Frieden« gesprochen. Für mich gibt es in dieser Hinsicht keine Zweifel mehr.

Das Neue Testament lehrt die Unzerstörbarkeit des

Lebens in einer sehr instruktiven und einfachen Weise. Nach seiner Kreuzigung erscheint Jesus wieder, er verschwindet und erscheint von neuem. Einige erblickten ihn, und dann verschwand er aus ihrem Blickfeld. Dann wieder sahen ihn andere, und wieder verschwand er. Damit will er uns sagen, daß er auch da ist, wenn wir ihn *nicht* sehen. Sagte Jesus nicht: »... denn ich lebe, und auch ihr werdet leben.« (Johannes 14,9). Mit anderen Worten: Unsere Lieben, die uns verlassen haben, bleiben weiterhin in Verbindung mit uns.

Ein junger Soldat schrieb seiner Mutter aus Korea: »Ich erlebe sehr seltsame Dinge. In einer Nacht, da ich mich sehr fürchtete, fühlte ich die Anwesenheit meines Vaters.« Dieser war aber schon vor zehn Jahren gestorben, und sehnsüchtig fragte der Junge seine Mutter: »Glaubst du, daß Vater wirklich auf den koreanischen Schlachtfeldern bei mir sein kann?«

Die Antwort heißt: Warum nicht? Wie können wir als Angehörige einer aufgeklärten und mit großen wissenschaftlichen Erkenntnissen ausgestatteten Zeit dies verneinen? Immer wieder erhalten wir neue Beweise für die Existenz eines dynamischen Universums, das erfüllt ist von seltsamen elektrischen, elektronischen und atomaren Kräften, und alle sind so geheimnisvoll, daß wir sie bisher nie richtig begreifen konnten. Das Universum ist ein gewaltiges geistiges Sendezentrum, voller Kraft, Leben und Vitalität.

Der kanadische Schriftsteller Albert E. Cliffe berichtet vom Tode seines Vaters: Der Sterbende war in tiefe Bewußtlosigkeit gesunken, und jedermann dachte, er sei bereits gestorben. Plötzlich erwachte das Leben wieder in ihm. Seine Augen standen weit offen, und er blickte auf einen Wandspruch mit dem Text: »Ich weiß, daß mein Erlöser lebt.« Dann sagte er: »Ja, *ich weiß,* daß mein Erlöser lebt: alle sind da – Mutter, Vater, meine Brüder und Schwestern ...«

Alle diese Personen waren längst gestorben, doch der Sterbende erblickte sie. Wer will das bestreiten?

Frau Thomas A. Edison erzählte mir, ihr Mann hätte im Sterben seinem Arzt zugeflüstert: »Es ist wundervoll da drüben.« Edison gehört zu den größten Wissenschaftlern der Welt. Sein ganzes Leben hat er sich mit Tatsachen abgegeben, und nie berichtete er über etwas, das sich nicht einwandfrei beweisen ließ. Niemals hätte er gesagt: »Es ist wundervoll da drüben«, wenn er es nicht wirklich gesehen und als Tatsache anerkannt hätte.

Vor vielen Jahren begab sich ein Missionar nach der Südsee, um bei einem Kannibalenstamm zu arbeiten. Schon nach Monaten gelang es ihm, den Häuptling zum Christentum zu bekehren. Eines Tages sagte dieser dann zum Missionar: »Erinnern Sie sich noch an Ihre ersten Tage bei uns?«

»Gewiß«, sagte der Missionar, »als ich durch den Wald ging, hatte ich den Eindruck, ich sei von Feinden umzingelt.«

»Sie *waren* umzingelt«, sagte der Häuptling, »denn wir wollten Sie töten, doch irgend etwas hielt uns davon ab.«

»Und was war das?« fragte der Missionar.

»Jetzt, da wir Freunde sind«, antwortete der Häuptling, »können Sie mir ja sagen, wer die beiden leuchtenden

Gestalten waren, die links und rechts von Ihnen gingen.«

Ich habe nicht die geringsten Zweifel an diesen Erfahrungen und Erlebnissen. Ich glaube an die Fortdauer des Lebens nach dem »Tod«, und ich glaube, daß das Leben zwei Seiten hat: eine, in der wir *jetzt* leben, und eine andere, wo sich unser späteres Leben fortsetzt. *Die Ewigkeit beginnt nicht beim Tod, wir leben bereits jetzt in der Ewigkeit, vollziehen nur einen Wechsel von diesem in ein kommendes Leben, und dieser Vorgang dient zu unserem Besten.*

Meine Mutter hatte eine große Seele, und ihr Einfluß auf mich ist und bleibt von größter Bedeutung in meinem Leben. Sie verstand es ausgezeichnet, mit Menschen zu reden, und ihr Geist war wach und gütig. Sie bereiste während ihrer Missionstätigkeit die ganze Welt. Ihr Leben war reich und ausgefüllt, und sie verfügte über einen wunderbaren Sinn für Humor. Alle, die sie kannten, bezeichneten sie als eine anregende und lebendige Persönlichkeit, wie sie selten angetroffen wird.

Als ich erwachsen war, benützte ich jede Gelegenheit, sie zu besuchen. Unsere Familienzusammenkünfte sind mir unvergeßlich; es war eine überaus glückliche Zeit. Dann starb meine Mutter, und wir begruben sie auf dem kleinen, wunderschönen Friedhof in Lynchburg, wo sie ihre Jugend verbracht hatte. Es war ein sehr trauriger Tag im Hochsommer, und wir verließen die Stadt betrübt und schweren Herzens.

Der Herbst kam; ich fühlte mich einsam und beschloß, nach Lynchburg zu reisen, um das Grab meiner Mutter zu besuchen. Während der Fahrt im Nachtzug dachte ich sehnsüchtig an die vergangene Zeit und wie sich alles geändert hatte seit dem Tode meiner Mutter.

Als ich in der kleinen Stadt ankam, war es kalt, und unter trübem Himmel ging ich zum Friedhof. Durch gefallenes, raschelndes Laub schritt ich auf das Grab zu und verweilte dort lange und einsam. Plötzlich teilten sich die Wolken, und eine milde Herbstsonne beleuchtete die Landschaft und ließ die herrlichen Farben des Laubes zauberhaft aufleuchten. Ich blickte nach den Hügeln von Ohio, die ich als Junge so sehr geliebt und wo auch meine Mutter ihre Kindheit verbracht hatte. Und plötzlich war mir, als hörte ich die Stimme meiner Mutter. Nicht ihre wirkliche Stimme, aber ich vernahm deutlich in meinem Innern ihre Worte. In ihrer liebenswerten Weise sagte sie: »Warum suchst du das Leben unter den Toten? Ich bin nicht hier. Glaubst du, ich würde in diesem finstern und unfreundlichen Grab verbleiben? Ich bin mit dir und all meinen Lieben zu jeder Zeit.«

Meine trübe Stimmung hellte sich mit einem Schlage auf. Ich wußte, was ich da hörte, war wahr. Ich fühlte mich frei und froh, als ich meine Hand auf den Grabstein legte. Wohl lag der Körper darunter, doch er ist nicht mehr als ein Kleid, das abgelegt wurde, weil es überflüssig geworden ist. Aber die Seele meiner Mutter, die wir alle so liebten, sie *lebt* und ist weiterhin mit uns. Ich verließ den Friedhof und habe ihn seither nur noch selten aufgesucht. Das Grab meiner Mutter ist für mich keine Stätte der Traurigkeit mehr; es ist lediglich ein Symbol, denn sie ist nicht dort, sondern mitten unter uns. »Was sucht ihr den Lebendigen bei den Toten?« (Lukas 24,5). Die Bibel berichtet immer wieder von der Güte Gottes und der Unsterblichkeit der Seele. Wenn wir lernen, aufrichtig und vertrauensvoll zu beten, und wenn unser Gebet und unser Glaube sichere Pfeiler unseres Daseins werden, werden wir eine tiefe innere Befriedigung und die sichere Überzeugung gewinnen, daß die Worte der Bibel wirklich wahr sind. Sie sind das wahre »Rezept« gegen Kummer und Leid.

Kapitel 17

Vertraue in die Kraft einer höheren Macht

Vier Männer saßen nach einer Partie Golf in einem Landhaus und besprachen persönliche Probleme. Einer von ihnen hatte mit großen Schwierigkeiten zu kämpfen; die andern hatten ihn zu einem Spiel eingeladen, weil sie dachten, es würde ihm etwas Entspannung bringen.

Die verschiedensten Ratschläge wurden laut, und schließlich stand einer der vier auf, um zu gehen. Er hatte selbst genug Sorgen, doch er hatte einen Weg gefunden, sie zu meistern. Er legte die Hand auf die Schulter seines Freundes und sagte: »George, ich will dir keine Predigt halten, aber ich möchte dir etwas vorschlagen. Es ist dasselbe, was mir geholfen hat, mit *meinen* Sorgen fertig zu werden: Warum versuchst du es nicht mit dem Vertrauen in die Kraft einer höheren Macht?« Mit diesen Worten verließ er die andern. Die Zurückgebliebenen dachten über die Worte ihres Freundes nach, und schließlich sagte der so Angesprochene: »Ich weiß, was er meint, und ich weiß auch, wo sich die höhere Macht befindet, doch wenn ich nur wüßte, wie ich ihrer teilhaftig werden könnte.«

Im späteren Verlauf seiner Entwicklung fand George den Weg zu jener höheren Macht, und sein Leben änderte sich von Grund auf. Er ist heute ein gesunder, glücklicher Mensch.

Der Ratschlag, auf eine höhere Macht zu bauen, ist sehr weise. Es gibt viele Leute, die weder mit sich selbst noch mit ihren Lebensumständen weiterkommen. Das Geheimnis liegt in der Beziehung zu jener höheren Macht. *Wie können wir ihrer teilhaftig werden?*

Ich möchte das folgende persönliche Erlebnis erzählen. Noch in jungen Jahren wurde ich an die Kirche einer Universitätsstadt berufen. Viele meiner Gemeindemitglieder waren Professoren und führende Bürger der Stadt. Ich wollte alles daransetzen, das Vertrauen, das man mir entgegenbrachte, zu rechtfertigen, und ich arbeitete auf vollen Touren. Das Resultat bestand in wachsender Nervosität und Müdigkeit. Ich hatte immer mehr das Gefühl, über keine Kraftreserven mehr zu verfügen. Jedermann sollte hart arbeiten, doch man kann es auch übertreiben. Es ist sinnlos, sich so anzustrengen und zu übernehmen, daß unsere Arbeit nicht mehr produktiv sein kann.

Eines Tages beschloß ich, einen guten Freund, Professor Hugh M. Tilroe, aufzusuchen. Er gehörte zu den beliebtesten Lehrern, und er war ein leidenschaftlicher Fischer. Als ich ihn in der Universität nicht antraf, wußte ich, daß er beim Fischen war, und dort fand ich ihn. Auf meine Rufe hin ruderte er ans Ufer und lud mich ein, ins Boot zu kommen.

»Wo fehlt's?« fragte er mich freundschaftlich. Ich erzählte ihm, daß ich hart arbeite und dabei immer nervöser würde. »Ich spüre, wie meine Kräfte schwinden«, fügte ich hinzu.

Lächelnd sagte er: »Vielleicht gibst du dir zuviel Mühe.«

Als wir in sein Bootshaus zurückgekehrt waren, sagte er:

»Lege dich auf jene Couch, und schließe die Augen, ich möchte dir etwas vorlesen. Ruhe dich etwas aus, bis ich die Stelle finde.«

Ich tat, wie mir geheißen, und dachte, er würde mir irgendeine philosophische Abhandlung vorlesen. Statt dessen aber sagte er: »Da habe ich es. Höre ruhig zu, während ich lese, und nimm diese Worte in dich auf: ›Weißt du es nicht, oder hast du es nicht gehört: Der Herr, der ewige Gott, der die Enden der Welt erschaffen hat, wird nicht müde noch matt; seine Einsicht ist unerforschlich. Er gibt dem Müden Kraft und Stärke genug dem Unvermögenden. Die Knaben werden müde und matt, und die Jünglinge fallen; aber die auf den Herrn harren, empfangen immer neue Kraft, daß sie auffahren mit Flügeln wie Adler, daß sie laufen und nicht ermatten, daß sie wandeln und nicht müde werden.‹«

Dann fragte er mich: »Weißt du, wo das geschrieben steht?«

»Ja«, sagte ich, »im 40. Kapitel Jesaja.«

»Es freut mich, daß du deine Bibel kennst«, sagte er, »aber warum wendest du sie nicht praktisch an? Entspanne dich jetzt, atme langsam und tief ein und aus, und lerne, aus der Verbindung mit Gott *neue Kraft zu* schöpfen. *Glaube,* daß Gott dir genügend Kraft geben kann, wenn du stets in Kontakt mit ihm bleibst. *Vertraue* auf ihn, und lasse dich von seiner Kraft durchdringen. Gib dir Mühe bei deiner Arbeit. Das ist ganz in Ordnung, aber vollbringe sie ohne Hast und Druck und in einer gelösten Art und Weise. Sei dir bewußt, daß du jederzeit von einer höheren Macht genügend neue Kräfte erhalten kannst.« Und dann wiederholte er die Stelle: »... die auf den Herrn harren, empfangen immer neue Kraft.« Ich habe diese Lehre nie vergessen, und während zwanzig Jahren hat sie mich nie enttäuscht. Mein Leben ist angefüllt mit Arbeit und Aktivität, aber ich habe stets genügend Kraft gefunden, meine Pflichten zu erfüllen.

Ein zweiter Weg, um in Verbindung mit der höheren Macht zu bleiben, besteht darin, zu allen unseren Problemen eine positive, bejahende Haltung einzunehmen. »Euch geschehe nach eurem Glauben« (Matthäus 9,29) ist ein Grundgesetz eines erfolgreichen Lebens. Wir erhalten Kraft und Stärke, unsere Probleme zu meistern, in direktem Verhältnis zu unserem Glauben und unserem Vertrauen in Gott.

Es gibt eine höhere Macht, und sie kann uns in *allen* Dingen beistehen. Wer die Verbindung mit ihr sucht, wird ihrer auch teilhaftig werden. Warum sollen wir niedergeschlagen sein, wenn wir jederzeit die Möglichkeit haben, uns einer höheren Kraftquelle zuzuwenden, die uns Antwort gibt auf alle Fragen? Wer um eine konkrete Antwort auf ein konkretes Problem bittet, wird sie auch erhalten.

Ein Ehepaar, das sich in großen Schwierigkeiten befand, suchte mich auf. Der Mann war früher Zeitungsredaktor und in Musiker- und Künstlerkreisen eine hochgeachtete Persönlichkeit. Er war bekannt für sein großes Können und seine menschliche Haltung. Seine Frau genoß ebenfalls großes Ansehen. Sie war nicht gesund, und deswegen hatten sich die beiden aufs Land zurückgezogen, wo sie sehr einsam lebten.

Der Mann erzählte mir, er habe zwei Herzattacken gehabt und auch der Gesundheitszustand seiner Frau werde ständig bedenklicher, so daß er in großer Sorge um sie sei. Er fragte: »Gibt es ein Mittel, das uns psychisch stärkt, uns neue Kraft und neuen Lebensmut verleiht?« Die ganze Situation – wie er sie mir beschrieb – war lauter Entmutigung und Enttäuschung.

Offen gestanden, hatte ich gewisse Bedenken, ihm einfach einige Grundsätze christlicher Lebenshaltung mit auf den Weg zu geben. Ich fürchtete, seine Natur könne etwas zu kompliziert sein, um ohne weiteres an ihre Wirksamkeit glauben zu können. Er versicherte mir aber aufrichtig, er sei vollkommen unvoreingenommen und er werde *jeden* Rat befolgen.

Ich spürte, daß es ihm ernst war, und ich habe ihn wegen seiner Aufrichtigkeit sehr geschätzt. Meine Ratschläge waren sehr einfach: Ich schlug ihm vor, das Neue Testament und die Psalmen zu lesen und gewisse Stellen auswendig zu lernen. Als *Grundhaltung* empfahl ich ihm, sein Leben ganz in Gottes Hand zu geben und daran zu glauben, Gott werde ihm und seiner Frau genügend Kraft schenken. Ich forderte ihn auf, an die fortwährende Gegenwart Gottes, an seine Führung auch in den kleinsten Dingen des täglichen Lebens zu glauben. Da ich ihren Arzt kannte, empfahl ich ihnen auch, an die *vereinte Wirkung* von Wissenschaft und göttlicher Hilfe zu glauben. Ich erläuterte ihnen die Kraft der Vorstellung und deren Bedeutung beim Heilprozeß.

Selten habe ich Menschen gesehen, die ein so vollkommenes kindliches Vertrauen in ihren Glauben aufbrachten. Sie wurden begeisterte Anhänger der biblischen Wahrheiten, und oft riefen sie mich an, um mir »eine ganz wunderbare Stelle, die wir soeben gefunden haben«, vorzulesen. Durch sie habe ich selbst neue Einsichten in die biblischen Wahrheiten gewonnen, und die Zusammenarbeit mit diesem Ehepaar gestaltete sich wahrhaft schöpferisch.

Im folgenden Frühling sagte Helen, so hieß die Frau: »Noch nie habe ich einen solchen Frühling erlebt. Die Blüten dieses Jahres sind die schönsten, die ich je gesehen habe. Noch nie war der Himmel so blau und waren die Wolkenbilder so faszinierend. Die Blätter scheinen mir grüner, und die Vögel haben noch nie so schön gesungen!« Als sie diese Worte sagte, lag ein wundersamer Glanz auf ihrem Gesicht, und ich spürte, daß sie eine geistige Wiedergeburt erlebt hatte. Sie erholte sich körperlich zusehends und gewann viel von ihrer alten Kraft zurück. Ihre natürlichen Kräfte waren wiedererwacht, und das ganze Leben bekam ein anderes Gesicht.

Was Horace, ihren Mann, betrifft, so sind seine Herzbeschwerden verschwunden. Er verfügt wieder über bemerkenswerte körperliche und seelische Kraft. Sie wechselten den Wohnort und sind zu einem wahren Lebenszentrum geworden. Wo immer sie auftauchen, sind sie willkommen, denn sie vermitteln Lebensmut und Aufmunterung.

Wie lautet das Geheimnis, das sie entdeckt haben? *Sie haben gelernt, in Verbindung mit der höheren Macht zu bleiben. Diese Tatsache gehört zu den wunderbarsten Erscheinungen des menschlichen Lebens. Durch sie kann das Leben jedes Menschen zum Guten gewandelt werden.* Ich bin von der Kraft und der Bedeutung dieser Macht so überzeugt, daß es mir fast schwerfällt, dieses Buch abzuschließen.

Ich könnte noch unzählige Geschichten von Menschen erzählen, die durch diese Erkenntnis ihr Leben von Grund auf änderten und dadurch eine wahre Wiedergeburt ihres Seins erlebten.

Diese höhere Macht steht immer zu unserer Verfügung. Wenn wir uns ihr öffnen, wird sie uns erfüllen wie ein Wunder. *Alle Menschen in jeder Lage und unter allen Lebensbedingungen können sich ihrer bedienen.* Sie verfügt über eine unwiderstehliche Kraft, die mit allem radikal aufräumt, was immer uns bedrücken mag: Angst, Haß, Traurigkeit, Schwäche, Depression, und die uns dafür Mut, Stärke, Frische, Gesundheit und Lebensmut schenkt.

Seit vielen Jahren befasse ich mich mit dem Problem des Alkoholismus. Grundsätzlich kann man einem Süchtigen erst dann helfen, wenn er die Einsicht hat, allein nicht mehr die Kraft zu besitzen, seine Süchtigkeit zu überwinden. Erst wenn er seine Unfähigkeit einsieht und die Macht, die der Alkohol über ihn gewonnen hat, erkennt, steht der Weg zum erfolgreichen Eingreifen anderer Menschen und einer höheren Macht offen.

Im weiteren muß beim Süchtigen die Bereitschaft vorhanden sein, die Hilfe einer höheren Macht *anzunehmen,* die allein die Kraft vermitteln kann, die er selber nicht mehr aufbringt. Wie die physische Kraft besitzt auch die geistige Kraft ihre eigenen Gesetze. Ihre Kenntnis und Anwendung ermöglicht, viel größere Taten zu vollbringen als die Kenntnis der mechanischen Gesetze. Man kann dafür sorgen, daß eine Maschine richtig läuft; ebenso kann man einen menschlichen Organismus, geistig und körperlich gesehen, zum richtigen Funktionieren bringen. Dazu braucht es allerdings tiefere Erkenntnisse, aber es ist *möglich.* Ich kenne viele Menschen, die sich allein durch aufrichtiges Vertrauen in die Stärke einer höheren Macht vom Alkohol befreit haben. Und wenn es möglich ist, sich von einer dermaßen gefährlichen und hartnäckigen Sucht zu befreien, dann können wir auch andere Probleme und Schwierigkeiten überwinden. Es gibt kaum ein schwierigeres Problem, als sich von der Sucht nach Alkohol zu befreien. Die Kraft, die unzählige Menschen, die ich kenne, davon befreit hat, ist auch fähig, andere menschliche Probleme erfolgreich zu lösen.

Wie immer auch unsere Probleme geartet sind, es gibt eine Macht, die mit ihnen fertig wird. Es gibt nichts in der Welt – keine Schwierigkeiten und keine noch so schwere Niederlage –, das nicht durch positives Denken und Vertrauen in Gott überwunden werden könnte. Die in diesem Buch aufgestellten Grundsätze sind einfach und wirkungsvoll. Auch Sie können des Segens und der Kraft, die uns die Verbindung mit jener höheren Macht bringt, teilhaftig werden!

Epilog

Du hast dieses Buch zu Ende gelesen, und was hast du gefunden? Eine Reihe praktischer und wirkungsvoller Grundsätze, die zu einem erfüllten und glücklichen Leben führen. Du hast eine Reihe Erlebnisse gelesen von Menschen, die *glaubten* und ihre Einsichten verwirklicht haben. Diese Beispiele habe ich gebracht, um zu zeigen, wie durch die Anwendung dieser Erkenntnisse befreiende Ergebnisse erzielt werden können. Darum zögere nicht, jede einzelne dieser Einsichten selber praktisch anzuwenden. Vertraue auf sie, und halte dich an sie, bis sie dieselben Wirkungen hervorgebracht haben.

Ich schrieb dieses Buch in der aufrichtigen Absicht, Hilfe zu bringen. Wenn es auch dir den Weg zur Lösung deiner Probleme zeigt, ist mein Wunsch erfüllt. Ich bin von der Wirksamkeit der in diesem Buch gezeigten Geisteshaltung von ganzem Herzen überzeugt. Sie hat sich in allen Fällen bewährt, und sie wird sich weiter bewähren und auch dir helfen, deine Probleme zu lösen.

Norman Vincent Peale

Biographische Notiz

Dr. Norman Vincent Peale wurde 1898 in Bowersville, Ohio (USA), als Sohn einer methodistischen Pastorenfamilie geboren. Peale wuchs in ärmlichen ländlichen Verhältnissen auf und verbrachte eine behütete und fröhliche Jugendzeit. Ab 1916 Studium der Theologie an der Ohio Wesleyan University und an der Boston University. 1922 Pastorenweihe, Prediger an der Methodistenkirche in Berkeley, Rhode Island. Studienabschluß 1924 in Boston (Master of Arts; Bachelor of Sacred Theology).

1924 bis 1927 Pastor an Methodistenkirchen in Brooklyn und in Syracuse, dazwischen Gastprediger in Los Angeles. 1930 Heirat mit Ruth Stafford in Syracuse. Seit 1932 Pfarrer an der reformierten Marble Collegiate Church, New York, einer der ältesten Kirchen Amerikas, die er zu neuer Blüte führte.

In New York Geburt seiner drei Kinder. 1933 bis 1983 bestritt Peale wöchentlich eine eigene Radiosendung, die ihn landesweit bekannt machte. Ausgedehnte Vortragstätigkeit, der er bis kurz vor seinem Tode nachgegangen ist, führte ihn um die halbe Welt. Aus bescheidensten Anfängen entwickelte er die Zeitschrift »Guidepost«, die heute eine Millionenauflage aufweist. Sein erstes Buch, »Die Kraft positiven Denkens«, machte ihn weltberühmt. Das

Manuskript wurde wiederholt abgelehnt und erst im Oktober 1952 veröffentlicht. »Die Kraft positiven Denkens« eroberte die Bestsellerliste der »New York Times« im Sturm und hielt sich über 186 Wochen – damals ein einsamer Rekord. Die Weltauflage seines Buches, das in zahllose Sprachen übersetzt worden ist, erreicht heute nahezu zwanzig Millionen Exemplare. Die deutschsprachige Ausgabe erschien 1953 und ist in weit über einer Million Exemplaren verbreitet. Rund dreißig weitere Bücher folgten, die alle zu großen Erfolgen geworden sind.

1984 wurde Norman Vincent Peale für sein Gesamtschaffen von Präsident Reagan die amerikanische Freiheitsmedaille verliehen, die höchste Auszeichnung, die ein Amerikaner erwerben kann.

Mit seiner Frau Ruth lebte Dr. Peale in New York, predigte bis ins hohe Alter an seiner geliebten Marble Collegiate Church, unternahm Vortragsreisen und schrieb. Er lebte seinem Credo, das er Millionen von Menschen in aller Welt vermittelt hat: seinem Glauben an das Gute im Menschen.

Norman Vincent Peale starb am Heiligabend 1993 im hohen Alter von 95 Jahren an Herzversagen. Die ganze Welt trauert um einen großen und gütigen Menschen.